MON RAPPORT D'IMPÔT

Couverture

- Maquette et illustration:
  MICHEL BÉRARD

Maquette intérieure

- Conception graphique:
  GAÉTAN FORCILLO

DISTRIBUTEURS EXCLUSIFS:

- Pour le Canada
  AGENCE DE DISTRIBUTION POPULAIRE INC.,*
  955, rue Amherst, Montréal H2L 3K4, (514/523-1182)
  *Filiale du groupe Sogides Ltée

- Pour l'Europe (Belgique, France, Portugal, Suisse, Yougoslavie et pays de l'Est)
  OYEZ S.A. Muntstraat, 10 — 3000 Louvain, Belgique
  tél.: 016/220421 (3 lignes)

- Ventes aux libraires
  PARIS: 4, rue de Fleurus; tél.: 548 40 92
  BRUXELLES: 21, rue Defacqz; tél.: 538 69 73

- Pour tout autre pays
  DÉPARTEMENT INTERNATIONAL HACHETTE
  79, boul. Saint-Germain, Paris 6e, France; tél.: 325 22 11

ROBERT POULIOT

avec la collaboration de
Manon Chevalier et d'Eric Lefebvre

LES ÉDITIONS DE L'HOMME*

CANADA: 955, rue Amherst, Montréal 132
EUROPE: 21, rue Defacqz — 1050 Bruxelles, Belgique

* Filiale du groupe Sogides Ltée

Bibliothèque nationale du Québec
Dépôt légal — 1er trimestre 1978

ISBN-0-7759-0574-7

REMERCIEMENTS

Ce guide n'aurait jamais vu le jour sans la participation active de Manon Chevalier au chapitre des avantages sociaux et de l'imposition de différentes catégories de contribuables, d'Eric Lefebvre qui a conçu sur ordinateur le programme de calcul d'impôt fédéral et provincial. L'aide de Serge Lemay et l'assistance de Violette Delorme, de Fleurette Radcliffe, de Mireille Gagnon, de Rolande Guilbeault, de Christiane Lamoureux, de Denyse Bromow, de Diane Valiquette et de dizaines d'autres collaborateurs ont également été très précieuses.

UN GUIDE FAIT POUR VOUS AIDER...

Ce guide est devenu nécessaire à cause de la négligence des gouvernements fédéral et provincial à expliquer non seulement les devoirs, mais aussi tous les droits qu'ont les contribuables en versant chaque année des milliards de dollars dans les coffres de l'Etat sans avoir la moindre idée de l'utilisation de ces fonds. Les formules et annexes de toute sorte à remplir deviennent de plus en plus nombreuses, au point que le contribuable s'y perd carrément et décroche. La situation est particulièrement confuse au niveau de l'impôt provincial dont les services de renseignements aux contribuables sont définitivement mauvais, dont les pénalités imposées aux travailleurs autonomes frisent des taux d'intérêt inadmissibles (15%) et dont il est devenu extrêmement difficile de contester les décisions, souvent arbitraires. Par ailleurs, les programmes d'assistance et de subvention offerts par Québec et Ottawa sont tellement éparpillés à droite et à gauche que des milliers de contribuables y perdent droit. C'est tout ce que ce guide veut réparer en vous faisant gagner temps et argent dans votre rapport d'impôt, en vous aidant à mieux organiser vos affaires et en vous indiquant les montants d'aide et de subventions auxquels vous avez droit.

Ce guide est fait pour vous. Si vous avez la moindre remarque, suggestion ou situation à expliquer, n'hésitez pas à écrire à:

Robert POULIOT
MON RAPPORT D'IMPÔT
Editions de l'Homme
955 rue Amherst
Montréal H2L 3K4

COMMENT UTILISER CE LIVRE

Ce guide a été conçu pour procurer au contribuable le maximum de déductions de son revenu imposable et tout genre de prestation disponible des gouvernements fédéral et provincial. Voici comment utiliser les dix services indispensables qu'il vous offre.

SUJETS	PAGES
1. Les méthodes à prendre pour déjouer l'ensemble des taxes.	11 à 17
2. Une combinaison gagnante pour apprendre gratuitement à faire votre rapport d'impôt et tous ceux qui peuvent vous aider.	19 à 29
3. Tout ce qu'il vous faut avoir en main avant de faire vos rapports d'impôt.	31 à 40
4. Votre rapport d'impôt expliqué case par case où *Cases F01 et P26* veut dire la case 01 du rapport d'impôt fédéral et la case 26 du rapport d'impôt provincial.	41 à 162
5. Les 50 mots-clefs que tout contribuable doit connaître pour mieux manier ses déductions d'impôt.	169 à 176
6. Tout ce qu'il faut savoir sur votre situation particulière en référant à votre métier ou profession dans l'index alphabétique.	197 à 207
7. Comment calculer votre impôt de 1977 en un coup d'oeil à partir de votre salaire annuel ou de votre revenu d'entreprise.	162 à 167
8. Les formules d'impôt fédéral et provincial pour 1977 dont les cases réfèrent directement aux pages les plus importantes à lire dans ce guide.	187 à 194
9. Les dates importantes à retenir pour réduire davantage votre impôt durant l'année 1978.	183 à 185
10. Toutes les adresses et numéros de téléphone utiles pour réduire votre impôt et vos taxes de vente et obtenir toutes les prestations ou subventions gouvernementales disponibles aux contribuables.	177 à 182

1. RENSEIGNEZ-VOUS AVANT DE PAYER VOS TAXES

C'est incroyable de constater à quel point l'augmentation du coût de la vie a poussé les gens à magasiner au cours d'une année, à comparer les prix affichés dans tel ou tel commerce, à vérifier la qualité d'une paire de souliers, d'un manteau d'hiver ou d'une automobile et à feuilleter les pages de journaux pour trouver les meilleures aubaines.

On peut passer des heures à faire les vitrines et les comptoirs pour épargner quelques dollars, seulement pour un achat.

Le plus contradictoire dans cette course folle aux aubaines est que le magasinage cesse complètement quand vient le temps de faire la plus grosse dépense de l'année: les taxes.

En moyenne, sur chaque dollar gagné au pays, plus de 40 cents sont aussitôt happés par l'impôt fédéral et provincial sur le revenu, par les contributions obligatoires aux programmes gouvernementaux (primes d'assurance-chômage, d'assurance-maladie et d'hospitalisation, primes au Régime des Rentes du Québec ou au Régime des Pensions du Canada) et par les taxes indirectes (taxes de vente et d'affaires, droits d'importation, taxes d'accise, d'eau et taxes foncières).

Comme toutes ces taxes sont imposées au fur et à mesure que vous dépensez (taxes indirectes) ou gagnez votre revenu (par la retenue à la source chez les salariés), ce fardeau fiscal paraît beaucoup plus faible qu'il ne l'est en réalité.

Pour illustrer le poids de ces taxes, nous avons fait le compte en 1977 pour trois catégories de contribuables.

	André Therrien gagne le salaire minimum tel que régi au Québec	**Luce Côté est célibataire et supporte sa mère**	**Pierre Duval est marié et responsable de 2 enfants**
Revenu total	$7 371.	$13 000.	$20 000.
Contributions obligatoires aux programmes gouvernementaux	$ 334.	$ 509.	$ 558.
Impôt fédéral et provincial sur le revenu	$ 909.	$ 2 036.	$ 4 302.
Taxes diverses sur les dépenses courantes	$1 532.	$ 2 613.	$ 3 785.
Total des taxes	$2 775.	$ 5 159.	$ 8 645.
Nombre de semaines de travail pour payer le compte de taxes	20	21	22

En somme, André Therrien, Luce Côté et Pierre Duval ont beau avoir touché un revenu très différent l'an dernier, ils ont au moins une chose en commun: ils ont dû travailler à plein temps pour les divers paliers de gouvernements de janvier à la fin de mai.

Des dépenses de cet ordre ont de quoi faire réfléchir n'importe qui. Avec un revenu par tête de moins de $5 000 après paiement des taxes (les quatre membres de la famille Duval ont chacun $2 800 à dépenser par année), on comprend que les Canadiens aient de la peine à épargner.

COMMENT S'EN SORTIR

La plupart des contribuables ont l'impression qu'il n'y a rien à faire pour réduire leur compte annuel de taxes. Mais en passant quelques heures seulement par mois à magasiner, en vous renseignant auprès des gouvernements fédéral, provincial et municipal, auprès de votre employeur, chez un comptable, un notaire, un courtier d'assurances, à la caisse populaire ou à la banque, au comptoir d'une fiducie ou auprès de collègues de travail, vous serez surpris vous-même des façons de réduire substantiellement ce fardeau.

LES CONTRIBUTIONS OBLIGATOIRES AUX PROGRAMMES GOUVERNEMENTAUX

Les primes versées aux programmes d'assurance-chômage, d'assurance-maladie et de rentes d'Etat coûtent en moyenne une à trois semaines de travail par année ou 2 à 6% de votre revenu annuel total. Le programme d'assurance-maladie est le plus cher puisque vos primes ne sont pas une dépense déductible de votre revenu imposable. Le deuxième programme le plus dispendieux est l'assurance-chômage, suivi du Régime des Rentes du Québec ou du Régime des Pensions du Canada pour ceux qui ont travaillé au pays, en dehors du Québec. Ces deux programmes sont pleinement déductibles de votre revenu imposable.

Dans l'ensemble, ces programmes ont au moins l'avantage de profiter directement aux contribuables et c'est ce qui explique que plusieurs, sans avoir aucun impôt à payer, insisteront pour verser malgré tout des primes pour avoir droit aux prestations d'assurance-chômage ou encore, en atteignant soixante-cinq ans, aux rentes d'Etat qui viendront s'ajouter aux pensions fédérales de sécurité à la vieillesse (voir pages 22 et 23). Quant à l'assurance-maladie, rien n'oblige le contribuable d'y avoir contribué pour en tirer des bénéfices.

Ainsi, lorsque votre revenu net (*case 75* en page 2 de la formule provinciale) ne dépasse pas $5 600 pour une personne mariée ou $3 700 pour un célibataire sans aucune personne à sa charge, la contribution est nulle.

Le Régime des Rentes du Québec offre également un avantage substantiel aux travailleurs qui sont à leur propre compte. Normalement, ce travailleur ou cet homme d'affaires doit verser le double de la prime requise d'un salarié, car il doit payer à la fois la part de l'employeur et celle de l'employé. Mais si le revenu ne dépasse pas $5 600 ou $3 700, selon qu'il est marié ou célibataire, la prime sera réduite de moitié et c'est l'Etat qui versera la part de l'employeur pour une épargne qui peut atteindre plus de $80. Ce bénéfice s'applique surtout aux pêcheurs, aux fermiers, aux gardiennes d'enfants qui ne sont pas à salaire, aux jeunes artistes et écrivains, aux étudiants qui travaillent à sous-contrat durant l'été et aux gens qui travaillent à la pige.

Dans le cas de l'assurance-chômage, si vous touchez un salaire de moins de $44 ($48 en 1978) par semaine ou êtes âgé de soixante-cinq ans et plus, aucune prime n'est requise de votre part.

Enfin, il est entendu que les personnes qui ne reçoivent aucun salaire mais gagnent néanmoins des revenus de placement ou de pension sont à la fois exonérées des primes d'assurance-chômage et du Régime des Rentes. Ces gens devront toutefois continuer à payer des primes au programme d'assurance-maladie.

LES TAXES INDIRECTES

Les taxes de toutes sortes que vous payez en achetant des produits et des services sont extrêmement lourdes pour les contribuables touchant un revenu annuel de moins de $12 000. En général, ces taxes représentent un à deux mois de travail par année ou environ 20% de du salaire minimum.

Il n'y a pas de système plus aveugle puisque riche ou pauvre, père de famille ou célibataire, religieux, adolescent ou retraité, vous payez 52 cents par gallon d'essence, 21 cents par paquet de cigarettes, $500 à $1 500 selon le modèle pour une voiture neuve et presque la moitié du prix d'une bouteille de bière en taxes indirectes.

A moins de faire de la contrebande, il n'y a que deux façons d'éviter ces taxes:

1. *En mettant de l'argent de côté,* en investissant ou en capitalisant, en somme en épargnant un peu chaque semaine. Acheter des obligations d'épargne n'entraîne aucune taxe indirecte par exemple (nous verrons plus tard l'impact de l'impôt sur le revenu). Une autre méthode est d'investir le maximum d'épargnes dans une maison. Bien sûr, les taxes foncières sont inévitables lorsqu'on a une maison mais dites-vous bien qu'en étant locataire, votre loyer comprend une partie des taxes foncières qu'a à défrayer le propriétaire. C'est dire que pour chaque nouveau dollar investi dans une maison qui vous appartient, votre compte de taxes foncières va en diminuant et d'une pierre deux coups, vous vous payez à vous-même le loyer.

Les seuls contribuables à bénéficier d'un rabais sur les taxes foncières sont les personnes âgées touchant leur pension de vieillesse. Ces contribuables ont droit au remboursement de 50% de l'impôt scolaire jusqu'à concurrence de $125 s'ils sont propriétaires, de 5% de leur loyer annuel jusqu'à concurrence de $75 en tant que locataires et d'un maximum de $37.50 ou de 2.5% de leur loyer annuel lorsqu'ils sont en chambre ou en pension. Ces remboursements, disponibles à la Régie des Rentes du Québec, ne s'adressent qu'à un conjoint lorsqu'il s'agit de couples (voir adresse et numéros de téléphones utiles en page 177).

2. *En travaillant à votre propre compte,* soit comme fabricant ou artisan, vous pouvez éviter à coup sûr la taxe provinciale de 8% sur le matériel dont vous avez besoin grâce à un numéro de taxe de vente. Si vos ventes dépassent $10 000 par année, vous serez aussi exempté de la taxe fédérale de vente de 12% sur les achats liés à votre travail. Toutefois, ces exemptions ne s'appliquent ni à l'équipement de bureau, ni au matériel roulant (voiture, camion, etc.).

Vous pourriez également être exempté de la surtaxe fédérale imposée sur les ventes d'essence. Lorsque vous utilisez votre voiture pour travailler, vous avez droit à un remboursement de 10 cents le gallon. Pour cela, vous devez conserver toutes vos factures au cas où un inspecteur de Revenu Canada voudrait vérifier vos dépenses. Tous les contribuables ont droit à ce remboursement. Par exemple, un individu dont la voiture consomme 200 gallons pour fins commerciales contre 1 000 à des fins personnelles touchera un remboursement de $20. Agriculteurs et pêcheurs québécois peuvent également être exemptés de la taxe de vente provinciale de 19 cents le gallon pour la machinerie aratoire ou leur bateau de pêche. Enfin, l'huile diésel colorée coûte 22 cents de moins le gallon pour les moteurs non-propulsifs ou moteurs de machinerie (voir les adresses et numéros de téléphone utiles à la page 177).

L'IMPÔT SUR LE REVENU

Dès que vous touchez plus de $12 000 de revenus par année, les impôts fédéral et provincial sur le revenu constituent le plus gros item de vos taxes. Mais dans l'ensemble, ces taxes directes coûtent au contribuable de un à trois mois de travail ou de 10 à 20% de son revenu annuel (voir pages 165 à 167).

L'aspect le plus frustrant de l'impôt sur le revenu, tout comme des taxes indirectes d'ailleurs, est que vous ne savez jamais exactement à quoi cela sert.

Essentiellement, il y a trois grandes façons de réduire son impôt.

1. En déduisant le maximum de dépenses contre son revenu total ou en investissant:

— une bonne règle à suivre est d'emprunter toujours pour investir dans un fonds de pension, une rente viagère ou un régime d'épargne-retraite et débourser comptant pour consommer car les frais d'emprunt seront entièrement déductibles de vos impôts et l'intérêt à supporter coûtera en réalité beaucoup moins cher (voir page 139);
— investir dans des actions ou des obligations est une opération profitable pour les contribuables car les premiers $1 000 de revenus sont exempts d'impôt et pour chaque $750 de revenus d'actions, vous avez droit en outre à près de $270 de baisse d'impôt sur vos autres revenus (voir page 109);
— contribuer à un régime d'épargne-logement si vous êtes locataires vous permettra de déduire votre contribution jusqu'à $1 000 par année sans être taxé au retrait du fonds si vous achetez une maison;
— lorsque vous travaillez partiellement ou à plein temps à votre compte, vous pouvez déduire une bonne partie de vos dépenses; le gouvernement va même jusqu'à subventionner indirectement l'achat de matériel et outils divers (voir page 61); si vous vous êtes lancé dans la vente à temps partiel de produits divers (cartes de Noël, produits de beauté, etc.) sans avoir pu tout écouler, la perte subie peut être déduite du revenu ainsi gagné ou encore de votre salaire (voir page 58); agriculteurs et pêcheurs devront examiner de près cette année leurs achats d'équipements ou la construction de bâtiments car pour toute dépense de $1 000 par exemple, leur compte d'impôt fédéral diminuera de $50 à $100, selon qu'ils habitent dans l'une ou l'autre région du Québec; un salarié qui est installé en campagne et fait un peu d'agriculture (l'élevage d'animaux ou le reboisement de terres) peut déduire des pertes jusqu'à concurrence de $5 000 par année contre le revenu gagné au bureau (voir page 160);
— un salarié ou vendeur qui travaille constamment sur la route a tout intérêt à obtenir une voiture payée ou louée par son employeur, quitte à subir une légère baisse de revenus (voir page 44); n'importe quel employé a intérêt à payer lui-même les primes d'un programme d'invalidité à long terme ou d'assurance-salaire car s'il est malade pendant quelques semaines ou quelques mois, le revenu ainsi touché pourra être diminué de toutes les contributions versées depuis 1968 (voir page 48).

2. En fractionnant le revenu entre les membres de sa famille ou en gelant carrément ses revenus de placement:

— si votre conjoint gagne peu ou rien, transférez vos revenus de placement sur sa tête ou celle de vos enfants (voir page 153); cette règle s'applique notamment si vous êtes propriétaire d'un duplex ou d'un immeuble à revenus ou si vous possédez une maison principale et un chalet (voir page 119);

— en travaillant à votre compte, vous pouvez payer un salaire aux enfants qui vous aident et réduire ainsi votre compte de taxes (voir page 70);

— placer son argent dans des biens personnels comme sa maison, des antiquités, des livres rares, des collections de timbres ou des tableaux n'augmente pas vos revenus annuels et tout profit ultérieur lors d'une vente peut échapper complètement ou partiellement à l'impôt (voir page 121);

3. En différant l'impôt à plus tard:

— en contribuant à un fonds de pension, à un régime d'épargne-retraite, à un contrat de vente à versements invariables, vos mises de fonds seront entièrement déductibles de votre revenu et vous ne serez taxé qu'au retrait de ces épargnes (voir pages 130 à 135);

— une bonne façon d'arranger ses affaires pour un salarié qui travaille dans une entreprise où le fonds de pension n'est pas obligatoire est d'attendre le moment où ses revenus augmenteront rapidement pour contribuer au fonds; il pourra alors déduire non seulement sa contribution normale mais jusqu'à $7 000 par année (voir page 61);

— une méthode employée couramment pour différer son impôt, surtout si on est à son compte ou si on possède un immeuble à revenus, est de réclamer l'allocation en coût de capital; il s'agit d'une déduction annuelle variant de 2% à 100% du coût d'acquisition d'un bien contre les revenus qu'il procure; si vous revendez ce bien au coût original ou réalisez un profit, vous devez alors ajouter le total de ces déductions annuelles à vos revenus (voir page 61).

2. LA GRANDE PANIQUE DU RAPPORT D'IMPÔT

Trop de gens prennent panique inutilement quand arrive la période d'impôt!

D'abord, on s'imagine que faire une déclaration est synonyme d'impôt. Ce n'est heureusement pas le cas puisque un Québécois sur quatre déclarait un revenu en 1975 sans avoir un sou d'impôt à payer, notamment les femmes de moins de trente-cinq ans qui, pour un bon nombre, échappent complètement au filet fiscal.

Deuxièmement, on craint de ne pas avoir payé assez durant l'année. Encore là, détrompez-vous car seulement un contribuable sur dix se retrouve dans cette situation et doit faire un déboursé additionnel avant la date fatidique du premier mai.

Enfin, on a toujours peur de se tromper en calculant. A moins que votre situation ne soit extrêmement compliquée, les deux heures que vous aurez à passer pour remplir la déclaration valent bien les $10 ou $20 non-déductibles qu'un service professionnel vous réclamerait pour le faire. De plus, vous pourrez à tout moment consulter les fonctionnaires provinciaux ou fédéraux qui vous aideront gratuitement. Enfin, si vous êtes salarié et ne pouvez réclamer aucune déduction spéciale autre que les exemptions, vos risques d'erreurs sont extrêmement minces et les ordinateurs de Québec et d'Ottawa corrigeront les fautes les plus grossières.

REVENU TOTAL PERMETTANT D'ÉVITER L'IMPÔT EN 1977

Situation:	Pas d'impôt si le revenu total est inférieur à:	Si le revenu total est inférieur à:	Pas d'impôt fédéral mais impôt provincial maximum de:
Salarié célibataire	$3 900.	$4 600.	$112.
Marié et seul à travailler	$6 000.	$6 700.	$112.
Marié, seul à travailler et un enfant de 12 ans et moins	$6 000.	$8 100.	$336.
Marié, seul à travailler et 2 enfants de 12 ans et moins	$6 000.	$8 300.	$368.
Marié, seul à travailler, 2 enfants de 12 ans et moins et un enfant de 12 à 16 ans	$6 000.	$8 200.	$352.
Marié, seul à travailler, 2 enfants de 12 ans et moins, un enfant de 12 à 16 ans et un enfant de 17 ans	$6 600.	$8 500.	$304.
Retraité célibataire sans fonds de pension	$4 700.	$5 700.	$160.
Retraité célibataire avec fonds de pension	$5 700.	$6 700.	$160.
Couple de 65 ans et plus sans fonds de pension	$5 300.	$7 800.	$400.
Couple de 65 ans et plus avec fonds de pension pour un conjoint invalide	$7 300.	$9 800.	$400.

En principe, toute personne touchant un revenu mais qui n'a pas d'impôt à payer est libre de faire ou non un rapport. En vérifiant le tableau ci-contre, vous pourriez découvrir que votre revenu n'était pas assez élevé en 1977 pour justifier quelques heures de préparation de vos formules fédérales et provinciales. Même si votre revenu dépassait les maximums cités, vous pourriez très bien déjouer les griffes de l'impôt. Par exemple, une personne qui vit essentiellement de revenus de placements (il y en a quelque 60 000 au Québec dont la moitié sont des femmes) peut toucher jusqu'à $11 000 de dividendes sans devoir un cent au fisc (voir page 110). Un religieux peut gagner $10 000, $20 000 ou plus par année et sera exempt d'impôt fédéral s'il a fait un voeu de pauvreté et remet le plein montant à sa communauté. Vos revenus de loyer peuvent être astronomiques sans tomber sous le coup de l'impôt (voir page 113). Un contribuable qui verse une grosse pension alimentaire à son conjoint peut réduire substantiellement son revenu imposable (voir page 142) . Un artiste, une maquilleuse ou un athlète professionnel peuvent facilement gagner $30 000 une année et contourner légalement les deux ministères du revenu (voir page 134). Enfin ceux qui dépendent presque entièrement du bien-être social ou de prestations d'invalidité de la Commission des Accidents du Travail seront, bien entendu, exempts d'impôt.

Parce que chaque contribuable est un cas d'espèce, il est extrêmement difficile de voir au premier coup s'il aura à payer l'impôt.

QUATRE BONNES RAISONS DE FAIRE UNE DÉCLARATION

A vrai dire, il y a quatre bonnes raisons pour déclarer ses revenus.

1. Un rapport d'impôt est peut-être la meilleure façon de faire le point une fois l'an sur ses affaires et d'éviter à long terme toute représaille du fisc. Depuis 1971, les services d'impôt fédéral et provincial ont littéralement bandé leurs muscles pour resserrer leur filet autour du contribuable. Leur personnel s'est gonflé de moitié, les échanges d'informations sur ordinateur entre les deux gouvernements sont devenus systématiques tandis que le nombre d'enquêtes spéciales auprès des divers groupes de contribuables a augmenté substantiellement. *En 1977-78, deux groupes de contribuables sont particulièrement visés: les chauffeurs de camions et tous ceux qui touchent des pourboires.* Ces enquêtes portent généralement sur trois ans et peuvent coûter cher aux contribuables visés.

Même le système de retenue de l'impôt à la source a été élargi. Si vous n'êtes pas assujetti à ce procédé de perception en tant que salarié, il est devenu pratiquement impossible d'épargner ou d'investir sans que le fisc n'en soit informé par le biais de la carte d'assurance sociale. Pour un compte en banque, plusieurs institutions exigeront le numéro de votre carte d'assurance sociale.

Si vous n'avez pas de carte, on retiendra à la source 25% des intérêts sur vos obligations d'épargne ou vos obligations municipales, on vous privera de contribuer à des régimes enregistrés ou encore d'acheter un immeuble à revenus. Pour déjouer l'impôt, certains seront tentés d'utiliser plusieurs cartes. Mais là encore, le contrôle est devenu beaucoup plus serré (voir page 32) et les délinquants risquent des amendes très sévères.

Enfin, un rapport d'impôt est très important si vous êtes à la retraite. En cas de mort subite, une déclaration facilitera les recherches sur votre avoir et ce que vous laissez en héritage.

2. Les salariés et les pêcheurs n'ont généralement pas le choix de faire un rapport. Tout salaire supérieur à $70 par semaine au provincial et $80 par semaine au fédéral est assujetti à la retenue de l'impôt. Comme tous les employés doivent remplir des formules spéciales (TD-1 et TPD-1) au début de chaque année pour indiquer les exemptions auxquelles ils ont droit, le moindre changement de statut ou de situation peut provoquer une augmentation du remboursement à la fin de l'année.

Si vous vous êtes marié en 1977, si vous avez eu un enfant ou deviez supportez une nouvelle personne, si vous avez pris votre retraite ou cessé de travailler, votre employeur n'en a pas tenu compte dans les retenues à la source. Des pertes financières subies pour gagner un revenu à temps partiel peuvent également être déduites de votre salaire. La seule façon de vérifier l'impact de ces changements est de faire un rapport.

Quoique travailleurs à leur propre compte, les pêcheurs n'ont également pas le choix de déclarer ou non leurs revenus car le Bureau de la Statistique du Québec dresse leur bilan chaque année pour le compte du ministère du Revenu. Ce bilan est fait à même les rapports de débarquements de poissons, compilés par les usines, et les factures détenues à la maison par le contribuable.

3. Même en déclarant un revenu, si modeste soit-il, vous obtenez le droit de contribuer aux programmes d'assurance-chômage et de rentes du Québec. Par ce fait même, vous pourrez retirer des contributions qui sont habituellement beaucoup plus élevées que ce que vous avez dû payer en primes.

Il arrive souvent par exemple que des travailleurs soient engagés à contrat ou à la pièce sans avoir le statut de salarié. Un cas patent est celui des enfants d'agriculteurs. Pour éviter l'administration des retenues à la source, un fermier engagera son fils ou sa fille durant les mois d'été à titre d'entrepreneur ou sous-contractant. De ce fait, le père prive l'étudiant de toucher l'assurance-chômage l'été suivant si ce dernier est incapable de trouver un emploi saisonnier.

Si vous travaillez à votre compte, soit comme cultivateur, gardienne d'enfants, couturière, mécanicien, plombier ou professeur à temps partiel, vous n'avez peut-être pas d'impôt à payer mais en faisant une déclaration de revenus, vous pourriez peut-être gagner à la longue des milliers de dollars.

Ce n'est pas la super-loto mais un droit universel que vous offre la Régie des Rentes du Québec.

Le cas le plus spectaculaire d'un pareil sweepstake a été calculé par des fonctionnaires provinciaux sur les gains inouïs que les Québécois peuvent retirer de leur Régie des Rentes.

C'est l'histoire d'un étudiant qui travaille pendant trois étés pour payer ses cours universitaires. Au début de la troisième année, l'étudiant se marie et trois mois plus tard, sa femme est enceinte. L'étudiant retourne travailler durant l'été, et comme d'habitude, l'employeur retient des contributions au Régime des Rentes. Comme le salaire ne dépassait pas $2 500 par été entre 1974 et 1976, les contributions au Régime des Rentes se sont élevées à $84.40 durant toute la période. En avril 1977, l'étudiant meurt au cours d'un accident. Son conjoint pourra alors retirer une rente de survivant de $114.97 par mois plus 37.5% de ce qu'aurait touché l'étudiant comme rente de retraite et une rente d'orphelin de $29 par mois. Moins de $100 de primes payées par l'étudiant rapportera donc plus de $60 000 au conjoint survivant. Il y a vraiment peu de polices d'assurance-vie qui peuvent rapporter autant de protection pour une prime aussi faible.

Même si un travailleur, salarié ou non, doit contribuer pendant au moins trois années au Régime des Rentes du Québec pour procurer une rente spéciale à son conjoint survivant, l'exemple de cet étudiant, dont le revenu n'était pas assez élevé pour devenir imposable, illustre à quel point il peut être avantageux pour les Québécois de déclarer leur revenu.

Tous ceux qui sont à leur propre compte et qui n'ont jamais fait de rapport d'impôt devraient changer leur fusil d'épaule et déclarer en 1977 un revenu d'au moins $3 700 comme célibataire ou $5 600 comme personne mariée. Ils n'auront aucun impôt à payer mais pourront au moins participer au Régime des Rentes.

En répétant le manège pendant les neuf prochaines années, un célibataire n'aura à verser que $394 au total pour dix ans afin de toucher une rente mensuelle de $64 par mois. En somme, il récupérera sa mise de fonds en six mois de retraite et au décès, ses héritiers toucheront une prestation spéciale de $387. Pour une personne mariée, le total des primes sera de $736 et lui vaudra une rente de $98 par mois. Il lui suffira de vivre à sa retraite au moins huit mois pour se voir rembourser ses primes. En outre, ses héritiers recevront une prestation de décès de $586.

4. Enfin, même si vous êtes certain de n'avoir aucun impôt à payer, un rapport vous aidera à calculer les exemptions et déductions dont vous ne pouvez pas profiter mais qui pourraient être transférées à d'autres contribuables comme votre conjoint, vos parents ou vos enfants (voir page 176).

Une personne de 65 ans et plus qui n'a touché en 1977 que sa pension fédérale de sécurité à la vieillesse peut transférer à son conjoint une déduction provinciale d'au moins $853 et une déduction fédérale de $1 420.

Une étudiante à l'université, qui a des frais de scolarité de $500 par année et des frais de déménagement de $250 par exemple, peut gagner un salaire de $150 durant les trois mois de l'été et faire profiter ses parents d'une exemption provinciale de $550 et d'une exemption fédérale de $1 180. Le fait que l'étudiante ait eu une bourse de $500 ne change rien puisque ce montant n'est pas imposable.

Un travailleur de la construction est devenu complètement invalide et touche des prestations d'accidenté de $200 par semaine. C'est l'épouse qui réclamera alors l'exemption de personne mariée en profitant en outre d'une exemption provinciale de $1 000 et d'une exemption fédérale de $1 420. Enfin, elle pourra prendre à son compte tous les frais médicaux engendrés par l'état de son mari.

CEUX QUI PEUVENT VOUS AIDER

Des milliers de gens offrent de vous aider chaque année pour faire votre rapport d'impôt. Certains, comme les employés des centres locaux de services communautaires ou les fonctionnaires du Revenu provincial et fédéral sont prêts à vous donner un coup de pouce gratuitement. D'autres, comme les services d'associations et de syndicats, les comptables, les agences de voyage, les entreprises professionnelles comme H. & R. Block, Rapatax, Informatrix, Impôt Service, Instantax et le Service d'impôt à domicile, les compagnies de finance ou les sociétés de fiducie peuvent vous réclamer de $10 à $150 pour calculer votre fardeau fiscal.

La plupart des contribuables qui confient à d'autres la préparation de leur rapport le font d'abord pour s'en débarrasser et s'imaginent qu'ils auront plus de chances de réduire au minimum leur compte de taxes.

Mais rien n'est plus faux. La plupart de ces conseillers anonymes ne connaissent pas toute votre situation financière, peuvent oublier facilement des déductions auxquelles vous avez droit si vous oubliez de leur en parler et ont généralement peu de temps pour faire votre déclaration ou vous donner des conseils en grosse saison.

Bref, le contribuable qui ne pense au fisc qu'à la dernière minute manque complètement le bateau puisqu'il est déjà trop tard pour arranger légalement ses affaires.

C'est surtout le cas de ceux qui ont subi un gros changement durant l'année: un divorce ou une séparation qui entraîne le paiement d'une pension alimentaire, une maladie subite, l'abandon d'un emploi pour travailler à leur compte, le départ prolongé du pays, un conflit de travail, la retraite avec tout ce que cela implique (paiement par l'employeur d'une allocation spéciale au départ), des emprunts destinés à faire un placement (ne serait-ce que les obligations d'épargne achetées à même la retenue sur votre salaire), une bourse ou bonus spécial, des options d'achat d'actions données par l'employeur, autant de situations qui nécessitaient un plan d'action fiscale mis en branle trois, six ou neuf mois plus tôt.

En somme, si vous n'avez pas fait vos devoirs et vos leçons d'avance, peu de professionnels pourront vraiment réduire votre fardeau fiscal en dernière minute. Tout ce qu'ils pourront faire est d'enregistrer ce qui s'est passé, sans planifier à rebours.

Si vous voulez apprendre à faire votre rapport d'impôt et à mieux planifier vos affaires, voici une combinaison gagnante qui vous sortira à l'avenir du pétrin. Cette combinaison se fait en deux étapes.

La première étape est de consulter les fonctionnaires provinciaux et fédéraux du Revenu chaque fois que vous envisagez ou anticipez le moindre changement de votre situation durant l'année (voir adresses et numéros de téléphone utiles en page 177). La règle d'or est de ne jamais rien faire, rien signer ou rien gagner comme revenu sans vérifier auprès du fisc les déductions auxquelles vous aurez droit. Pour ce faire, vous n'avez qu'à appeler aux services de renseignements des deux ministères en prenant bien soin d'obtenir toujours au moins deux réponses ou confirmations des deux gouvernements. Si la situation vous paraît trop sérieuse pour faire le tout par téléphone, rendez-vous sur place pour discuter de votre cas avec les préposés aux contribuables. Procurez-vous également toutes les brochures qui vous concernent afin de connaître les aspects de la loi susceptibles de vous affecter le plus. Lorsque vous jugez que la situation commande l'aide d'un expert, n'hésitez jamais à demander un fonctionnaire des services d'interprétation (ou ce qu'on appelle services de la réforme fiscale à Revenu Canada). Ces employés sont beaucoup plus spécialisés que les préposés aux renseignements et peuvent interpréter la loi pour vous.

La deuxième étape est de faire vous-même votre rapport d'impôt toujours avant le mois de mars, non seulement parce que vous toucherez plus rapidement votre remboursement mais aussi parce que vous aurez plus facilement accès aux fonctionnaires. Si vous avez des problèmes, notez-les mais essayez au moins de compléter seul votre rapport. Avec vos notes en main, appelez alors aux services de renseignements pour aplanir vos difficultés. Mieux encore, rendez-vous aux deux ministères avec tous vos documents pour consulter un fonctionnaire. Celui-ci ne fera pas votre rapport mais vous aidera à remplir toutes vos formules.

Dites-vous bien que c'est toujours le premier rapport d'impôt qui est le plus difficile à faire. En communiquant régulièrement avec le fisc, vous prendrez facilement le tour et constaterez à quel point votre déclaration sera aisée à remplir la deuxième année.

Si vous êtes vraiment mal pris et êtes disposé à payer (cette dépense n'est pas déductible pour un salarié), voici une liste d'organisations et d'entreprises prêtes à vous aider. Mais rappelez-vous que rien n'est magique et que vous avez toujours intérêt à connaître vos droits pour éviter des erreurs ou omissions souvent coûteuses.

SERVICES DISPONIBLES CHEZ LES SYNDICATS ET ASSOCIATIONS

L'Union des Producteurs agricoles offre un service de comptabilité depuis 25 ans dans le domaine de la comptabilité et des rapports d'impôt par le biais de ses 16 fédérations régionales qui disposent toutes d'au moins deux préposés permanents. En utilisant le service de traitement par ordinateur d'Informatrix, précédé d'une entrevue de 30 à 60 minutes selon le cas, L'UPA traite environ 15 000 rapports d'impôt par année à des prix variant entre $60 et $100 pour les fermiers.

Les Pêcheurs unis du Québec n'offrent encore aucun service particulier mais les dirigeants du mouvement se montrent prêts à aider les pêcheurs si ceux-ci le désirent. Quatre ou cinq firmes de comptables de la Gaspésie assurent actuellement le service et plusieurs pêcheurs estiment qu'il n'y a pas assez de personnel ressource tant dans l'entreprise privée qu'aux deux paliers de gouvernements pour les aider.

A la *Confédération des Syndicats nationaux,* c'est généralement le conseil central de chaque région qui offre l'aide d'un comptable, d'étudiants en administration ou de la caisse d'économie; les préposés à ce service peuvent réclamer $10 ou $15 par rapport.

A la *Fédération des Travailleurs du Québec,* quelques syndicats seulement offrent le service au plan local, encore qu'il s'agisse surtout d'initiatives personnelles de la part d'un membre de l'exécutif. Le même cas s'applique à la *Centrale des Enseignants du Québec.*

L'*Union des Artistes,* qui regroupe la plupart des gens du spectacle au Québec, ne fait pas de rapports d'impôt mais répond à toute demande de renseignements sur les déductions admissibles. Plusieurs associations de professionnels font de même.

A la *Fédération des Clubs d'Age d'Or du Québec,* l'initiative dépend des organisations locales dont les membres peuvent suivre gratuitement les cours d'entraînement offerts par Revenu Canada.

Quelques associations culturelles ou d'immigrants offrent ce genre de services comme l'Union des Bretons ou certaines associations d'Italiens qui feront des rapports à condition qu'ils soient relativement simples.

SERVICES DISPONIBLES DANS LES ENTREPRISES

Les services les plus professionnels, mais aussi les plus dispendieux (de $30 à $150), sont offerts par les *bureaux de comptables* et les *sociétés de fiducie.* Quoique ces institutions aient de plus en plus recours aux services de traitement par ordinateur pour faire les calculs et garder en mémoire les renseignements les plus importants pendant cinq ans, leurs services comprennent souvent une variété de conseils pour l'année en cours ou pour les années ultérieures.

Le traitement par informatique est offert par deux entreprises qui offrent leurs services à des groupes ou institutions importantes. La plus importante est sûrement *Informatrix* qui dessert quelque cinq cents cabinets de comptables au Québec et en Ontario. Créée il y a huit ans par un noyau de professeurs de l'université de Sherbrooke, Informatrix offre un service de 48 heures, réclame un prix de $11 et a traité plus de 150 000 rapports l'an dernier. *Rapatax,* une firme de Montréal créée en 1969, utilise les ordinateurs de la firme d'ingénieurs SNC et de l'université McGill. Pour un prix de $10.50 par rapport, la firme sert quelque 200 cabinets de comptables à travers le pays et plusieurs institutions comme la Fiducie de la Cité et du District de Montréal, le National Trust, le Montreal Trust, Instantax, Comtax et la Fiducie du Québec, ce qui lui a valu de traiter 60 000 rapports d'impôt l'an dernier.

H. & R. Block, qui a traité près de 200 000 rapports d'impôt l'an dernier, compte quelque 150 bureaux dispersés à travers le Québec durant la grosse saison. Tout le personnel doit suivre des cours de 120 heures au total chaque année pour se familiariser avec la loi. Procédant uniquement par entrevues et calculs manuels, l'entreprise exigeait un prix moyen de $13 par rapport l'an dernier. Même si le délai est de cinq jours avant d'obtenir la version finale de votre rapport, vous savez toujours lors de votre première visite si le gouvernement vous doit un remboursement. La firme offre également ses services par l'intermédiaire de Canada Trust, des magasins La Salle, La Baie, Sear's et Pollack.

Impôt Service est le dernier-né de la Fiducie du Québec (une institution du Mouvement Desjardins) qui offrira ses services cette année dans quelque 250 caisses populaires et caisses d'économie au prix minimum suggéré de $12. Chaque caisse compte au moins un préposé qui a suivi trois sessions d'entraînement. Avant de le consulter, vous êtes invité à remplir un questionnaire à la maison pour faciliter ainsi l'entrevue avec le préposé. Tous les calculs sont faits par ordinateur et le délai est d'environ cinq jours.

Toutes les *caisses populaires* et *caisses d'économie* qui ne sont pas affiliées au réseau d'Impôt Service offrent malgré tout un calcul manuel par le biais de leur comptable ou certains préposés au public. Ces services sont particulièrement utiles aux propriétaires d'entreprises et aux agriculteurs.

Beneficial Finance offre depuis trois ans un service d'impôt à l'année longue dans tous ses bureaux et réclame en moyenne $13.50 par rapport. Tout est fait manuellement et le délai est de sept jours. Le service a été créé uniquement pour attirer de nouveaux emprunteurs et si jamais vous êtes tenté d'avoir un prêt sur le remboursement anticipé, il vous en coûtera 18% par année. Pour le même résultat, vous auriez avantage à emprunter à la banque ou à la caisse populaire qui exigent la moitié moins. L'an dernier, Beneficial a traité près de 5 000 rapports d'impôt.

D'autres services sont disponibles comme *Instantax* ($13 le rapport et délai de trois à cinq jours pour 7 000 déclarations l'an dernier) ou encore le *Service d'Impôt à Domicile* ($10 le rapport et trois jours de délai entre votre appel téléphonique et le moment où l'employé se rendra chez vous).

Le gros hic de ces entreprises est qu'il n'y a pratiquement aucun "service après impôt". S'il y a amende découlant d'une erreur commise par la firme spécialisée, celle-ci s'engagera à défrayer le tout et à communiquer directement avec les fonctionnaires. Mais si vous avez des questions durant l'année, après avoir envoyé votre rapport, vous risquez de vous heurter à un mur. Sauf si vous utilisez les services d’un comptable ou d’une fiducie, aucune entreprise ne pourra vous renseigner sur vos transactions les plus routinières.

3. TOUT CE QU'IL FAUT AVANT DE DÉCLARER VOS REVENUS

Le facteur qui contribue le plus à décourager le contribuable en préparant sa déclaration de revenus est le manque d'informations ou de documents nécessaires pour calculer son impôt.

Avant de vous lancer tête baissée dans vos calculs, crayons et calculatrice à la main, assurez-vous d'avoir un numéro d'assurance sociale et trois types de documents:

— Vos reçus de contributions ou de paiements d'impôts;
— les reçus de tous frais pour lesquels vous réclamez une déduction, peu importe si ces reçus doivent être expédiés ou non au fisc;
— et quatre copies des formules fédérales et provinciales requises pour vous permettre de faire autant de brouillons que vous le voulez.

L'ASSURANCE SOCIALE

La première chose à vérifier est votre numéro d'assurance sociale. De nombreux contribuables s'imaginent qu'en ayant plusieurs numéros d'assurance sociale, ils pourront plus facilement déjouer le fisc. Ces gens croient en effet qu'en donnant un numéro différent à chaque employeur ou à leur banque ou caisse populaire, ils pourront cacher des revenus à l'impôt et embrouiller l'ordinateur.

Il est vrai que ce procédé retardera le repérage de tous leurs revenus mais tôt ou tard, la guillotine fiscale attrapera les délinquants.

Le numéro d'assurance sociale est devenu depuis quelques années le plus important point de repère des gouvernements. Quoi que vous fassiez maintenant depuis l'achat d'un immeuble à revenus, jusqu'aux primes d'assurance-chômage et d'assurance-retraite, en passant par les contributions aux régimes d'épargne-retraite et les successions, le numéro est requis de plus en plus fréquemment. Ce système de référence permet à Ottawa de conserver un dossier sur vous et votre famille (dossiers individuels) pour garantir le paiement des allocations familiales, les prestations d'assurance-chômage, votre pension de retraite et, si vos revenus sont trop faibles, un supplément de revenu garanti.

Ce fichier central est tellement important qu'il sert également aux provinces. C'est ainsi que le Québec s'y réfère pour ses allocations familiales additionnelles ainsi que pour le Régime des Rentes du Québec. Ces rentes d'Etat s'ajoutent à votre pension de vieillesse lorsque vient le temps de prendre votre retraite.

Si vous avez plus d'un numéro d'assurance sociale, soit dans l'année où vous remplissez votre déclaration d'impôt, soit durant la ou les périodes pendant lesquelles vous avez travaillé (par exemple, une secrétaire se marie, quitte son emploi, retourne après cinq ou dix ans sur le marché du travail et obtient un deuxième numéro d'assurance sociale), vous risquez de retirer une rente d'Etat beaucoup plus faible à votre retraite.

La raison est simple: la rente d'Etat n'est accordée qu'en fonction d'un seul numéro d'assurance sociale. Si vous avez eu plus d'un numéro, une partie seulement de vos revenus accumulés a été enregistrée par l'Etat et vous risquez de toucher une rente moins élevée que celle à laquelle vous avez droit.

C'est pourquoi il est important d'aviser le ministère fédéral de la Santé et du Bien-Etre dès que vous changez de statut social, d'adresse ou que vous disposez ou croyez avoir disposé dans votre vie de plus d'un numéro d'assurance sociale. Procurez-vous les formules appropriées au bureau de poste le plus près de chez vous.

Quant à ceux qui seraient tentés de déjouer Ottawa en obtenant plus d'un numéro, ils devront déployer beaucoup plus d'efforts que par le passé.

Depuis juillet 1976, il est devenu en effet aussi long et difficile d'obtenir un numéro d'assurance sociale qu'un passeport. Désormais, il faudra montrer son certificat de baptême ou son acte de naissance et une preuve d'identification avant de pouvoir remplir une formule d'application S-1, alors qu'auparavant, il suffisait de pouvoir remplir la formule et le tour était joué. De plus, Ottawa a entamé des poursuites judiciaires en 1975 contre les contribuables qui disposaient de plus d'un numéro. Ce durcissement se poursuivra au cours des prochaines années.

Dites-vous bien que le numéro d'assurance sociale n'est pas synonyme d'impôt. Toute personne au Canada a avantage à disposer d'un numéro, tant ceux qui échappent au fisc, que les étudiants qui profiteront d'un remboursement d'impôt et des contributions aux programmes d'Etat, et que les immigrants qui n'ont pas encore obtenu leur citoyenneté.

Si vous avez déjà fait une déclaration d'impôt, le numéro d'assurance sociale doit toujours être inscrit en haut de votre nom sur les formules que vous adressent Québec et Ottawa. Si ce numéro est omis ou erroné, communiquez avec le bureau le plus proche du ministère fédéral ou provincial du Revenu pour corriger la situation. Faites de même si votre conjoint n'a pas de numéro.

LES REÇUS À CONSERVER

Voici une liste de reçus à conserver précieusement jusqu'en 1980 pour éviter des problèmes graves si Québec ou Ottawa décidait de remonter la filière jusqu'à quatre années en arrière comme ils en ont le droit.

Garder ces reçus est également une assurance pour vous car tout contribuable peut remonter quatre ans en arrière afin de corriger des erreurs ou réclamer des déductions qu'il avait oubliées.

— Frais de garderie
— Frais pour supporter une personne à charge qui ne loge pas chez vous
— Dépenses pour gagner un revenu personnel
— Lettres de banque, caisse populaire ou fiducie comme preuves des intérêts payés pour faire un placement ou gagner un revenu
— Cédules d'amortissement de vos biens ou équipements
— Frais médicaux à déduire l'an prochain

— Frais de pension alimentaire versée à un ex-conjoint après séparation ou divorce, tels que stipulés dans un jugement de cour ou par un accord signé par les deux ex-conjoints
— Des copies ou des notes sur tout ce que vous envoyez à Québec ou Ottawa

LES FORMULES OU REÇUS À EXPÉDIER

Presque chaque type de contribuable a besoin de reçus et de formules spéciales pour réclamer certaines déductions ou exemptions et réduire du coup son revenu imposable. Les reçus témoignent de revenus touchés ou d'impôt déjà payé tandis que les formules à remplir, toutes disponibles aux bureaux des deux ministères du Revenu, vous exempteront d'impôt pour des paiements ou frais que vous avez dû assumer durant l'année.

Pour simplifier votre travail, nous avons brossé une liste de documents requis pour divers contribuables. Les paragraphes marqués du signe (*) indiquent que les formules à remplir ou à consulter sont suggérées seulement pour vous aider et ne sont pas obligatoires.

LE SALARIÉ

* 1. Il doit avoir en main une copie de ses déclarations TD1 et TPD-1, remplies en début d'année pour autoriser l'employeur à déduire son impôt à la source. Ces formules additionnent toutes les exemptions auxquelles le salarié a droit. Il arrive souvent que ces formules aient été mal remplies, contribuant ainsi à alourdir exagérément la retenue à la source qui se traduira par un remboursement plus élevé un an plus tard. Vous devez cependant garder ces déclarations pour vous.

2. Dès février au plus tard, l'employeur doit vous avoir remis les reçus T4 et TP4 attestant vos revenus et le montant de commissions; vous devez également avoir en main les reçus T4-A et TP4-A.

3. Si vous êtes syndiqué ou membre d'une association professionnelle à laquelle il est indispensable d'appartenir pour travailler, procurez-vous des reçus de cotisation.

4. Si vous avez été en chômage ou en congé de maternité, pris votre retraite ou suivi des cours de recyclage, vous aurez probablement touché des prestations de la Commission d'Assurance-Chômage et recevrez donc des reçus T4U et TP4U.

5. A titre de vendeurs à commission ou de chauffeur de camion voyageant régulièrement à l'extérieur de la ville, vous supportez une

kyrielle de dépenses déductibles de votre revenu. Demandez à votre employeur de remplir l'annexe provinciale 12 et la formule fédérale TL2 (vendeurs à commissions) et les formules T2200 et TPL-2.

6. Les salariés qui profitent d'un régime de participation immédiate aux bénéfices doivent avoir des reçus T4PS et TP4PS. Ceux qui auraient touché un paiement unique provenant d'un régime de participation différée aux bénéfices devraient également remplir la formule fédérale T2078 qui indiquera l'usage que vous ferez du plein montant.

LE TRAVAILLEUR À SON PROPRE COMPTE

1. Dès que le revenu net, après déduction de toutes les dépenses occasionnées par le travail, dépasse $6 000 pour un célibataire ou $8 000 pour une personne mariée (soit l'équivalent de $400 d'impôt) durant la première année en affaires, le contribuable est tenu au cours de la deuxième année d'activités de faire des versements d'impôt provincial et fédéral tous les trois mois (31 mars, 30 juin, 30 septembre, 31 décembre). Les formules à obtenir sont la TP-7B au provincial avec le reçu de paiement TP-7C et la T7B au fédéral avec le reçu T7DR. La même règle s'applique à l'employé qui gagne un revenu supplémentaire le soir et les fins de semaine dont le montant dépasse le quart de son salaire. Ces paiements d'impôt, ce qu'on appelle acomptes provisionnels, peuvent être effectués gratuitement à n'importe quelle banque, caisse populaire ou caisse de crédit. Après les quatre versements trimestriels, vous pourrez toujours ajuster votre compte d'impôt durant les quatre mois de l'année suivante.

* 2. Pour faciliter votre travail de comptabilité, la formule fédérale T2032 vous aidera à faire un état de revenus et dépenses pour calculer votre revenu net.

3. Tout travailleur autonome qui transforme le moindrement des matières premières en biens finis a intérêt à remplir la formule fédérale T2038 s'il a acquis de l'équipement neuf durant l'année y compris un métier à tisser par exemple, afin de réclamer un crédit d'impôt sur l'investissement. Ce crédit n'est pas disponible pour l'impôt provincial.

* 4. Enfin, si le contribuable possède de l'équipement ou des biens utilisés pour son travail, la formule fédérale T2085 l'aidera à calculer ses amortissements aux fins d'impôt.

LE PÊCHEUR ET L'AGRICULTEUR

1. Les mêmes règles de versements d'impôt pour le travailleur à son compte s'appliquent ici, sauf qu'il n'y a que deux versements par année: les deux tiers de l'impôt doivent être versés entre janvier et le 30 avril suivant. Cette situation particulière s'explique par les récoltes ou les débarquements de prises qui ont lieu à l'automne. Les deux gouvernements offrent un guide particulier et des reçus d'impôt pour ces contribuables dont les numéros sont TP-7B et TP-7C au provincial et T7B et T7DR au fédéral.

* 2. Dans le guide d'impôt fédéral destiné aux agriculteurs et aux pêcheurs, on trouvera deux copies des formules T2042 pour faire l'état des revenus et dépenses d'agriculture ou de pêche, T2041 pour l'amortissement linéaire des biens et équipements, T2038 pour le crédit d'impôt à l'investissement et T2011 pour l'établissement de la moyenne générale tous les cinq ans. Du côté provincial, c'est le Bureau de la Statistique du Québec qui fera le bilan comparable.

3. Les pêcheurs à leur propre compte devront également avoir en main les reçus T4F indiquant les revenus assujettis à l'assurance-chômage. C'est ce montant qui déterminera le montant de leurs prestations.

LA PERSONNE À LA RETRAITE

1. Les contribuables qui viennent de prendre leur retraite auront probablement touché des allocations spéciales avant de quitter leur milieu de travail. Il leur faut alors les reçus T4A et TP-4A attestant le paiement de ces sommes. A cela s'ajoute les prestations de retraite versées aux salariés par l'assurance-chômage T4U et TP-4U.

2. Les bénéficiaires d'une rente provenant d'un régime enregistré d'épargne-retraite devront également avoir les reçus de paiement T4RSP et TP-4RSP.

3. Il n'y a aucun reçu ni aucune formule spéciale pour ceux qui touchent la pension fédérale de sécurité à la vieillesse mais le plein montant doit être déclaré dans les rapports d'impôt fédéral et provincial. Par contre, vous devez exclure toute allocation fédérale au conjoint ou supplément de revenu garanti.

L'ÉTUDIANT

1. Si vous avez suivi des cours dans une maison d'enseignement à l'étranger ou encore suivi des cours de pilotage, procurez-vous

l'une des formules fédérales TL11 (A, B, C ou D) pour y annexer vos reçus de frais de scolarité. Au provincial, il n'y a pas de formule et il suffit de joindre vos reçus émis par l'institution.

2. Pour la déduction fédérale relative aux études ($50 par mois de présence aux cours), demandez la formule T2202. Le provincial n'offre pas l'équivalent de cette déduction.

POUR LES PERSONNES À CHARGE

1. Le contribuable qui réclame des exemptions pour enfants à charge doit prendre à son compte les reçus d'allocations familiales TFA1. Il n'y a aucun reçu pour les allocations provinciales, sauf si l'enfant a 16 ou 17 ans. Dans ce cas, l'allocation provinciale devient à son tour imposable.

2. Comme responsable d'une personne invalide, vous devez remplir la formule fédérale T2201 et obtenir la formule provinciale TPL-22CM qui sert de certificat médical.

3. Si vous réclamez des exemptions pour personnes à charge ne vivant pas au Canada, procurez-vous la formule T1E-NR qui n'a pas d'équivalent au Québec.

4. Joignez vos reçus de garde d'enfants aux annexes fédérales 5 et provinciale 6.

CEUX QUI QUITTENT LE PAYS

Le fisc peut vous autoriser à étaler votre impôt de départ sur six ans si vous en faites la demande par la formule fédérale T2074.

CEUX QUI ONT UN LOGEMENT, UNE MAISON OU UN IMMEUBLE

1. Pour réclamer la déduction de vos frais de déménagement, il vous faut la formule fédérale T1-M et la formule provinciale TP-316.

* 2. Si vous avez déménagé ou si vous possédez plus d'une maison, il serait bon de désigner quel logis sert de résidence principale à l'aide de la formule fédérale T2091 pour éviter ainsi du gain de capital lors de la vente.

3. En liquidant un régime enregistré d'épargne-logement, vous touchez des revenus inscrits sur les formules T4HOSP et TP4HOSP.

Ces revenus affectés à l'achat d'une maison devront être notés sur la formule fédérale T1RHOSP pour indiquer l'usage que vous en avez fait.

4. Si vous contribuez à un régime enregistré d'épargne-logement, vous recevrez le reçu fédéral T2031.

* 5. La propriété d'un immeuble à revenus rendrait utile l'usage de la formule fédérale T2083.

CEUX QUI VENDENT DES BIENS OU DÉTIENNENT DES PLACEMENTS

1. Tout contribuable qui touche des intérêts et des dividendes ou réalise un gain de capital recevra des reçus T5 et TP5. Pour les revenus tirés d'obligations d'épargne, il s'agit de la formule T600 ou, si vous avez encaissé un bonus, de la T600C.

* 2. Pour celui qui vend des actions, obligations ou autres titres de placements il serait pratique d'avoir les formules fédéralesT2082 et T2084 ou provinciale TP-230.

3. Vous recevrez les reçus fédéraux T2097 ou T2097A en contribuant à un régime enregistré d'épargne retraite; une liquidation des fonds vous vaudra le reçu fédéral T4RSP et le reçu provincial TP4RSP

* 4. La vente pour plus de $1 000 de biens à usage personnel (meubles, automobiles, chalet, antiquités) ou de biens personnels désignés (collections, bijoux, oeuvres d'art, pièces de monnaie) entraîne un revenu imposable que vous pouvez calculer à l'aide des formules fédérales T-2080 et T2081; si vous réalisez une perte sur la disposition de ces biens, utilisez la formule fédérale T2088.

5. En enregistrant une perte sur vos biens ou investissements, vous devez remplir la formule fédérale T1A si vous voulez déduire cette perte sur vos revenus d'une année antérieure.

CEUX QUI FONT DES DONS OU ONT DE FRAIS MÉDICAUX DÉDUCTIBLES

* 1. Les contribuables qui ont aidé financièrement un candidat à une élection fédérale peuvent remplir la formule T2093 pour avoir droit à un crédit. Dans le cas d'une contribution directe à un parti, c'est la formule T2092 qui s'impose. Il n'y a pas de formule provinciale. Dans les deux cas, vous devez annexer vos reçus.

2. Si vous réclamez plus que la déduction automatique de $100

pour les dons de charité ou les frais médicaux, joignez tous vos reçus aux formules d'impôt fédéral et provincial.

UNE RÈGLE EN OR

Avant de vous laisser guider aveuglément par les cases de votre rapport d'impôt au risque d'oublier des éléments importants, énumérez sur une feuille de papier toutes vos sources de revenus et les types de dépenses que vous avez dû supporter pour gagner ces revenus. Vérifiez ensuite si vous avez tous les reçus ou montants nécessaires avant d'entreprendre vos calculs.

Voici le genre d'oublis que les contribuables commettent souvent:

— tous ceux qui utilisent leur maison comme base de travail tels artisans, vendeurs à commissions, couturières, artistes, secrétaires ou pigistes peuvent déduire comme dépense une partie du loyer (même si c'est le conjoint qui paye la note) ou des intérêts hypothécaires, des comptes de téléphone, de chauffage, de gaz et d'électricité. En outre, ces contribuables qui travaillent à leur compte peuvent déduire une partie ou la totalité des frais d'acquisition d'équipement de bureau ou d'outils de moins de $200;

— un pêcheur ou un chauffeur de taxi qui a dû se procurer un permis d'exploitation à prix élevé pourra déduire une portion du coût d'acquisition;

— les contributions personnelles à un programme privé d'assurance-maladie ou d'assurance-hospitalisation comme celui de la Croix Bleue sont déductibles comme frais médicaux;

— tous ceux qui ont touché depuis 1968 une allocation de retraite ou le remboursement de leur banque de maladie à leur retraite et ont été imposés par le Québec même s'ils avaient étalé ce revenu en achetant un contrat de rente à versements invariables devraient écrire à Québec pour réclamer un remboursement. La Cour Suprême du Canada a en effet jugé en 1977 que le Québec avait eu tort et jusqu'ici la Province aurait remboursé plus de $1.5 million en intérêts et capital!

— un salarié quittant son emploi peut recevoir jusqu'à $1 000 de remboursement de ses contributions au fonds de pension sans payer un sou d'impôt. Comme il arrive souvent que ce montant ne soit pas distingué sur les reçus T4 et TP4, vérifiez auprès de votre employeur. Cette exemption est disponible à n'importe qui et non pas seulement aux retraités.

- des milliers de petits épargnants oublient chaque année de réclamer des déductions lorsqu'ils revendent à perte des actions en Bourse. D'autres, possédant des titres qui ont perdu presque toute leur valeur depuis 1971, n'auraient qu'à les donner à leur conjoint ou à des amis pour "enregistrer" la perte et obtenir une déduction fort appréciable. C'est particulièrement le cas des détenteurs de parts dans des fonds mutuels;
- chaque année, des contribuables sont mis à pied ou congédiés avec ou sans cause et touchent dans plusieurs cas une compensation spéciale pouvant représenter quelques jours ou quelques semaines de travail. Si cette compensation n'avait pas été fixée d'avance et ne représente pas un salaire, communiquez avec le service d'interprétation de l'un ou l'autre des ministères du Revenu car ce paiement pourrait en être un de capital et être exempt d'impôt.

LES DIFFÉRENCES MAJEURES ENTRE L'IMPÔT FÉDÉRAL ET PROVINCIAL

Il arrive souvent que les contribuables québécois se trompent en préparant leurs rapports d'impôt fédéral et provincial car les règles ne sont pas toujours les mêmes. La formule à suivre est de faire d'abord votre rapport d'impôt provincial puis d'utiliser presque les mêmes données pour remplir le rapport d'impôt fédéral.

Voici les principales différences à noter:

- les exemptions fédérales changent d'année en année car les montants sont indexés au coût de la vie, ce qui n'est pas le cas des exemptions provinciales;
- le Québec n'exempte aucun revenu tiré d'un gain de capital, contrairement à Ottawa;
- le Québec ne vous permet de déduire que $1 000 de perte de capital alors qu'Ottawa vous accorde un maximum de $2 000 par année;
- le Québec n'accorde aucune déduction relative aux études, contrairement à Ottawa;
- le maximum de contributions politiques déductibles est de $75 au provincial et de $500 au fédéral;
- l'impôt total payé par les Québécois est de 7% à 12% plus élevé que celui des autres contribuables canadiens pour le même revenu.

4. LA CAMISOLE DE FORCE DES SALARIÉS

VOTRE RAPPORT D'IMPÔT CASE PAR CASE

Les premiers contribuables à passer au bâton sont les salariés auxquels le fisc fait revêtir une véritable camisole de force. Si vous n'avez qu'une seule source de revenus, soit un salaire, les dépenses que vous pourrez déduire seront limitées aux déductions et aux exemptions automatiques. C'est pourquoi il est extrêmement important dans votre cas de remplir immédiatement les formules fédérale TD1 et provinciale TPD1 que distribue l'employeur au début de chaque année pour retenir votre impôt à la source jusqu'au 31 décembre suivant.

Tous les salariés sont assujettis à cette retenue sur leur salaire et lorsque vous négligez de remplir ces formules, vous serez alors considéré comme célibataire quel que soit votre statut véritable. Des milliers d'employés négligent de remplir attentivement ces formules chaque année. Ce faisant, ils contribuent involontairement à réduire leur salaire net de 5 à 10% chaque semaine ou l'équivalent de $200 à plus de $1 000 par année, selon leur statut familial.

Bien sûr, cet impôt supplémentaire leur sera remboursé au printemps de l'année suivante mais entre-temps, le gouvernement aura joui de ces paiements excédentaires sans payer d'intérêt. Prenez le cas d'un père de famille de deux enfants de moins de seize ans et dont le salaire annuel est de $10 000. En négligeant de remplir les formules TD1 et TPD1, il réduit son salaire net de 9.4% chaque semaine, soit de près de $15. Au printemps de l'année suivante, son rapport d'impôt rétablira la situation et le gouvernement devrait lui rembourser $684. Si le contribuable avait bien rempli ses formules au début de l'année et déposé ce $15 par semaine dans un compte rapportant 10% (car c'est le taux minimum exigé par le Québec pour tout retard d'impôt), il aurait épargné $684 et tiré près de $60 d'intérêts.

La même situation s'applique aux contribuables en difficultés financières ou qui versent une pension alimentaire à leur famille. Les formules TD1 et TPD1 ne prévoient malheureusement pas ces circonstances particulières. Néanmoins, il est possible d'obtenir des exemptions additionnelles en signalant votre situation à l'employeur ou en vous rendant au bureau local des deux ministères du Revenu. Apportez alors tous les documents justificatifs (ordre de saisie, ordonnance de séparation, accord de pension alimentaire que les deux conjoints auront signé, etc.) pour expliquer votre cas.

En réclamant vos exemptions, tenez compte de tout événement qui surviendra au cours de l'année comme un mariage, une naissance, un enfant qui aura seize ans (vos exemptions grimpent automatiquement à Québec et Ottawa) ou qui entreprendra des études collégiales ou universitaires, autant de situations qui vous permettront d'alléger la retenue sur votre salaire. Pour calculer toutes les exemptions auxquelles vous avez droit, référez-vous à la page 145.

Une autre façon d'éviter la retenue à la source et que de nombreux contribuables oublient en quittant un emploi est de faire transférer automatiquement votre remboursement de fonds de pension d'un employeur à l'autre ou de votre ancien employeur à l'institution financière responsable de votre régime enregistré d'épargne-retraite, peu importe le montant. Ainsi, vous évitez une retenue de 15% (10% du Québec et 5% d'Ottawa) sur les montants inférieurs à $5 000, de 25% (15% du Québec et 10% d'Ottawa) sur un montant de $5 000 à $15 000 et de 30% (15% du Québec et 15% d'Ottawa) sur toute somme supérieure à $15 000 que vous auriez à payer en percevant vous-même les fonds.

La même règle s'applique sur tout montant versé à un pigiste ou à un artiste, sur les allocations de retraite et les remboursements de banque de maladie lorsqu'un salarié cesse de travailler, sur les paiements d'un régime de participation immédiate ou différée aux bénéfices et sur les compensations versées aux employés qui perdent leur emploi. Ces contribuables n'ont qu'à demander un transfert automatique du montant à une société de fiducie ou à une compagnie d'assurances qui feront le remboursement sur une ou plusieurs années via un contrat de rente à versements invariables (voir page 134).

Cases F01 et P26 — SALAIRES ET BÉNÉFICES IMPOSABLES

Pour la majorité des salariés, ces cases accueilleront tout le revenu gagné au cours de l'année. Ces montants comprennent le salaire, les commissions ou avances sur commissions, les allocations de retraite, les remboursements de banque de maladie ou de fonds de pension, les compensations de départ (pourvu qu'elles soient généralement stipulées dans vos conditions de travail) et les bénéfices imposables.

A moins d'être employé sur un chantier de construction loin de votre domicile, les bénéfices imposables comprennent tout avantage social ou matériel offert par votre employeur durant l'année. Voici une liste de bénéfices qui échappent partiellement ou totalement au fisc.

EXEMPTION TOTALE

1. *Les rabais sur les marchandises ou les services* vendus par l'employeur, y compris les prêts à taux d'intérêt minimum offerts par les banques à leur personnel.

2. *Les laissez-passer de transports* accordés par les entreprises d'autobus, de chemins de fer, et les compagnies aériennes à leurs employés et à la famille de ceux-ci.

3. *Les repas subventionnés* pourvu que le prix ne soit pas purement symbolique.

4. *Les uniformes et vêtements spéciaux* nécessaires pour le travail.

5. *Les services scolaires subventionnés* dans des régions éloignées où le système est quasi inexistant.

6. *Le transport vers le lieu de travail* pour faciliter le déplacement de certains employés.

7. *Les prêts libres d'intérêt;* mais cette règle fédérale changera en 1979 pour s'appliquer uniquement aux prêts de moins de $50 000 consentis pour l'achat d'une maison lors du déménagement d'un employé, à condition que ce dernier se rapproche d'au moins 25 milles de son nouveau lieu de travail, et aux prêts sans limite pour l'achat d'actions dans l'entreprise; tout autre prêt accordé ne devra pas en-

traîner un avantage supérieur à $500, sans quoi le bénéfice deviendra imposable; au provincial, le bénéfice de ces prêts devient pleinement imposable dès 1978.

8. *Les moyens de récréation* disponibles à tous les employés et l'abonnement à des clubs sociaux ou athlétiques pourvu que cet avantage profite directement à l'employeur.

9. *Les remboursements de frais de déménagement, de repas, de voyages et de dépenses diverses* encourues durant les périodes de travail.

10. *Les contributions de l'employeur au fonds de pension, à un régime de participation différée aux bénéfices, à un programme d'assurance-salaire et d'assurance-vie* pourvu que la couverture n'excède pas dans ce dernier cas $25 000 par année.

11. *Les cadeaux de Noël, de mariage ou de naissance* de moins de $25.

EXEMPTION PARTIELLE

1. *Le droit d'usage d'une automobile* fournie par l'employeur n'est jamais gratuit mais la règle d'imposition qui frappe cet avantage est si généreuse que même les déductions que pourrait réclamer un employé propriétaire ne suffiraient pas à éclipser ce bénéfice.

Bien sûr, la situation peut varier d'un contribuable à l'autre mais en général, un salarié gagnant $15 000 par année devra mettre de cinq à six fois plus d'heures de travail pour assumer tous les frais de sa voiture personnelle que son collègue qui gagne le même revenu mais dispose d'un véhicule cédé par l'entreprise pour fins personnelles. Que l'entreprise soit propriétaire ou locataire de la voiture, cela n'a pas d'importance pour l'employé.

Le salarié qui possède sa propre voiture devra verser environ $1 500 par année en frais divers (essence, huile et graissage, réparations, pneus, assurances, licences et remboursement de prêt). S'il n'a pas à utiliser sa voiture pour son travail, il n'a droit à aucune déduction et devra avoir gagné plus de $2 500 avant impôt pour se payer un tel luxe. En outre, s'il utilise son véhicule dans le cours de son emploi, il n'aura droit à aucune déduction si l'employeur rembourse ses dépenses.

Le salarié qui profite d'une voiture cédée par l'employeur à des fins personnelles devra calculer le bénéfice qui lui est imposable.

A. L'employeur est propriétaire de la voiture de $5 000; l'employé profite de la voiture à l'année longue et parcourt 15 000 milles, dont 5 000 à des fins strictement personnelles;

Frais d'entretien: $1 520
Allocation en coût de capital réclamée
par l'employeur (30% de $5 000): $1 500
Dépenses totales $3 020

Utilisation personnelle
du véhicule (5 000 milles)
_______________________ X $3 020 = $1 006.67
Distance totale parcourue
par la voiture (15 000 milles)

Le calcul attribue tout simplement à l'employé une part des frais assumés par l'employeur en fonction de la distance franchie à des fins personnelles par le salarié. Pour être sûr que ce calcul tienne compte du temps d'utilisation, le fisc exige un autre calcul tout aussi simple et c'est le montant le plus élevé des deux résultats qui sera attribué comme revenu imposable à l'employé. Le deuxième calcul se fait comme suit: coût du véhicule multiplié par 1%, multiplié par le nombre de mois d'usage, soit $5 000 X 1% X 12 mois $600.

C'est donc la somme de $1 006.67 qui sera retenue, obligeant le salarié à payer environ $400 d'impôt fédéral et provincial sur ce bénéfice. Cet impôt représentera exactement le coût d'usage de la voiture pour l'employé!

B. L'employeur loue sa voiture de $5 000 au tarif de $200 par mois mais n'a pas à assumer les frais d'huile et de graissage, de réparation et de pneus; ses seules dépenses se résument à l'essence et aux frais d'autoroute pour un total de $1 100 par année:

Frais de location (en excluant $200 par mois
toujours les assurances): *ou* $2 400 par année
Frais d'entretien: $1 100
$3 500

Utilisation personnelle
du véhicule (5 000 milles)
_______________________ X $3 500 $1 166
Distance totale parcourue
par la voiture

Tout comme dans le premier cas, le fisc exige un deuxième calcul qui tiendra compte du total des frais de location, dont le tiers seulement serait attribué à l'employé, soit 1/3 de $2 400 $800.

C'est le montant le plus élevé des deux, soit $1 166, qui deviendra un bénéfice imposable pour le salarié. L'usage personnel de la voiture lui coûtera donc moins de $500 par année.

Ce bénéfice représente un rabais d'environ 80% sur ce qu'aurait à débourser le propriétaire d'une voiture personnelle, qu'elle serve ou non à son travail (voir en page 68 le cas des dépenses d'automobile assumées par un contribuable).

2. *Les options d'achat d'actions conférées par de nombreuses grosses entreprises* à leurs employés étaient pleinement imposées dans l'année où l'avantage était consenti. Prenons le cas de la compagnie ABC, dont les actions en Bourse se vendent à $30, qui offre une option à ses employés de les acquérir à $20. La différence de $10 était complètement imposable au salarié jusqu'au 31 mars 1977. Désormais, seule la moitié du profit ou gain de capital deviendra imposable au fédéral lorsque l'employé vendra ses actions. En les vendant à $40 par exemple, $10 seulement devront être inclus dans le revenu de l'employé à la *Case F17;* au provincial, le tout demeure imposable car la règle n'a pas changé.

3. *Les dividendes en actions versées par des corporations publiques* à tout contribuable, employé ou non, sont exempts d'impôt fédéral depuis avril 1977. Ces actions ne deviendront imposables qu'au moment où le contribuable les vendra sur le marché et la moitié du prix de vente seulement devra être inclus dans le revenu. Au provincial, ces dividendes restent imposables et la règle n'a pas changé.

Cases F02 et P27 — LES REVENUS À COMMISSION

Les vendeurs à commissions peuvent rapporter leurs revenus de deux façons, soit en déclarant les avances sur commissions qu'ils ont touchées durant l'année, soit en déclarant les commissions réellement tirées.

L'une ou l'autre méthode doit être choisie avec l'accord de l'employeur, sans quoi c'est le fisc qui tranchera la question. Lorsque le calcul des commissions réellement gagnées par un vendeur est fait à la fin de l'année et que tout surplus sur les avances n'est payé qu'au début de l'année suivante, le contribuable a tout intérêt à déclarer son revenu sur la base des avances. Bien sûr, le surplus de commissions sur les avances devra être inclus dans son revenu l'année suivante, mais d'ici là la méthode de caisse qu'il a utilisée lui a permis de différer son impôt. Si, au contraire, les avances étaient supérieures aux commissions, le vendeur devra déclarer le plein montant des avances quitte à déduire l'année suivante tout remboursement sur ses revenus d'avance. Lorsque les commissions sont calculées et versées par l'employeur tous les mois, le contribuable n'aura guère le choix et devra utiliser la méthode d'exercice en déclarant tout revenu qui lui est crédité.

Cases F03 et P28-P29 LES AUTRES REVENUS D'EMPLOIS

Il s'agit ici de cases fourre-tout pour tout revenu d'emploi autre que le salaire ou les commissions. Voici les montants que ces cas peuvent accueillir.

1. *Les pourboires:* ceux qui vivent de pourboires et ne déclarent pas ces revenus seront sujets à un examen de plus en plus serré de la part d'Ottawa et du Québec au cours des prochaines années. En novembre dernier, une série d'enquêtes ont été déclenchées par le ministère provincial du Revenu dans des restaurants montréalais. Les inspecteurs ont additionné toutes les factures émises par les établissements et, à partir des ventes totales de repas et de boissons, ils ont attribué un pourcentage de pourboires à chaque employé faisant affaires avec la clientèle. Certaines serveuses ont alors été cotisées pour plus de $1 000 d'impôt sur une période de trois ans. Au fédéral, les enquêtes portent surtout sur le secteur des tavernes et brasseries. En vérifiant le débit de bière, les inspecteurs attribuent cinq cents par verre comme pourboire aux serveurs.

Dans ces circonstances, des milliers de contribuables devraient changer leur fusil d'épaule et déclarer au moins le quart, sinon la moitié, de leurs pourboires, même si la loi exige de tout déclarer. La meilleure méthode pour déterminer la portion de revenus à inscrire dans ces cases est de déterminer votre coût de vie, une technique qu'emploient régulièrement les inspecteurs du fisc pour évaluer vos revenus dans l'année.

Par cette méthode, vous fixez vos dépenses minimum au cours de la semaine telles que coût de location ou de propriété, électricité, téléphone, budget alimentaire, usage d'une voiture, etc. Prenons le cas de Pierre Jarry, un garçon de table dans une brasserie. Ses dépenses minimum durant la semaine sont de $150 pour lui et sa famille. Or il touche le salaire minimum de $128 en salaire hebdomadaire et autant en revenus de pourboires, soit un total de $256. Pierre Jarry est obligé de déclarer évidemment tout son salaire puisqu'il reçoit des reçus T4 et TP4 mais devrait ajouter au moins $22 de pourboires pour justifier son coût de vie, sans quoi un inspecteur qui examinera ses comptes risque de lui en imposer davantage. Comme Jarry n'est pas différent des autres consommateurs, il prendra des vacances, achètera des cadeaux, fera des dons, ira chez le coiffeur, mangera de temps à autre au restaurant, ira à la pêche ou à la chasse à l'occasion ou se procurera des billets de hockey ou de cinéma. C'est dire que déclarer $150 ne sera pas suffisant aux yeux du fisc et Jarry devrait ajouter au moins 20% de cette somme ou $30 par semaine pour présenter un budget équilibré. Au total, Pierre Jarry devrait donc déclarer son salaire de $128 plus des pourboires de $52 par semaine, soit $180. En cas de vérification, Jarry a peu de chances de se voir à nouveau cotiser.

"Les contribuables qui se laissent prendre le plus facilement la main dans le sac sont ceux qui ont un gros train de vie et déclarent un salaire ridicule", affirment les inspecteurs qui, par contre, deviennent extrêmement conciliants à l'égard des gens qui dévoilent au moins une partie de leurs pourboires.

Chose certaine, les employés qui ont de bonnes habitudes d'épargne ne payeront pas tellement plus d'impôt sur leurs revenus, car leur déduction permise à un régime d'épargne-retraite grimpera au fur et à mesure qu'augmentera leur revenu déclaré. Enfin, pour les employés qui approchent de la retraite, déclarer une partie de leurs pourboires leur donnerait le droit de contribuer davantage au Régime des Rentes du Québec afin de retirer des prestations mensuelles plus élevées à soixante-cinq ans.

2. *Les prestations d'assurance-maladie ou d'assurance-salaire:* lorsque vous êtes retenu à la maison par suite d'un accident ou d'une maladie, vous pouvez avoir droit à des prestations spéciales qui remplacent le salaire. Ces prestations sont pleinement imposables si votre arrêt de travail a eu lieu après 1974. Par contre, vous aurez droit de déduire toutes les primes que vous avez versées à ce programme soit depuis 1968, si la déduction n'a jamais été réclamée, soit depuis votre dernière période de maladie.

L'économie d'impôt peut représenter quelques centaines de dollars. Prenez le cas d'un salarié célibataire qui touche $12 000 par année et fut malade pendant un mois en 1977: si le régime prévoit qu'il touche 75% de son salaire normal lorsqu'il est malade, les prestations s'élèveront donc à $750 par mois.

Sa contribution au régime d'assurance-salaire s'élève à 70 cents par mois pour chaque $10 par semaine de prestation, soit environ $13 par mois de prime.

Si c'est la première fois depuis 1968 qu'il est malade et qu'il a touché le même salaire mensuel pendant toute cette période, le salarié pourra déduire une partie des $1 400 de primes versées contre les prestations de $750 pour un mois de maladie.

En outre, il lui restera une déduction de $650 applicable à d'autres prestations à l'avenir.

Au total, ce salarié évitera de payer au moins $275 d'impôt sur le salaire et les prestations d'un mois touchées pendant l'année 1977 (faites le calcul vous-même en vous référant à la page 166).

S'il tombe à nouveau malade plus tard, il pourra déduire à nouveau de ses prestations de maladie toutes les primes versées depuis la dernière fois qu'il les a déduites de son revenu imposable.

Les prestations touchées continuellement par les contribuables accidentés ou malades depuis 1973 échappent complètement au fisc pourvu que le régime d'assurance-salaire ait été mis sur pied avant 1971 et soit demeuré inchangé jusqu'en 1974. Une façon de vérifier si ce régime n'a pas été modifié est de voir si les prestations sont demeurées identiques entre 1971 et 1973 inclusivement.

Des dizaines de milliers de travailleurs syndiqués versent trop d'impôt à chaque année pour avoir tout simplement mal négocié le plan de bénéfices sociaux offerts par leur employeur dans leur convention collective.

Un Québécois sur trois tombera malade pendant six mois en moyenne d'ici à ce qu'il atteigne l'âge de soixante-cinq ans. Si l'invalidité dure plus de six mois, précisent les statistiques des assureurs, l'ouvrier risque de demeurer sur le carreau pendant une moyenne de cinq ans. Un rapport de 1974, préparé par le Conference Board (Industry Roles in Health Care), indiquait que plus d'un quart de tous les employés étaient exposés à des risques dans au moins 29% des compagnies de transport et de services publics.

Plusieurs assureurs recommandent un procédé simple pour maximiser les déductions fiscales des employés:

— comme les contribuables sont plus susceptibles de devenir malades pendant quelques jours ou quelques semaines durant leur carrière, ils touchent plus souvent des indemnités à court terme qu'à long terme;

— les employés auraient tout avantage à supporter eux-mêmes la part du régime d'assurance-invalidité à court terme (ou assurance-salaire), mais à laisser à l'employeur le fardeau des primes de l'assurance-invalidité à long terme;

— même s'il est souvent difficile d'établir la part des primes versées par chaque employé à chaque type d'assurance (court et long terme), l'employeur n'aurait qu'à préciser à l'assureur que l'invalidité à court terme est complètement assumée par les employés, tandis que l'invalidité à long terme dépend de l'entreprise; le fisc se satisfera de cet arrangement.

3. *La boîte à suggestions et les boni:* les employés qui reçoivent des récompenses spéciales pour avoir inventé un procédé, réduit des coûts de production ou introduit de nouvelles méthodes de ventes sont durement frappés par le fisc car ces montants sont pleinement imposables. Par contre, si l'employeur avait procédé autrement en décrétant un concours permanent avec jury formé de personnel diri-

geant et d'employés, la somme aurait pu être considérée comme un prix de reconnaissance et sujette à une exemption de $500. Pour l'employeur, c'est peu mais pour l'employé, il s'agit d'une économie d'impôt d'au moins $150!

4. *Les subventions de recherches:* seul le montant net des subventions de recherches, après déductions de toutes les dépenses encourues durant le travail (faites un relevé très précis des frais de voyage — sauf les frais de déménagement qui doivent être déduits aux *Cases F38 et P72* — des dépenses de repas, d'aide technique, de laboratoire, etc.), doit être déclaré dans ces cases.

5. *Les allocations de formation des adultes:* aucune dépense autre que les 3% de déduction automatique pour frais d'emploi n'est admise ici pour les revenus octroyés par les centres de main-d'oeuvre ou en vertu de programmes spéciaux.

Cases F04 et P30 TOTAL DES REVENUS D'EMPLOI

Le total des salaires, commissions, pourboires et autres revenus énumérés dans les cases précédentes vous donneront droit à la déduction automatique de 3% qui suit immédiatement. Par contre, les sans-travail, comme les chômeurs, les rentiers et les étudiants, ainsi que les travailleurs à leur compte ne peuvent pas réclamer cette déduction.

Cases F05 et P31 DÉDUCTION POUR FRAIS D'EMPLOI

Tous les salariés qui doivent payer eux-mêmes leurs outils de travail sont drôlement pénalisés ici puisque les frais assumés dépasseront souvent le montant maximal admissible à Québec ou Ottawa. En effet, la déduction de 3% ou d'un maximum de $250 autorisée par Ottawa cesse d'être profitable lorsque le revenu brut dépasse $8 333.

De son côté, le Québec a relevé son plafond de $150 à $500 en 1975, au profit de ceux qui gagnent entre $5 000 et $16 666. Il existe un piège important ici. Si vous demandez la déduction de 3%, vous ne pouvez pas réclamer des frais de représentation à la prochaine case et vice-versa. Si vos frais dépassent $250 et que votre revenu total est supérieur à $8 333, il est peut-être souhaitable que vous laissiez tomber la déduction automatique.

Pour les chauffeurs de taxi payés à salaire, c'est-à-dire qui touchent un pourcentage fixe (généralement 40%) des montants de courses inscrits au compteur (*way bill),* cette déduction pour frais d'emplois sera la seule autorisée par le fisc puisque ces contribuables n'ont aucune dépense à payer.

Cases F06 et P32 AUTRE FRAIS D'EMPLOI

Ces cases sont rarement disponibles aux contribuables qui n'ont qu'un salaire comme source de revenus. Car si vos seuls frais sont imputables à l'usage d'une voiture pour travailler, vous devriez plutôt réviser vos conditions d'emploi. L'expérience montre en effet qu'il est beaucoup plus avantageux pour un salarié de recevoir des allocations de dépenses non imposables (20 cents le mille parcouru) en tant que propriétaire plutôt que de toucher le même montant imposable, quitte à pouvoir déduire toutes les dépenses (frais d'intérêt sur emprunt, essence, réparations, assurances) et une allocation de coût en capital sur sa voiture (30% par année — voir page 64). Le seul bénéfice qu'un contribuable puisse tirer en réclamant pour lui toutes les dépenses d'exploitation de l'automobile est lorsqu'il franchit moins de 5 000 milles pour son employeur et un peu moins à des fins personnelles!

Ces cases sont surtout destinées aux *vendeurs à commission et aux salariés qui voyagent souvent loin de leur lieu de travail* sans obtenir d'allocations de dépenses de leur employeur. Outre les frais d'automobile, ces contribuables pourront déduire des frais de voyages, de représentation, de papeterie et de publications diverses, de téléphone et de local lorsque les circonstances s'y prêtent et même de photos dans le cas par exemple d'un vendeur d'immeubles. Les frais de repas seront admissibles dans la mesure où le contribuable aura travaillé plus de douze heures en dehors de la ville où siège son employeur. La règle mise en vigueur par le fisc est d'accorder une déduction pour deux repas pour une période d'éloignement de plus de douze heures et trois repas pour dix-huit à vingt-quatre heures.

Lorsque ces dépenses excèdent la moitié du revenu gagné, il y a danger que la déclaration de revenus soit codée et soumise à une vérification plus minutieuse. Bien sûr, pour des revenus gagnés de moins de $5 000, la règle est un peu plus souple.

Pour réclamer la déduction de ces dépenses, l'employeur doit remplir l'annexe provinciale 12 et la formule fédérale TL2.

Les employés des compagnies de transport doivent remplir la formule provinciale TPL-2 et faire remplir et signer la formule fédérale T2200 par leur entreprise pour avoir pleinement droit aux déductions. Pour profiter de ces cases, ces salariés devront voyager régulièrement à l'extérieur de la ville où siège leur employeur car le ministère fédéral du Revenu a décidé de serrer la vis cette année notamment à l'égard des employés de cimenteries. "Plusieurs employeurs signent nos formules les yeux fermés et ces déclarations sont souvent fausses, trop de chauffeurs de camions se sont identifiés comme employés de compagnies de transport alors qu'ils ne l'étaient pas en réalité", affirme un fonctionnaire de Revenu Canada.

Les bûcherons peuvent réclamer comme dépense entièrement déductible l'équipement de sciage requis pour leur travail mais la plupart de ces employés utilisent maintenant des appareils beaucoup plus sophistiqués mis à leur disposition par les entreprises.

Les employés de services temporaires comme Manpower, Marie Selick, Industrial ou Technical Overload, Ace et autres compagnies semblables ne peuvent déduire aucun frais car ils sont considérés comme des salariés dont le plein revenu est assujetti à la source.

Les salariés qui travaillent à leur propre compte le soir et les fins de semaine n'ont rien à déduire ici. Les revenus bruts autres que leur salaire et les dépenses encourues pour ce deuxième travail doivent être inscrits aux *Cases F84-F19 et P57-P51 ou F86-F21 et P59-P53.* Cela s'applique aussi bien à ceux qui vendent des fleurs, des produits de beauté Avon ou des cartes de voeux qu'à ceux qui font des travaux intérieurs de construction de la couture ou conduisent une voiture-taxi comme propriétaire ou locataire.

5. L'AVANTAGE DES SANS-PATRON

VOTRE RAPPORT D'IMPÔT CASE PAR CASE

Lorsque vous demandez à un chauffeur de taxi pourquoi il s'est lancé dans un métier aussi ingrat, il vous répondra invariablement: "J'aime mieux être mon propre patron." L'avantage de travailler sans patron est souvent la raison principale qui pousse les gens à se lancer en affaires.

L'opération n'est pas sans péril. Les travailleurs autonomes qui lancent leur entreprise individuelle, qui n'est pas enregistrée si la raison sociale importe peu ou qui n'est pas incorporée si les responsabilités légales et financières ne l'exigent pas, perdent du coup toute sécurité de revenus et doivent faire face seuls à la musique souvent difficile des affaires.

Mais le fisc en tient compte et accorde plusieurs avantages au travailleur autonome qui, tout en gardant les mêmes bénéfices d'épargne et les mêmes chances de différer son impôt que le salarié, jouit de déductions presque aussi nombreuses qu'une compagnie limitée ou une corporation.

LES SALARIÉS QUI TRAVAILLENT À LEUR COMPTE À TEMPS PARTIEL

Plusieurs contribuables à leur compte ont d'abord créé leur entreprise individuelle sur une base temporaire ou partielle alors qu'ils étaient salariés. C'est le cas de nombreux entrepreneurs en construction, de courtiers d'assurances, de commerçants, de photographes et de restaurateurs. Leur salaire a servi en quelque sorte de coussin de capital pour financer leurs opérations naissantes: toute perte sur leurs affaires pouvait en effet être déduite de leur revenu imposable de salaire, réduisant ainsi leurs déboursés réels. Dès que leur petite entreprise a pu leur procurer une certaine sécurité de revenus, ces contribuables ont fait le grand saut.

Si vous êtes dans la phase préliminaire tout en continuant à toucher votre salaire, votre situation fiscale risque de prendre une tout autre allure. Avant de vous lancer à fond dans le calcul de tout ce que vous pouvez déduire, testez avant tout si, aux yeux du fisc, vous êtes bel et bien en affaires ou, au contraire, si vous n'avez qu'un passe-temps qui procure occasionnellement un revenu. Les conséquences de votre statut peuvent être énormes vis-à-vis de l'impôt.

Prenez le cas d'un artisan-forgeron ou d'un ouvrier en construction qui travaillent à contrat le soir et les fins de semaine. A la limite, il est possible que ces contribuables enregistrent une perte lors de la première année d'activités à temps partiel, notamment à cause des outils et de l'équipement qu'ils ont dû acheter. Si toutes les dépenses sont justifiées, le fisc les admettra comme déductions. Mais il est possible que les vérificateurs refusent des dépenses réclamées dans d'autres circonstances. Un professeur d'université, spécialisé en urbanisme, a cherché récemment à obtenir des contrats à la pièce en Europe au cours d'un séjour de vacances et de travail de deux mois avec sa famille. Dans son rapport d'impôt, ce contribuable a déclaré une perte pour les dépenses de voyages imputables à ses efforts professionnels infructueux et réclamé la pleine déduction contre son salaire. Cette dépense n'a pas été reconnue par Revenu Canada car le cas paraissait pour le moins douteux.

Il y a deux règles extrêmement importantes à suivre pour toujours être en mesure de réclamer des déductions pour un travail à votre compte.

1. Soyez en position de démontrer clairement que si vous subissez une perte cette année, ou l'an prochain, vous croyez raisonnablement pouvoir faire un revenu la troisième année. Vos efforts doivent paraître sérieux aux yeux du fisc et les meilleures preuves de cela peuvent être une carte d'affaires, un téléphone d'affaires, une entête

de lettre, une partie de votre maison enregistrée comme une place d'affaires, un enregistrement de raison sociale ou l'achat d'une liste de clients.

2. Vous devez en outre distinguer clairement vos dépenses personnelles de vos dépenses commerciales ou professionnelles, avoir une tenue de livre, si simple soit-elle, garder tous vos documents et vos factures de façon ordonnée et détenir des comptes de banque ou de caisse populaire séparés.

Bref, c'est la règle du gros bon sens qui s'applique: vos activités ne doivent pas représenter un simple passe-temps mais doivent constituer la base d'une véritable petite entreprise.

La loi impose d'autres restrictions aux revenus d'affaires. Les revenus de location et les revenus de placements ne sont pas des revenus d'entreprise et à ce titre, vos déductions sont limitées à certaines dépenses (voir pages 114 et 139). Les pertes réclamées par des salariés qui quittent la ville pour devenir agriculteurs dans leur temps de loisirs sont limitées (voir page 76), tandis que l'achat et la revente de maisons ou d'immeubles peut vous faire perdre l'avantage de considérer vos profits comme gains de capitaux dont la moitié seulement est imposable (voir page 117).

Cases F84, à F88, F19 à F23 et P57 à P61, P51 à P55 — LES REVENUS D'ENTREPRISES

Cinq aspects caractérisent les contribuables qui tirent un revenu d'entreprise:

1. L'entreprise n'est jamais taxée comme telle et c'est toujours l'individu qui assume la note d'impôt.

2. Tout travailleur à son compte ou ce que le fisc désigne comme "travailleur autonome" est tenu de payer son impôt quatre fois par année puisqu'il n'est pas assujetti comme les salariés à la retenue à la source.

3. Une entreprise non incorporée peut avoir une période d'exercice différente de celle qui s'applique à son propriétaire. Tous les particuliers salariés ou non doivent payer leur impôt sur le revenu touché entre le 1er janvier et le 31 décembre mais l'entreprise peut avoir un exercice du 1er mai au 30 avril. Cet aspect peut être crucial pour un individu qui se lance en affaires.

4. La perte d'affaires n'est déductible que pendant sept ans.

5. La comptabilité sera différente selon qu'un individu est agriculteur, pêcheur, vendeur à commissions ou non et affectera les dépenses déductibles.

L'IMPÔT ET L'ENTREPRISE

Le propriétaire d'une entreprise individuelle ne retire jamais un salaire mais fait des retraits ou prélèvements chaque semaine ou chaque mois selon ses besoins personnels. Ces sommes d'argent ne constituent pas un revenu imposable tant et aussi longtemps que le contribuable n'aura pas dressé un état de revenus et dépenses à la fin de l'exercice financier. Si l'état de revenus et dépenses, qu'il doit annexer à son rapport d'impôt, montre un profit, c'est seulement ce montant qui représentera le revenu imposable du contribuable.

C'est dire que d'année en année, le propriétaire peut faire varier son revenu imposable en fonction des dépenses et des investissements qu'il fera pour son entreprise, un avantage dont ne peut évidemment pas bénéficier un simple salarié. Bien sûr, si les dépenses et investissements sont profitables, les revenus devraient augmenter rapidement au fil des années, gonflant ainsi le profit de l'entreprise et donc le revenu imposable du particulier. Mais ce faisant, le propriétaire se trouve à différer de plus en plus d'impôt chaque année. Le jour où l'entreprise cessera de grandir par contre, le propriétaire risque d'avoir à supporter un revenu imposable anormalement élevé et c'est à ce moment-là que tant de commerçants décident de vendre ou, pour donner une nouvelle impulsion à l'entreprise, de s'incorporer pour profiter des taux d'imposition avantageux applicables à la petite entreprise.

Pour les entreprises incorporées qui réalisent moins de $150 000 de profits annuels ou un maximum accumulé de $750 000, l'impôt fédéral est de 15% et l'impôt provincial, de 12% pour un total de 27%. L'expérience montre que si une entreprise affiche dans son état de revenus et dépenses plus de $25 000 de bénéfices par année, un contribuable a avantage à s'incorporer. La seule condition pour que l'incorporation soit pleinement profitable est de ne jamais retirer plus de 75% des profits de l'entreprise. Si tout cela vous paraît magique, dites-vous bien que l'incorporation a malgré tout certains désavantages: les frais d'incorporation, une comptabilité plus poussée, une gestion mieux ordonnée et des frais légaux qui, au total, peuvent représenter $1 000 par année sans vous libérer pour autant de vos responsabilités à l'égard des emprunts bancaires contractés par l'entreprise.

L'IMPÔT QUATRE FOIS PAR ANNÉE

Tous les salariés sont assujettis à la retenue de l'impôt sur leur salaire. Mais les travailleurs à leur compte échappent à cette retenue parce qu'ils n'ont pas de salaire comme tel et il serait extrêmement difficile de fixer un pourcentage de retenue sur chaque retrait ou prélèvement effectué. Pour tenir compte de cette situation, les autorités gouvernementales obligent alors ces contribuables à payer leur impôt par versements trimestriels. Lorsqu'un contribuable à son compte a payé $400 et plus d'impôt fédéral et autant d'impôt provincial l'année précédente (cela équivaut à un profit d'entreprise de $6 200 pour un célibataire et de $8 100 pour une personne mariée dont le conjoint ne travaille pas), il devra faire quatre versements soit les 31 mars, 30 juin, 30 septembre et 31 décembre et chaque versement sera égal au quart de l'impôt versé l'année précédente ou de l'impôt qu'il s'attend à payer cette année. Toute différence d'impôt à payer pourra être réglée en avril suivant comme si le contribuable était salarié.

Un travailleur à son compte qui prévoit une baisse de revenu dans l'année a évidemment intérêt à payer son impôt trimestriel sur cette base plutôt que sur celle de l'année précédente.

Mais à moins d'être extrêmement sûr de ses revenus dans l'année courante, il est toujours mieux d'utiliser l'année précédente comme base d'imposition car toute erreur dans vos projections risque d'entraîner une pénalité provinciale de 15% et fédérale de 6% sur tout montant impayé.

Pour leur part, les pêcheurs et agriculteurs sont assujettis non pas à des règlements trimestriels mais à un seul versement au 31 décembre. Ce versement doit être égal aux deux tiers de l'impôt payé l'année précédente et ce n'est qu'en avril suivant que le dernier tiers ou la différence pourra être acquitté.

L'EXERCICE FINANCIER ET VOTRE IMPÔT

Comme votre entreprise individuelle doit adopter un exercice financier annuel, vous pouvez aussi bien choisir l'année de calendrier, du 1er janvier au 31 décembre, qui s'applique à tous les particuliers, comme une période qui chevauche entre deux années et qui correspond mieux à vos besoins.

Les raisons commerciales priment toujours pour déterminer quelle sera la période d'exercice mais il peut être avantageux de choisir la fin de l'hiver ou le début du printemps pour lancer une nouvelle entreprise.

Prenez le cas d'Albert Langevin qui fabrique des meubles dans son sous-sol le soir et les fins de semaine et s'apprête à quitter son emploi de menuisier à $12 000 de salaire annuel pour travailler entièrement à son compte. Marié et père de deux enfants, Albert a choisi de se lancer en affaires en juin 1977 et voici pourquoi: puisque tout contribuable québécois commence d'abord à payer l'impôt provincial avant l'impôt fédéral, Albert a calculé toutes les exemptions et déductions accordées par le Québec. Le total atteint $5 600 et représente la portion du salaire annuel qui échappe entièrement au fisc provincial (à Ottawa, ce total serait de $6 710). Avant de se lancer en affaires, Albert a donc intérêt à toucher $1 000 de salaire mensuel de janvier à la fin de mai ou $5 000 non imposables. Comme tous les contribuables en ont le droit, Albert a demandé en outre dès janvier à son employeur, lors de la remise des formules TD1 et TPD1, qu'aucun impôt ne soit retenu à la source puisque ses exemptions dépasseraient son revenu imposable durant l'année 1977

D'autre part, en lançant son entreprise en juin, Albert opte pour un premier exercice de huit mois du 1er juin 1977 à la fin de janvier 1978. Par la suite, l'année financière de son entreprise sera toujours du 1er février au 31 janvier et cette règle ne pourra être modifiée qu'avec l'assentiment des autorités fiscales. Tous les retraits qu'il fera de juin à décembre 1977 pour ses dépenses personnelles n'auront pas à être déclarés pour 1977 puisque c'est seulement le 31 janvier 1978 qu'il saura si oui ou non son entreprise a enregistré un profit. Si tel est le cas, ce montant deviendra pleinement imposable mais ce n'est pas avant le 30 avril 1979 qu'il aura à payer son impôt réduit par un revenu de huit mois d'exploitation. Il continuera en 1978 à faire des retraits et l'impôt sur le profit du 31 janvier 1979 ne sera payable que le 30 avril 1980 sur douze mois d'exploitation.

Entre-temps, Albert n'a pas eu à faire un seul versement trimestriel à titre de travailleur autonome. En effet, il n'avait aucune base pour s'appuyer en 1977 et le profit des huit mois terminés en 1978 a été trop grugé par les dépenses et les investissements pour justifier un impôt fédéral et provincial combiné de $800. Il n'aura donc pas de versement trimestriel à faire avant le 31 mars 1980.

Albert Langevin a réussi à éviter tout paiement d'impôt de janvier 1977 au 31 avril 1979 et ce n'est qu'à partir de mars 1980 qu'il devra payer son impôt comme tout le monde. Pareil congé facilite énormément le financement au départ d'une entreprise et bien que l'impôt ne puisse justifier seul le choix d'une période d'exercice, une bonne planification fiscale peut contribuer au succès de la phase la plus difficile d'un démarrage.

COMMENT DÉDUIRE UNE PERTE D'AFFAIRES

Que vous soyez pleinement travailleur autonome ou non, toute perte subie en exploitant une activité commerciale ou une entreprise

LE POUR ET LE CONTRE AVANT DE VOUS LANCER EN AFFAIRES

Les travailleurs à leur compte

Les avantages

- choix d'une période d'exercice financier au départ permettant de différer l'impôt pendant au moins 2 ans
- comptabilité de caisse extrêmement simple pour les vendeurs à commissions, les pêcheurs et les agriculteurs qui déclarent uniquement les revenus touchés contre les dépenses payées
- fractionnement du revenu d'entreprise avec les enfants qui aident à la tâche
- abri du revenu imposable en investissant dans des biens et équipement dont le coût procure des déductions (allocations en coût de capital)
- déduction de frais pour usage de biens personnels (logement, maison, automobile, téléphone, etc.)
- l'entreprise n'est jamais taxée et le contribuable conserve tous les avantages fiscaux disponibles au salarié pour différer son revenu par des régimes personnels

Les désavantages

- vous êtes obligé de surveiller votre tenue de livres et votre comptabilité
- comptabilité d'exercice pour tous les autres travailleurs mais cette contrainte d'inclure des revenus non perçus et de déduire des coûts non payés peut être allégée de plusieurs façons
- pas de fractionnement du revenu avec le conjoint
- mise de fonds parfois coûteuse et obligation d'inclure comme revenu lors de la vente d'un bien toute déduction de coût en capital récupérée (récupération)
- déduction limitée à la portion d'usage aux fins de gagner un revenu
- pas d'avantages sociaux ni d'assurance-chômage tandis que les contributions au Régime des Rentes du Québec coûtent 2 fois plus cher que pour le salarié

Le salarié

Les avantages et désavantages

- tout revenu perçu imposable dans l'année de calendrier
- pas de comptabilité requise autre que pour fins budgétaires et les frais encourus pour son rapport d'impôt ne sont pas déductibles
- aucun fractionnement du revenu
- aucun abri autre que celui de l'épargne, à l'exception des contributions de l'employeur à un fonds de pension ou à un régime collectif d'épargne-retraite ou à un régime de participation différée aux bénéfices
- déduction non admissible
- avantages sociaux souvent non imposables, fonds de pension, allocations de dépenses non imposables, assurance-chômage.

est pleinement déductible de vos autres sources de revenus dans l'année. La seule exception est lorsqu'un contribuable a subi une perte en pratiquant des ventes pyramidales. Des centaines de contribuables salariés se sont vu ainsi refuser des pertes qu'ils avaient subies en s'associant au groupe Holiday Magic.

Mais à quoi sert de déduire une perte dans l'année si le contribuable n'a aucun autre revenu? La perte pourra alors servir à réduire le revenu imposable de l'individu l'année précédente et, si ce revenu n'était pas assez élevé pour absorber toute la perte, le revenu imposable des cinq années suivantes. Au total, le contribuable a donc sept ans pour déduire entièrement sa perte.

Prenons le cas de Raymond Bellavance qui a subi une perte d'affaires de $10 000 en 1977 mais touchait $1 000 de revenus de placement. Il devra d'abord inscrire entre parenthèses le montant de la perte à l'une des *Cases F19 à F23 ou P51 à P55* pour bien enregistrer le montant auprès du fisc. Deuxièmement, Raymond devra diminuer sa perte des $1 000 de revenus de placement (la même règle s'appliquerait s'il s'agissait d'un salaire) car la perte est déductible dans l'année seulement du revenu net avant exemptions personnelles et non du revenu imposable après exemptions. Dans le cas de Raymond, les $9 000 qui restent de la perte devront obligatoirement servir à réduire son revenu net de 1976 en remplissant la formule fédérale T1A expédiée aux deux ministères du Revenu ou en faisant des rapports d'impôt fédéral ou provincial amendés. Si ce revenu net n'était que de $5 000 par exemple, Raymond pourra alors déduire encore $4 000 de son revenu imposable en 1978 aux *Cases F57 et P134.*

COMMENT ET QUOI DÉDUIRE

Depuis 1972, vous avez peut-être remarqué que les dentistes, les avocats ou les notaires insistent beaucoup plus pour se faire payer rapidement. Cette attitude découle directement des nouveaux principes de comptabilité que la réforme fiscale a imposés à tous les contribuables qui tirent leurs revenus d'un travail à leur compte.

C'est la méthode d'exercice dont seuls les vendeurs à commissions, les agriculteurs et les pêcheurs peuvent être exemptés. Au lieu de calculer leurs revenus et leurs dépenses au fur et à mesure qu'ils empochent ou déboursent des dollars, selon la méthode de caisse, comme c'était le cas jusqu'en 1971, ces contribuables doivent calculer la valeur du travail fait, même s'ils n'ont pas encore touché d'argent ou les dépenses engagées même s'ils n'ont encore rien payé. Pour un petit commerce comme une épicerie ou une tabagie, la méthode d'exercice veut dire que le propriétaire devra calculer ses profits ou pertes non pas selon la marchandise qu'il achète et revend tous les jours mais selon la marchandise qu'il avait au début et à la fin de l'année qu'elle ait été payée ou non.

Pour un plombier ou un chauffeur de taxi qui, par exemple, emprunterait $1 000 à 10% le 1er juillet et ne serait tenu de rembourser les intérêts qu'un an plus tard, la méthode signifie que si l'exercice annuel de l'entreprise prend fin le 31 décembre, le contribuable pourra réclamer $50 de déduction en frais d'intérêts ou les intérêts courus pendant six mois (½ des $100 d'intérêts annuels). Selon la méthode de caisse les mêmes frais d'intérêt n'auraient pu être déduits que l'année suivante.

Lorsqu'un professionnel émet un compte d'honoraires en décembre 1977 et n'est payé qu'en 1978, le compte devra être inclu dans son revenu de 1977.

La différence essentielle entre les deux systèmes est qu'il est beaucoup plus facile pour un contribuable de différer son revenu imposable avec la méthode de caisse et c'est justement ce que le fisc a voulu éviter en imposant le changement de 1972. Par contre la méthode d'exercice reflète plus fidèlement la vraie situation financière du contribuable et offre d'autres sortes d'avantages.

C'est en gardant toujours à l'esprit cette méthode d'exercice que vous devrez réclamer l'une ou l'autre des déductions suivantes qui peuvent s'appliquer à n'importe quel contribuable en affaires.

L'allocation en coût de capital: cette déduction, qui s'exprime en poucentage de la valeur de vos biens utilisés pour travailler, est accordée pour tenir compte de l'usure de vos actifs. Le gouvernement reconnaît que ces biens devront être éventuellement remplacés mais au lieu de vos permettre de déduire la pleine dépense (sauf pour les outils et instruments de moins de $200, les films, les costumes, la coutellerie, les uniformes, la vaisselle) dans l'année où celle-ci a été engagée, le fisc vous oblige à déduire le tout comme si vous faisiez des versements annuels.

Pour vérifier l'application des règles d'allocations, prenons le cas d'André Martin, un conseiller financier qui utilise sa voiture la moitié du temps pour son travail et possède en outre pour $875 d'équipement et mobilier de bureau.

1. Sa voiture de $5 000 entrera dans la *catégorie* 10 qui comprend les biens mobiles tels que les voitures, autobus, camions, wagons, remorques et l'équipement utilisé dans des entreprises minières ou pétrolières; le taux prescrit est de 30% sauf pour les voitures de taxi pour lesquelles on peut demander jusqu'à 40%.

2. L'équipement de bureau comprend une machine à écrire de $400, un classeur de $125 et du mobilier pour $350 qui entreront dans

la catégorie fourre-tout numéro 8 comprenant tout bien matériel non spécifié dans les autres classes; le taux prescrit est de 20%.

3. André Martin pourra réclamer la première année jusqu'à $750 de déduction pour sa voiture (½ de 30% X $5 000 puisqu'il n'utilise sa voiture que la moitié du temps pour son travail) et jusqu'à $125 pour l'équipement de bureau (20% de $875) en remplissant dans son rapport d'impôt les annexes fédérale 8 et provinciale 5.

4. L'année suivante, André constatera en vérifiant ses vieux rapports d'impôt qu'il lui reste $1 750 à amortir sur sa voiture (la moitié de $5 000 moins les $750 déjà déduits) et $700 pour l'équipement de bureau ($875 moins les $175 déjà déduits) et c'est à partir de ce montant qu'il réclamera à nouveau ses déductions de 30% sur la voiture (30% de $1 750 = $525) et de 20% sur l'équipement de bureau (20% de $700 = $140).

5. Les montants qu'il lui reste à amortir s'appellent fractions non amorties du coût en capital ou, plus simplement, banque d'amortissement; d'année en année, les déductions réclamées par André diminueront donc au fur et à mesure que sa banque d'amortissement s'épuisera.

A moins que vos profits ne soient très élevés et sujets à diminuer au cours des prochaines années, n'importe quel comptable vous dira d'appliquer une politique très conservatrice et de toujours réclamer moins que le taux maximum autorisé. André aurait pu demander par exemple une déduction de 20% sur sa voiture au lieu de 30%. Cette pratique vous permettra ainsi de mieux contrôler votre profit en faisant varier vos déductions d'une année à l'autre selon vos besoins. C'est surtout dans ce contexte qu'on parle d'une banque d'amortissement ou fraction non amortie du coût en capital dans laquelle vous pouvez puiser à tout moment.

Une banque d'amortissement constitue votre coût réel et comprend la valeur d'achat de tous les biens moins la portion que vous avez réclamée comme allocation. Revenu Canada et Revenu Québec ont établi une liste de taux d'allocations en coût de capital pour 35 catégories de biens différents, depuis un avoir forestier jusqu'à une enseigne publicitaire, en passant par les camions, les autobus, les navires et les franchises que vous auriez à payer pour lancer un commerce à la A & W, McDonald, Perrette, Dairy Queen ou autres marques assimilables. Ces taux ont été fixés à la suite d'enquêtes effectuées pour connaître la durée moyenne de vie de chaque catégorie d'actifs. Si vous avez plus d'un bien dans une catégorie, le taux maximum prescrit s'applique alors sur la valeur de tous ces biens réunis et non sur chaque item.

Deux règles particulières s'appliquent à l'allocation en coût de capital: la récupération et la perte finale. A cela pourrait s'ajouter un gain de capital (voir page 117).

La *récupération* de coût en capital survient en revendant un bien pour un montant supérieur à la valeur de votre banque d'amortissement. Cela veut dire qu'après la vente, les allocations en coût de capital réclamées au cours des années dépassent le montant réel que vous a coûté le bien. Toutes les déductions qui excèdent le coût du bien doivent donc entrer dans votre revenu imposable. Bref, le fisc reprend une portion ou la totalité de ce qu'il avait accordé comme déduction. Reprenons le cas d'André Martin.

Au début de la troisième année, André veut vendre sa voiture pour laquelle il a déjà réclamé des déductions de $1 275 et réduit sa banque d'amortissement à $1 225 (½ de $5 000 moins les déductions de $1 275). S'il vend sa voiture pour $3 000, la moitié ou $1 500 seront imputables à son entreprise (puisque la voiture sert la moitié du temps à son travail) et la récupération des déductions ou revenu imposable sera égal à $275 (le prix de vente de $1 500 moins son coût non déprécié de $1 225). S'il rachète dans la même année d'exercice une voiture semblable, il évitera de payer l'impôt sur cette récupération mais devra réduire la banque d'amortissement de sa nouvelle voiture de $275 et appliquer le taux de 30% sur $4 725.

Si jamais vous n'avez pas réclamé toute l'allocation le jour où vous mettez le point final à vos affaires, vous pourrez déduire une *perte finale* pour la totalité de votre banque d'amortissement ou ce qu'on appelle la fraction non amortie du coût en capital. Cette déduction peut être extrêmement précieuse pour un contribuable l'année où il liquide son entreprise, mais n'est pas disponible aux vendeurs à commissions.

Au début de la troisième année, André Martin veut vendre sa voiture mais le meilleur prix qu'il obtient est $200 de la part d'un ferrailleur. Il réduira alors sa banque d'amortissement de $200 ($1 225 — $200 = $1 005) et pourra déduire toute la différence en réclamant une perte finale de $1 005. S'il rachète une autre voiture de $5 000 dans la même année d'exercice, sa perte finale ne sera pas déductible comme telle mais s'ajoutera à la banque d'amortissement de sa nouvelle voiture. Le taux de 30% s'appliquera donc sur $6 005 et procurera des déductions plus élevées.

La meilleure façon de retirer le maximum pour un travailleur à son compte est donc de vendre à la fin de l'exercice tous les biens qui n'entraîneront pas de récupération de capital pour enregistrer du coup une perte finale. Quant aux autres biens susceptibles de ne pas perdre de valeur (c'est de plus en plus le cas de la machinerie et de l'équipement agricole), vaut mieux vendre au début de l'exercice et éviter la récupération en rachetant un nouveau bien.

Lorsqu'un exercice financier dure moins de douze mois, l'allocation en coût de capital est disponible uniquement pour la première période d'usage. Par exemple, un bien utilisé pendant trois, six ou neuf mois procurera 25%, 50% ou 75% des taux maximum prescrits par le fisc.

Voici une liste abrégée des biens, des catégories et des taux maximum autorisés selon la loi de l'impôt. Si vous avez des biens qui n'y figurent pas, communiquez avec les services concernés de l'impôt fédéral pour obtenir plus de renseignements (voir page 177 pour adresses et numéros de téléphone utiles).

Catégorie	Biens ou dépenses amortissables	Taux maximum
8	appareil musical de de $200	20%
10	automobile	30%
16	automobile pour taxi acquise après le 25 mai 76	40%
10	autobus	30%
33	avoir forestier acquis après le 6 mai 74 constituant un droit de couper ou de retirer du bois sur une concession ou territoire canadien	15%
10	bandes vidéo	30%
8	bibliothèque	20%
10	camion	30%
3	ciment	5%
10	cinéma de plein air (installation de Drive-in)	30%
12	costumes pour artistes et gens du spectacle	100%

Catégorie	Biens ou dépenses amortissables	Taux maximum
12	couteau de machine	100%
12	coutellerie	100%
8	décoration permanente d'étalages	20%
9	électricité: équipement portatif pour génération	25%
34	tout matériel de conservation	50%
8	enseigne publicitaire	20%
8	entrepôt frigorifique	20%
8	équipement de bureau	20%
10	équipement mobile utilisé pour la location	30%
Catégorie	**Biens ou dépenses amortissables**	**Taux maximum**
12	film certifié canadien	100%
10	film non certifié	30%
14	franchise ou droit d'exclusivité de vendre des services ou des produits pour une période précise mais non des permis gouvernementaux	aucun taux prescrit; la déduction doit être répartie également sur la période durant laquelle le droit a été obtenu
6	immeuble (ou maison) à structure de bois recouverte de briques (ainsi que les appareils de chauffage et d'éclairage, la plomberie, les gicleurs automatiques, la machinerie de climatisation, coût d'excavation, etc...	10% jusqu'en 79 et 5% dès 78 s'il s'agit d'un immeuble à loyers multiples
3	immeubles (ou maison) à structure de béton (y compris les mêmes items que ci-dessus)	5%
29	machinerie ou matériel acquis après le 8 mai 1972 et destiné à fabriquer ou à transporter des biens, quelle que soit la valeur de l'appareil (un métier à tisser ou un four	50% la première année et la différence la deuxième année;

	portatif pour la cuisson de céramique par exemple) ou de l'équipement spécifié ou non dans d'autres catégories	si rien n'a été; réclamé la première année, tout est déductible la deuxième année
12	matrices ("dies")	100%
12	moules	100%
7	navires, agrès et ameublement de navire	15%
12	outils et instruments de moins de $200	100%
8	outillage de plus de $200	20%
11	panneau-réclame	35%
17	parc de stationnement	8%

Catégorie	**Biens ou dépenses amortissables**	**Taux maximum**
3	pierre à bâtir	5%
8	radio-équipement de transmission et réception (CB)	20%
13	un bail ou contrat pour louer un immeuble en excluant toute réparation qui sera amortissable à un taux prescrit d'une des 34 autres catégories	20% ou, si le bail dure plus de 5 ans, le coût total divisé par le nombre d'années
12	uniforme	100%
12	ustensiles de cuisine de moins de $200	100%
12	vaisselle	100%

RÉSIDENCE COMME LIEU DE TRAVAIL: en utilisant votre logement ou maison comme lieu de travail, vous pouvez alléger substantiellement le coût de votre résidence principale. Vous n'avez somme toute qu'à additionner toutes les dépenses (intérêts hypothécaires ou loyer, chauffage, électricité, gaz, téléphone, taxes foncières, taxe d'eau, etc.) faites durant l'année et à diviser le tout par le nombre de pièces. Le résultat représentera le coût annuel d'une pièce utilisée pour votre entreprise.

Le propriétaire d'une maison aura en outre droit à une allocation en coût de capital (voir page 65). Cette allocation varie de 5% pour les bâtiments de brique, de ciment ou de pierre, à 10% pour les bâtiments de bois, de bois rond, de stuc sur bois et de tôle galvanisée ou ondulée. Il s'agit d'une déduction annuelle de vos revenus d'affaires, qui est calculée sur le coût d'achat de votre maison. Dans le cas d'une maison de bois valant $30 000, l'allocation en coût de capital la première année sera de $3 000 (ou 10% de $30 000), baissera la deuxième année à $2 700 (10% de $3 000 moins ce que vous avez déjà déduit) et à $2 430 (10% de $30 000 — $3 000 — $2 700) et ainsi de suite. L'allocation devra alors être divisée par le nombre de pièces et ce résultat viendra s'ajouter à vos dépenses d'affaires ou de bureau.

Il y a deux hic pour celui qui déduit des dépenses d'utilisation de son domicile.

D'abord, le contribuable doit désigner une pièce indépendante et utilisée principalement pour ses affaires. Même si un salarié travaille chez lui, il pourra difficilement imputer des dépenses de bureau à domicile à moins que ses conditions de travail ne l'exigent et que l'employeur lui signe une lettre en bonne et due forme. Une façon pour le fisc de vérifier si votre domicile sert bel et bien de lieu de travail est de vous demander si vous payez des taxes foncières au taux commercial sur la portion désignée de la maison. On peut également vous demander si vous avez un téléphone d'affaires en plus d'un téléphone personnel, si une partie substantielle de vos affaires est traitée chez vous, si vous avez installé une affiche ou enseigne dans la fenêtre de votre bureau, s'il y a une entrée particulière. Toutes ces conditions ne sont évidemment pas requises pour justifier des dépenses de domicile mais préparez-vous tout de même à y faire face advenant la vérification de votre rapport d'impôt. Habituellement, le fisc accorde des dépenses pour le cinquième de votre résidence mais si vous êtes locataire ou pouvez démontrer que vos besoins d'affaires requièrent plus d'espace, rien ne vous empêche de réclamer davantage.

Le deuxième désavantage concerne les propriétaires de maison qui réclament une allocation en coût de capital. A moins que vous n'ayez l'intention d'habiter très longtemps (plus de dix ans) la même résidence, vous risquez d'être durement frappé lors de la vente de la maison; tout profit ou gain de capital attribuable à la fraction de la maison utilisée pour vos affaires deviendra imposable pour la moitié tandis que vous devrez inclure en outre dans vos revenus toutes les déductions annuelles réclamées pour l'allocation en coût de capital.

La seule façon d'échapper au fisc sur ces deux sources de revenus si vous avez l'intention de vendre au cours des prochaines années est de désigner toute votre maison, y compris l'espace réservé au bureau, comme résidence principale. Ce choix, qui peut être exécuté en remplissant la formule fédérale T2091, a l'avantage de vous exempter pendant quatre ans de l'impôt sur tout gain de capital qui aurait pu être attribué à la pièce utilisée pour vos affaires. Toutefois, dès que vous faites ce choix, vous ne pouvez plus réclamer d'allocation en coût de capital. Le même règle s'appliquera si, au lieu d'utiliser votre maison ou une pièce comme place d'affaires, vous décidez de la louer pour gagner un revenu.

Voici quelques méthodes qui pourraient vous aider à tirer le maximum d'avantages fiscaux en travaillant dans une maison qui a plus de cinq pièces: si vous prévoyez des profits plutôt modestes au cours des deux ou trois premières années, réclamez toutes les dépenses de la maison en fonction de la pièce que vous utilisez sans réclamer d'allocation en coût de capital; c'est au moment où vos profits se mettront à grimper que cette banque d'amortissement pourra vous aider le plus à réduire votre fardeau fiscal.

Si vos profits sont élevés au départ, réclamez l'allocation maximum.

De toute façon, le jour où vous déménagerez, votre bureau sera déplacé dans une nouvelle résidence, ce qui vous procurera une nouvelle banque d'amortissement; vous n'aurez qu'à réduire cette banque des déductions déjà réclamées et continuer à calculer votre allocation sur la fraction non amortie du coût en capital.

Si vous mettez fin à cette entreprise et transformez votre bureau en pièce résidentielle à des fins strictement personnelles, le fisc présumera que vous avez vendu la pièce de votre bureau à sa juste valeur marchande; vous risquez alors d'être imposé sur une récupération de vos allocations (voir page 63) et sur un gain de capital (voir page 117).

L'automobile: la façon d'attribuer vos dépenses d'automobile à votre entreprise par rapport à l'usage personnel est sur la base de la distance parcourue durant l'année. Si, d'autre part, la voiture est utilisée fréquemment mais pour de courtes distances seulement, vous pouvez utiliser une combinaison de temps et de distance franchie. En cas d'accident, les dommages seront entièrement déductibles si la voiture servait alors à votre travail. Outre les dépenses d'exploitation et l'allocation en coût de capital de 30% par année, n'oubliez évidemment pas de réclamer les frais d'intérêts pour tout emprunt destiné à l'achat de la voiture.

Les déductions pour réserves: l'application de la méthode d'exercice obligeant le contribuable à inclure dans son revenu tout compte à percevoir peut être contraignante à plusieurs égards. Vous pouvez facilement vous retrouver à payer aujourd'hui l'impôt sur des montants que vous toucherez demain. C'est pourquoi le fisc a prévu des déductions spéciales ou "réserves" déductibles pour des comptes dont le recouvrement paraît douteux ou incertain et des montants reçus pour lesquels vous n'avez rendu aucun service ou livré aucune marchandise. Le montant à déduire peut varier d'un à l'autre mais le fisc vous oblige à inclure cette déduction comme revenu de l'année suivante.

Cette formule peut être extrêmement profitable pour un contribuable. Prenons le cas d'un restaurateur qui vend, à l'occasion des fêtes, des billets-cadeaux procurant un repas à $5. S'il vend une centaine de billets peu avant la fin de son exercice financier du 31 décembre mais qu'aucun billet-cadeau n'est utilisé par ses clients, il pourra reporter à l'an prochain le revenu des $500 gagnés cette année. Le contribuable vient de différer son impôt en déclarant le plein montant mais en soustrayant le tout comme réserve. Un avocat qui touche $1 000 d'avance en décembre pour une cause à débattre en février doit déclarer le tout mais peut déduire $800 s'il n'a rendu que 20% des services à son client avant que son exercice ne prenne fin le 31 décembre.

En ce qui a trait aux réserves pour comptes douteux, il n'y a pas de formule-clef. La plupart des comptables utiliseront soit un pourcentage des comptes impayés, soit un pourcentage sur la valeur de chaque catégorie de comptes impayés suivant leur âge (30-69-90 et plus) ou, si les comptes sont peu nombreux, analyseront chacun d'entre eux pour fixer une valeur de réserve.

Rien ne doit être fait de façon arbitraire et il est possible que les vérificateurs d'impôt vous demandent des preuves ou l'exemple de ce qui a pu se passer dans les années précédentes. Pour réclamer une réserve ou provision pour comptes douteux, il faut avoir déclaré le plein montant du compte comme revenu soit dans l'année précédente, soit dans l'année courante.

Fractionnement du revenu: un salaire payé à votre conjoint n'est pas une dépense admissible mais vos enfants pourront toucher un salaire pleinement déductible de votre entreprise. Bien que tout revenu excédant $1 590 en 1977 vous fasse perdre l'exemption pour enfants de seize ans et plus, une partie du salaire pourrait servir au moins à l'achat d'un régime d'épargne-logement par l'enfant et vous permettre de conserver votre exemption. Un étudiant qui verse $500 en frais de scolarité peut gagner $2 000 sans vous faire perdre l'exemption. Si vous voulez éviter la retenue à la source, surtout dans le cas des pêcheurs et agriculteurs, vous n'avez qu'à considérer votre enfant comme sous-entrepreneur mais il perdra alors tout droit à l'assurance-chômage.

Les permis, l'achalandage et les listes de clients: de nombreux contribuables en affaires oublient de déduire chaque année une portion des coûts d'acquisition d'items comme un permis de pêche ou de taxi, la valeur que représente une liste de clients, un nom de commerce ou la clientèle habituée d'un commerce. La façon de déduire ces dépenses est la suivante.

1. Un permis de taxi coûte $8 000; le propriétaire déduira 10% de la moitié du coût d'acquisition, soit 10% de $4 000 ou $400.

2. L'année suivante, le propriétaire déduira 10% de $4 000 moins l'allocation de la première année égale à $400, soit $360 et ainsi de suite.

3. Lorsqu'il revendra son permis, la moitié du prix de vente devra être diminuée de la moitié du coût d'achat moins les déductions réclamées; ainsi, la vente d'un permis de $10 000 acheté à l'origine pour $8 000 et pour lequel le propriétaire aurait réclamé deux ans d'allocations maximum ($400 la première année et $360 la deuxième) entraînerait le calcul suivant: (½ de $10 000) — (½ de $8 000 — $760) = $1 760 dont le total devra être inclus dans le revenu.

Des centaines de pêcheurs et de chauffeurs de taxi croyaient qu'ils ne pouvaient pas déduire leur permis. Par contre, s'ils réalisaient un profit à la vente de ce permis, ils assimilaient la moitié du profit comme gain de capital pleinement imposable. En ce qui a trait à l'imposition du profit, le résultat est évidemment le même. Cependant, le contribuable se privait au début de ses activités de l'avantage de différer son impôt. Mais il n'est pas trop tard pour faire la correction et vous avez intérêt à réclamer des déductions jusqu'à quatre ans en arrière.

Cette déduction d'une portion du coût des permis, de l'achalandage et des listes de clients est définie par le fisc comme une dépense en immobilisation admissible et ne s'applique que dans le cas où la dépense a été faite après 1971.

Si l'achat de ces items a été fait avant 1972, vous n'avez droit à aucune déduction. Par contre, vous bénéficierez d'avantages fiscaux à la revente. Si le permis, acheté en 1968 par exemple, a été revendu en 1977, votre profit sera beaucoup plus légèrement taxé qu'un gain de capital normal. Pour éviter de pénaliser ces contribuables, le fisc a fixé une échelle croissante de taux d'imposition qui s'étend de 1972 à 1984. On présume en effet qu'en 1984, les contribuables ayant acheté l'un ou l'autre de ces items auront disparu! Voici l'échelle de taux d'après notre exemple et si vous avez vendu votre permis entre 1974 et 1977 en calculant le tout comme un gain de capital, faites la correction en communiquant avec les fonctionnaires fédéraux ou provinciaux.

PART DU REVENU IMPOSABLE SUR UN PROFIT DE $2 000 RÉALISÉ SUR LA VENTE D'UN PERMIS ACHETÉ POUR $6 000 EN 1968 ET VENDU POUR $8 000 APRÈS 1971.

Année de vente	Pourcentage du profit imposable	
1972	20.0% de $2 000	$ 400
1973	22.5% " "	$ 450
1974	25.0% " "	$ 500
1975	27.5% " "	$ 550
1976	30.0% " "	$ 600
1977	32.5% " "	$ 650
1978	35.0% " "	$ 700
1979	37.5% " "	$ 750
1980	40.0% " "	$ 800
1981	42.5% " "	$ 850
1982	45.0% " "	$ 900
1983	47.5% " "	$ 950
1984	50.0% " "	$1 000

ou exactement comme s'il s'agissait d'un gain de capital!

Un contribuable détenant un permis acquis avant 1972 aurait donc avantage à le vendre et à en racheter un autre par le biais d'un emprunt hypothécaire sur sa maison. Prenons le cas de Pierre Mathieu qui gagne $15 000 par année et voudrait procéder ainsi:

— vendre son vieux permis en 1978 pour profiter des taux réduits d'impôt et faire une économie fiscale de $120 immédiatement;
— placer entièrement le produit de sa vente dans sa maison, dans une rente viagère différée ou, sur trois ou quatre ans, dans un régime enregistré d'épargne-retraite; calculé à 6.5% d'intérêts composés par année sur $8 000 moins l'impôt versé sur le profit (moins de $3 000), cela représente près de $2 500 de revenus non taxables en cinq ans;
— acheter au même prix de $8 000 un nouveau permis dont il pourra déduire $1 640 sur cinq ans, soit une épargne d'impôt de $650;
— emprunter le plein montant requis avec garantie hypothécaire sur sa maison pour l'achat de nouveau permis et déduire ainsi tous les frais d'intérêt sur cinq ans (environ $400 sur un em-

prunt à 10%), soit un déboursé réel de $100 par mois après déduction.

Au bout de cinq ans, le contribuable se retrouvera avec des actifs de près de $20 000 et aura épargné plus de $2 500 en impôt.

Les listes de clients: le coût d'achat d'une liste qui sert à une campagne de publicité ou à des fins temporaires peut être déduit complètement dans l'année d'imposition.

L'acquisition d'un commerce: ce poste peut comprendre différents items comme les coûts et dépenses associés à la recherche d'un site ou d'une entreprise, l'achat d'un immeuble, d'achalandage et d'inventaires. Les coûts et dépenses de recherches d'un site sont déductibles dans l'année même tandis que les frais encourus pour acheter un immeuble ou un bien doivent être inclus dans le coût d'acquisition. Toute dépense assumée sans avoir pu trouver ce que vous cherchiez est une dépense en immobilisation admissible et la même règle que pour un permis ou l'achalandage s'applique ici. L'achat d'inventaires fera partie de votre coût de vente et sera déductible au fur et à mesure que vos marchandises seront vendues. Enfin, l'acquisition d'un immeuble entraînera une allocation en coût de capital.

Les assurances: seules les primes payées pour protéger votre entreprise contre des dangers de destruction ou les risques d'accidents chez votre clientèle sont déductibles. Toute assurance-revenu devra être traitée de la même façon que pour le salarié (voir page 48).

Déduction sur les inventaires: à compter de 1977, tout contribuable en affaires pourra déduire 3% sur la valeur de ses inventaires matériels au début de sa période d'exercice. Cela s'applique surtout aux artisans et aux commerçants.

Comme le contribuable a le choix de calculer ses marchandises en inventaire au coût ou à leur juste valeur marchande, cette dernière devrait désormais être utilisée puisqu'elle attribue une valeur plus élevée et procurerait le maximum de déduction.

LES SITUATIONS PARTICULIÈRES

Les infirmières: tout en profitant des services de références d'une agence, une infirmière est à son compte et échappe complètement à la retenue à la source si elle travaille pour plusieurs clients, perçoit elle-même ses honoraires et peut refuser du travail n'importe quand. L'infirmière peut alors déduire une partie des frais de sa voiture ainsi que l'allocation en coût de capital de 30%, ses uniformes, une partie des frais de logement pour conserver des dossiers de clients et communiquer avec eux, les frais de comptabilité, etc.

Les artistes et les gens du spectacle: ces contribuables peuvent déduire leur garde-robe exclusive au travail, leurs instruments, appareils et feuilles de musique à raison d'une allocation de 20% par année, les frais de réparation, de représentation et d'association à la Guilde, au Syndicat des Travailleurs de la Musique ou à l'Union des Artistes, les commissions aux agents, l'allocation sur une voiture ou un camion, les dépenses de voyage, les frais financiers, les dépenses d'enregistrement, le coût du maquillage, les déboursés pour la promotion et toute autre dépense liée au travail. En outre, l'impôt pourra être différé substantiellement en achetant un contrat de rente à versements invariables (voir page 134).

Le barbier et la coiffeuse: lorsqu'un employé dispose d'un contrat, n'est pas un employé, comme dans plusieurs grands magasins au Québec, et peut fixer à sa guise ses tarifs, il est à son propre compte et peut déduire tous ses instruments de moins de $200, tous ses costumes et réclamer une allocation de 20% sur tout équipement de séchage, ses chaises, comptoirs, etc.

Les écrivains, auteurs, compositeurs, peintres, sculpteurs, producteurs de cinéma, dessinateurs de costumes et annonceurs faisant de la réclame commerciale pour des agences: ces travailleurs à leur compte peuvent déduire de leurs revenus d'entreprise une partie des frais de logement s'ils travaillent à domicile, réclamer une allocation sur leur voiture, déduire les frais de promotion et de publicité et, généralement, les mêmes dépenses que celles encourues par les gens du spectacle. Ils ont en outre le droit de différer leur impôt à l'aide d'un contrat de rente à versements invariables.

Les chauffeurs de taxi: outre une portion de leur permis, les propriétaires de taxi peuvent réclamer jusqu'à 40% d'allocation sur leur voiture et jusqu'à 20% sur leur équipement (dôme, radio, compteur) et déduire leurs frais d'exploitation de la voiture et le coût d'association à une marque de service. Un propriétaire n'a jamais avantage à payer comptant pour sa voiture, du seul fait que les intérêts sur son emprunt seront entièrement déductibles de son revenu. En outre, affirme Max Ramut, un comptable de Montréal qui compte l'une des plus grosses clientèles dans le taxi (près de 500 chauffeurs s'y fiaient en 1977), la meilleure politique à suivre pour un propriétaire est de réclamer environ $1 500 d'allocations totales en coût de capital par année. Cela représente une allocation moyenne de 30% au lieu de 40% sur la voiture qui est utilisée à 90% du temps pour le travail.

Les professionnels: les avocats, notaires, médecins, architectes, ingénieurs, comptables et pharmaciens doivent décider au moins une fois dans leur vie professionnelle s'ils incluront ou non comme revenu la valeur de tout travail en cours. Cette obligation découle de la méthode d'exercice et lorsque le contribuable choisit d'exclure tout travail en cours, il peut alors déduire les dépenses attribuables à ce travail. Un professionnel qui commence à pratiquer n'a pas intérêt à exclure le travail en cours et devrait plutôt attendre les années de vaches grasses pour différer son impôt. En effet, s'il prévoit déclarer un revenu de $20 000 cette année (incluant $2 000 de travaux en cours) et un revenu supérieur l'an prochain, c'est l'an prochain qu'il a tout avantage à réduire son revenu en déduisant le maximum de dépenses attribuables aux travaux en cours déclarés cette année. Par contre, si le professionnel travaille en société, il n'aura probablement pas le choix car tous les associés devront réclamer le même statut. Dans ces circonstances, la société en nom collectif ou "partnership" a probablement choisi comme fin d'exercice la période la plus intense de l'année pour déduire immédiatement le coût des travaux en cours et déclarer le revenu l'année suivante.

Les déductions du professionnel seront généralement les mêmes que celles de n'importe quel autre contribuable exploitant une entreprise sauf si elles sont réclamées par la société comme l'allocation en coût de capital. Comme l'entreprise individuelle, une société en nom collectif n'est jamais taxée et peut choisir sa période d'exercice financier.

Les pêcheurs et agriculteurs: ces contribuables ont trois grands avantages par rapport aux autres payeurs de taxes tirant des revenus d'entreprise, soit le droit d'utiliser la méthode de caisse plutôt que la méthode d'exercice, une allocation en coût de capital sur des biens acquis avant 1972 selon la méthode d'amortissement linéaire et le calcul de l'impôt selon la moyenne des cinq dernières années.

La méthode de caisse donne beaucoup plus de souplesse pour déduire des paiements d'avance et différer des revenus (voir page 60). C'est ce qui explique que la plupart des pêcheurs et des agriculteurs s'en servent. Par contre, cette méthode implique des désavantages sérieux pour le fermier capable d'entreposer ses récoltes.

Prenons le cas de Sébastien Labrecque qui a eu une bonne récolte de maïs en 1978 mais prévoit que les prix à l'automne 1979 seront beaucoup plus élevés. Labrecque entrepose donc son maïs durant l'hiver 1978-79 et, après avoir accumulé une deuxième récolte en août 1979, écoule tout son maïs. Son profit sera évidemment plus élevé la deuxième année puisque ses dépenses d'exploitation s'appliqueront à une seule récolte, les coûts de la première ayant été déduits en 1978. La méthode d'exercice l'avantagerait donc en étalant ses revenus sur deux ans ou plus, dépendant de la période de vente des inventaires entreposés. En outre, ce fermier aurait droit à la déduction annuelle de 3% sur ses inventaires d'ouverture.

La méthode d'amortissement linéaire procure en moyenne des taux d'allocation en coût de capital 50% plus faibles que les taux maximum autorisés pour les autres contribuables. Cela s'explique par le fait que les taux s'appliquent toujours sur le coût d'acquisition et non sur le coût original moins les déductions réclamées auparavant. Pour un vendeur, une allocation de 30% pourra être réclamée sur une voiture de $5 000, soit $1 500 déductibles la première année (30% de $5 000) et $1 050 la deuxième année (30% de $5 000 — $1 500).

Le cultivateur pourra réclamer $750 sur la même voiture la première année (15% de $5 000) et le même montant l'année suivante. Au cours de la troisième, l'allocation déductible par le fermier ($750) sera supérieure à celle du vendeur ($735). L'amortissement linéaire est donc extrêmement profitable pour une entreprise appelée à voir ses revenus augmenter rapidement. Autre avantage: aucune récupération (ou perte finale) ne s'applique à la vente de ces biens. Comme cette méthode est appelée à disparaître au fur et à mesure que les biens acquis avant 1972 se déprécieront, c'est surtout la ferme et le navire âgés de 10 à 15 ans à quoi elle s'applique le plus. Pour obtenir plus de détails au sujet de cette méthode, référez-vous au guide des agriculteurs et des pêcheurs émis par Revenu Canada.

Tous les comptables recommandent aux agriculteurs et aux pêcheurs de réclamer généralement comme allocation en coût de capital un montant égal au remboursement hypothécaire sur leurs bâtiments ou leur navire pour garder le maximum comme banque d'amortissement et réduire l'impact de toute récupération à la vente de ces biens.

Lorsqu'un agriculteur a fait un rapport d'impôt durant au moins quatre des six dernières années, il a droit de réclamer l'établissement de la moyenne du revenu imposable sur cinq ans qui est beaucoup plus profitable que le calcul automatique de la moyenne générale disponible à tout payeur de taxes. Le calcul qui s'applique aux pêcheurs et aux agriculteurs permet simplement au contribuable d'étaler tout son revenu de l'année et des quatre précédentes sur une période de cinq ans et c'est sur ce montant que l'impôt sera redevable, contrairement aux autres payeurs de taxes. Le calcul devient particulièrement avantageux pour l'agriculteur qui a réalisé des pertes au cours des cinq dernières années ou qui s'apprête à vendre sa ferme. D'après Alain Lussier, comptable à la Fédération de l'Union des Producteurs agricoles de Valleyfield, le calcul de la moyenne générale devrait être réclamé à l'aide des formules fédérale T2011 et provinciale TP571 seulement lorsque les revenus sont très élevés. "Par exemple, la suspension des quotas de production laitière en 1975 a provoqué de très gros ballons de revenus pour les fermiers au point où nous avons dû appliquer la formule pour trois agriculteurs sur quatre. Le même phénomène s'est produit dans le cas des éleveurs de porcs qui, après avoir subi deux années de pertes, ont enregistré des gains substantiels après 1972. Lorsque l'application de la formule ne rapporte pas plus de $1 000 de remboursement d'impôt fédéral et provincial, il vaut toujours mieux attendre. Une autre occasion de réclamer l'établissement de la moyenne générale est lorsque l'agriculteur vend sa ferme à des étrangers. L'expérience nous a montré qu'au cours de l'année précédant la vente, le fermier réduit sensiblement ses dépenses au point de réaliser son revenu traditionnel en six mois plutôt qu'en douze mois."

Le seul hic pour l'établissement de cette moyenne est qu'elle ne s'applique qu'une fois tous les cinq ans et ne peut, comme la formule disponible à l'ensemble des contribuables, chevaucher d'une année à l'autre. Toutefois, l'agriculteur peut toujours se prévaloir des avantages de la deuxième formule lorsqu'il ne réclame pas l'étalement de son revenu agricole sur les cinq ans.

La loi oblige le pêcheur et l'agriculteur à déclarer comme revenu tout ce qu'il consomme personnellement à même sa récolte ou ses prises. Pour calculer ce montant, il suffit d'évaluer ce que ces biens ont coûté en efforts et en dépenses au contribuable et non ce qu'ils vaudraient une fois écoulés sur le marché. Toutefois, l'expérience montre que ces revenus sont extrêmement modestes et la plupart des pêcheurs et agriculteurs ne déclarent rien à ce poste.

Les salariés qui désertent la ville pour devenir "agriculteurs à temps libre" devront faire extrêmement attention avant de s'engager trop loin financièrement dans l'exploitation d'une ferme. Si l'agriculture, ou une combinaison de l'agriculture et d'une autre source de revenu, ne constitue pas la principale source de revenu du contribuable, la perte attribuable à l'exploitation de la ferme et déductible de son salaire risque d'être limitée à $2 500 plus la moitié de tout excédent jusqu'à une perte maximum de $5 000. En outre, si le contribuable ne prévoyait pas sérieusement tirer un revenu de sa ferme, la perte risque d'être complètement refusée par le fisc. Il appartient donc au propriétaire de prouver aux autorités fiscales qu'il a tout mis en oeuvre pour gagner un revenu agricole. Aux yeux des vérificateurs et inspecteurs d'impôt, l'agriculture se définit comme la culture du sol (y compris la culture maraîchère qui requiert souvent quelques années avant de livrer des récoltes), l'élevage ou l'exposition d'animaux de ferme, l'entretien de chevaux de course, l'élevage de volaille, d'animaux à fourrure, la production laitière, la pomoculture, l'apiculture, la location de terres à un autre fermier et l'arboriculture. Même si ce n'est pas vous comme tel qui faites le travail mais que la terre et les bâtiments vous appartiennent, tout revenu de cette source agricole sera considéré comme le vôtre. Non seulement le contribuable qui cultive des arbres de Noël, détient un parc d'engraissement d'animaux ou une exploitation de pâturage (pourvu que les bestiaux lui appartiennent en majorité et qu'ils soient gardés pendant au moins six mois) peut-il déduire toute perte (y compris par le jeu d'allocation en capital sur ses bâtiments) contre son salaire mais il pourra en outre appliquer l'établissement de la moyenne du revenu agricole imposable sur cinq ans.

La déduction de la perte d'affaires s'appliquera ici de la même façon que pour toute autre perte d'entreprise (voir page 58).

6. LE COUP DE FOUDRE DE LA RETRAITE

VOTRE RAPPORT D'IMPÔT CASE PAR CASE

Il est devenu si difficile d'épargner pour sa pension au cours de la dernière décennie que plus de la moitié des Canadiens touchant la pension de vieillesse d'Ottawa l'an dernier vivaient avec moins de $5 000 de revenus et devaient faire appel au Programme fédéral d'Assistance pour toucher un supplément de revenu garanti. Au Québec, la proportion était plus élevée encore, frappant presque deux pensionnés sur trois!

Par contre, dès que vous êtes assuré de toucher une pension de votre employeur, l'inflation gruge tellement votre pouvoir d'achat que votre rente fond à vue d'oeil. Un salarié qui prend sa retraite en 1978 avec l'assurance de toucher une rente viagère ou une pension non indexée de son employeur de $5 000 par année verra son pouvoir d'achat diminuer de $1 400 en cinq ans et de près de la moitié en dix ans. Le tableau suivant explique bien l'impact d'une hausse des prix de 7% par année.

COMMENT L'INFLATION RONGE VOTRE PENSION PRIVÉE

(car la rente du Québec et la pension fédérale sont majorées une fois l'an pour tenir compte du coût de la vie)

La valeur de votre rente ou pension ne sera pas plus que de:

Si vous êtes assuré de toucher une rente ou pension annuelle en 1977 de:	dans 5 ans	dans 10 ans	dans 15 ans	dans 20 ans
$ 2 500	$1 782	$1 270	$ 906	$ 646
$ 5 000	$3 565	$2 542	$1 812	$1 292
$ 8 000	$5 704	$4 067	$2 900	$2 067
$10 000	$7 130	$5 083	$3 624	$2 584
$12 500	$8 912	$6 354	$4 530	$3 230

La combinaison de l'impôt et de l'inflation est en fait l'ennemi mortel des soixante-cinq ans et plus. La plupart des retraités sont tellement traumatisés par les quelques dettes qu'il leur reste à payer, tellement obnubilés par l'image de la "Grande Dépression" et tellement perdus lorsqu'ils cessent de travailler qu'ils se privent en réalité de plusieurs sources de revenus par manque de préparation.

La retraite frappe directement quatre groupes de contribuables:

— ceux qui cessent de travailler avant soixante-cinq ans;
— ceux qui quittent le pays après cinquante ou soixante hivers en continuant ou en cessant de payer l'impôt au Canada;
— ceux qui attendent jusqu'à soixante-cinq ans pour cesser de travailler;
— ceux qui ont déjà franchi le cap des soixante-cinq ans.

QUOI FAIRE EN CESSANT LE TRAVAIL AVANT SOIXANTE-CINQ ANS

Les contribuables qui prennent leur retraite avant d'avoir 65 ans auront peu d'avantages venant de l'Etat. D'une part, ils devront attendre l'âge requis pour toucher leur pension fédérale, leur rente du Québec et perdront à jamais le droit à la prestation de retraite accordée par les services d'assurance-chômage (voir page 89).

Si vous avez dû prendre une retraite involontaire et n'avez droit à aucune pension, vous pourriez avoir droit à des prestations imposables d'assurance-chômage pour un maximum de $160 ou à des prestations non imposables du Bien-Etre social pouvant atteindre $253 par mois en 1978. Dès que vous aurez soixante-cinq ans, la prestation du Bien-Etre social cessera et pourra être remplacée par la pension de vieillesse plus un supplément non imposable de revenu garanti, dont le total sera toujours supérieur à ce que vous pourriez obtenir du Bien-Etre.

Par contre, si votre retraite est volontaire, les premiers $1 000 de revenus de pension seront exempts d'impôt (voir page153) tandis que le contribuable pourra différer pendant quinze ans ou plus l'impôt sur toute allocation de retraite ou remboursement de congés de maladie.

Ce dernier élément est probablement le plus important. Par exemple, affirme Serge Beauregard du Conseil de Sécurité de la Communauté urbaine de Montréal, cent vingt-cinq policiers ont touché environ $10 800 de leur banque de maladie en prenant leur retraite à un âge moyen de cinquante-quatre ans en 1976. En ajoutant ce revenu à leur dernière année de salaire, ces policiers n'auraient récupéré que la moitié de cette allocation après avoir payé leur impôt.

Il y avait deux façons de réduire leur fardeau fiscal:

— soit en demandant à l'employeur de transférer directement tout le montant dans un régime enregistré d'épargne-retraite qui ne serait liquidé qu'à soixante-cinq ans pour acheter une rente viagère (voir page 128);
— soit en jouissant du plein montant avant d'atteindre soixante ans par l'achat d'un contrat de rente à versements invariables (voir page 182; ce contrat leur aurait procuré un revenu additionnel à la pension de l'employeur pendant seize ans, jusqu'à ce qu'ils puissent toucher à soixante-cinq ans leur pension fédérale et leur rente du Québec.

Lorsque le contribuable achetait un contrat de rente à versements invariables, le montant d'allocation de retraite servait en quelque sorte de pont ou de pré-pension sous forme d'une rente mensuelle qui pouvait atteindre facilement $90 par mois ou près de $1 200 par année pendant dix ans pour une prime de $10 000. Le seul obstacle auquel le contribuable avait à faire face jusqu'en 1977 était l'impôt provincial. Contrairement à Revenu Canada, le ministère québécois du Revenu refusait d'admettre un remboursement de banque de maladie comme une allocation de retraite, rejetait toute déduction correspondant à l'achat d'un contrat de rente à versements invariables et taxait immédiatement le contribuable sur le plein montant.

La situation était extrêmement dramatique puisque non seulement le contribuable devait garder deux comptabilités différentes en achetant un contrat de rente, l'une pour le fisc provincial et l'autre pour le fédéral, mais toute contestation de sa part auprès des autorités provinciales, sous forme d'un avis d'opposition ou d'un appel (voir page 162), était en outre rejetée du revers de la main. Après neuf ans de démêlés légaux qui ont obligé le policier Camille Harel, l'Association de Bienfaisance et de Retraite de la Police de Montréal et le Front commun des Employés de Montréal à se rendre jusqu'au plus haut tribunal du pays, la Cour suprême du Canada blâmait le 24 juin 1977 l'attitude du Québec et donnait entièrement raison aux contribuables.

Résultat: le gouvernement provincial aurait remboursé depuis juillet 1977 une somme d'environ $1.5 million en capital et intérêts à quelque huit cents contribuables qui avaient soit étalé leur allocation de retraite sur une période de trois ans comme l'autorisait Ottawa sous l'ancienne loi, soit acheté un contrat de rente sous la nouvelle loi et logé un avis d'opposition au Québec.

L'avocat qui a remporté la cause Harel, Me Jacques Monette, du cabinet Tessier, Corbeil, Bourdeau & Gilbert de Montréal, invite pour sa part tous les contribuables, qui s'étaient opposés au refus provincial d'étaler leur allocation de retraite sur trois ans ou de différer leur impôt par l'achat d'un contrat de rente, à réclamer le plus tôt possible un remboursement. Chose certaine, le Front commun des Employés de Montréal a préparé un dossier spécial à ce sujet à l'intention du premier ministre René Lévesque et du ministre des Finances, M. Jacques Parizeau, pour trouver une formule qui puisse compenser des milliers de contribuables.

QUOI FAIRE EN QUITTANT L'HIVER QUÉBÉCOIS

Si vous désirez immigrer vers des cieux plus cléments comme tant d'autres l'ont déjà fait, vous devez tenir compte de quatre facteurs importants:

— avant de quitter, vous devrez décider s'il est mieux de cesser ou de continuer à payer l'impôt à Ottawa et à Québec;

— tenez compte des critères qui vous donnent droit à la pension de vieillesse d'Ottawa et à la rente du Québec, ainsi que du taux d'imposition que vous devez subir en continuant à toucher un revenu du Canada sous forme de retenue à la source;

— ayez une très bonne connaissance de l'endroit où vous vivrez, des soins médicaux qui seront disponibles, du niveau de taxation, du coût de la vie et des facilités de transport et de communications;

— étudiez bien tous les avantages, désavantages et risques de transférer vos biens à l'étranger.

Payer l'impôt ou non: la première décision à prendre avant de quitter est de savoir si vous continuerez à payer ou non l'impôt à Ottawa et à Québec. Même si vous habitez les Nouvelles-Hébrides, aux confins de l'océan Pacifique, ou le Libéria, en plein coeur de l'Afrique, vous êtes toujours bienvenu à payer l'impôt au Canada. Mais en demeurant moins de cent quatre-vingt-deux jours au Canada, vous pouvez cesser de payer l'impôt n'importe quand, pourvu que vous respectiez certaines normes émises par Revenu Canada. Ces normes stipulent que vous devrez éliminer le maximum de liens avec le pays. Par exemple, si vous préférez louer votre résidence principale plutôt que de la vendre, vous ne pourrez inclure dans le bail une clause selon laquelle le locataire devrait quitter les lieux le jour de votre retour. "Lorsqu'avant son départ, un célibataire avait à sa charge une ou plusieurs personnes de sa famille dans un logement où il vivait et qu'il continue à tenir ce logement après son départ du pays, Revenu Canada considérera ordinairement qu'il demeure contribuable." Quant aux militaires, fonctionnaires et personnes envoyées en mission à l'étranger, il n'y a généralement aucun problème puisqu'ils seront toujours considérés comme résidents du Canada et devront continuer à payer l'impôt au pays.

Avant de décider s'il est mieux de cesser ou de continuer à payer l'impôt au Canada, vérifiez d'abord si votre nouvelle terre d'accueil a conclu un traité fiscal avec Ottawa en communiquant soit avec Revenu Canada, soit avec l'ambassade ou le consulat de votre pays adoptif.

S'il n'y a aucun traité, les circonstances normales dicteraient à un individu ou à un couple de continuer à payer l'impôt au Canada si le revenu annuel ne dépasse pas $15 000 par année. Cela s'explique par le fait que depuis 1976, Ottawa retient directement à la source 25% de tout revenu (sauf la pension de vieillesse, les premiers $1 300 de rente du Québec et les prestations d'assistance sociale) expédié dans ces pays, sans tenir compte d'exemptions personnelles, de déductions ou de crédits d'impôt de tout genre.

Si un traité fiscal a été conclu avec Ottawa, cette retenue à la source sera beaucoup plus faible ou simplement nulle.

Par exemple, aucune retenue à la source n'est exigée sur les pensions de retraite et les rentes versées aux contribuables qui vivront dans les pays suivants:

Allemagne de l'Ouest	Finlande	Pays-Bas
Australie	Irlande	Royaume-Uni
Danemark	Norvège	Suède
Etats-Unis	Nouvelle-Zélande	Trinidad et Tobago

Par contre, la retenue peut être de 15% si vous immigrez dans des pays comme la France, Israël, le Maroc, le Pakistan ou l'Espagne.

Obtenez toujours une copie du traité fiscal conclu entre Ottawa et votre pays adoptif pour connaître les conséquences de la retenue à la source. Renseignez-vous également sur la loi de l'impôt à l'étranger pour vérifier si elle est plus sévère ou généreuse qu'au Canada et si les autorités vous accorderont là-bas un crédit d'impôt pour toute retenue à la source qui pourrait frapper vos revenus canadiens. Dites-vous bien qu'à part les pays scandinaves, les lois d'impôt à l'étranger sont habituellement moins dures qu'au Canada.

Si vous demeurez contribuable: deux faits importants sont à noter pour ceux qui continuent à payer l'impôt canadien et québécois tout en vivant à l'étranger:

— ces contribuables auront droit à toutes les exemptions personnelles, déductions et crédits d'impôt auxquels a droit un contribuable vivant au pays (y compris les frais de scolarité, les exemptions pour personnes à charge et les frais de déménagement, pourvu, tout comme au Canada, que ce déménagement soit fait pour gagner un revenu). Cet amendement est dû à C.J. Webb, un membre des Forces armées canadiennes qui fit appel d'une décision de Revenu Canada en affirmant que s'il devait payer l'impôt au pays tout en vivant à l'étranger, il devait également avoir droit aux mêmes avantages que les autres Canadiens;

— si vous avez également à payer l'impôt sur le revenu de source canadienne dans le pays choisi comme refuge ou retraite, vous pourrez alors réclamer un remboursement de l'impôt local au Canada sous forme de crédit; il s'agira tout simplement de déclarer dans vos formules fédérale et provinciale l'impôt étranger et vous pourrez réduire d'autant l'impôt à payer à Ottawa et à Québec (voir page 160).

Un avantage substantiel s'ajoute si vous continuez à payer l'impôt au Canada: vous pourrez toujours avoir droit aux services et remboursements du Régime d'Assurance-Maladie, tout comme si vous viviez au Québec.

Lorsque les frais d'hospitalisation, de prothèse ou de soins médicaux dépassent le coût généralement prévu pour le même type de services dans la province, vous devrez alors débourser la différence. C'est ce qui explique la recommandation faite par les avocats de la Régie québécoise (pour plus de détails, vous n'avez qu'à communiquer avec le service du contentieux à Québec en consultant en page 180 les adresses et numéros de téléphone utiles) prenez toujours une assurance-maladie supplémentaire comme, par exemple, la Croix Bleue, si vous quittez le pays.

Si vous recevez des services assurés dans un autre pays, la Régie québécoise vous rend responsable de l'acquittement du coût de ces services et il vous appartient:

— d'établir auprès de la Régie que vous êtes demeuré un résident du Québec, donc un bénéficiaire du régime;
— de soumettre vos demandes de paiement ou de remboursement en fournissant tous les renseignements pertinents.

Il s'agit d'une *demande de remboursement* lorsque le patient a acquitté les honoraires du professionnel consulté. Sur présentation du reçu d'honoraires délivré par le professionnel, la Régie émettra alors un chèque de remboursement à l'ordre du bénéficiaire.

Il s'agit d'une *demande de paiement* lorsque rien n'indique que le patient a acquitté les honoraires du professionnel consulté. Sur présentation de l'état de compte, la Régie émettra alors un chèque de paiement à l'ordre du bénéficiaire et du professionnel et il appartient au bénéficiaire d'endosser le chèque et de le faire parvenir au professionnel.

En plus du reçu ou de l'état de compte, vous devez obtenir du professionnel consulté, par écrit, les renseignements suivants:

— ses nom et prénom;
— son adresse;
— sa spécialité;
— l'endroit et l'adresse où les services ont été dispensés;
— la date où les services ont été rendus;
— le diagnostic ou la description claire des services rendus;
— le traitement administré ou les médicaments prescrits;
— la durée de l'anesthésie, s'il y a lieu.

Pour avoir droit à ce remboursement ou paiement (voir page 180, pour adresses et numéros de téléphone utiles), vous devez revenir au moins une fois l'an au Québec ou, si les circonstances ne s'y prêtent pas, prévenir la Régie de l'impossibilité de vous plier à cette exigence. Chose certaine, tant que vous payez vos contributions annuelles au Financement des Programmes de Santé, vous avez droit à tous les avantages du programme.

LA PENSION DE SÉCURITÉ DE VIEILLESSE: pour toucher votre pension fédérale, le fait que vous cessiez ou non de payer l'impôt n'a aucune importance. Ce qui compte le plus est la période que vous avez passée au Canada pour toucher le plein montant.

Vous devrez avoir résidé au Canada pendant les dix années précédant immédiatement l'approbation de votre demande de pension. Ou vous devrez avoir vécu au Canada, après l'âge de dix-huit ans et avant les dix années mentionnées ci-dessus, durant des périodes dont le total correspond à au moins trois fois la durée de vos absences pendant ces mêmes dix ans. De plus, *il faut que vous ayez résidé au Canada durant l'année complète précédant immédiatement l'approbation de votre demande.* Par exemple, un fonctionnaire du Québec prend sa retraite à cinquante-quatre ans et décide de s'installer en Martinique qui, comme île française, a un traité fiscal avec le Canada. Il décide d'y passer tous ses vieux jours en vendant sa maison et en plaçant ses $18 000 de banque de maladie dans un dépôt à terme là-bas. S'il veut toucher sa pension fédérale à partir de soixante-cinq ans, il devra indiquer dans sa demande (faite six mois avant son soixante-cinquième anniversaire) qu'il a vécu au Canada entre l'âge de dix-huit ans et de quarante-huit ans. En outre, comble du ridicule, puisque cela a fait perdre le droit à la pension à des centaines de Canadiens qui ignoraient le règlement, ce fonctionnaire devra revenir habiter au pays entre son soixante-quatrième et son soixante-cinquième anniversaire.

Ou encore, vous devrez avoir résidé au pays pendant des périodes totalisant au moins quarante ans après avoir atteint l'âge de dix-huit ans. C'est dire que le retour au pays ne serait plus nécessaire pour notre fonctionnaire si celui-ci quittait le Canada pour la Martinique non pas à cinquante-quatre ans mais à cinquante-neuf ans.

Par contre, si vous ne voulez pas revenir au pays durant une année avant d'atteindre votre soixante-cinquième anniversaire, chaque année de résidence au Canada après dix-huit ans vous donnera droit à 1/40e de la pension de la Sécurité de la Vieillesse. Au lieu de dépenser une somme follement élevée en attendant cinquante-neuf ans pour quitter le Canada ou en revenant vivre au pays à soixante-quatre ans pour obtenir sa pleine pension, notre fonctionnaire pourrait réclamer 36/40 ou 90% de sa pension. Ce choix lui coûtera sûrement moins cher que de rentrer au Canada.

Enfin, la dernière condition pour toucher votre pension à l'étranger est d'avoir vécu vingt ans au Canada après votre dix-huitième anniversaire, sans quoi votre pension ne sera versée que pendant six mois, en plus du mois de votre départ, et sera suspendue tant que vous ne rentrerez pas au pays.

Quant à la rente du Québec, aucune acrobatie du genre n'est réclamée. La règle est toute simple en atteignant soixante-cinq ans: si vous avez contribué, vous avez droit à une partie ou à la totalité (si vos contributions ont commencé en 1966) de la rente, que vous viviez ou non au pays. En 1977, la Régie des Rentes du Québec a versé des rentes à près de 2 000 bénéficiaires répartis dans une soixantaine de pays à travers le monde, y compris huit pays socialistes.

Si vous cessez d'être contribuable: en décidant de ne plus payer l'impôt canadien ou québécois sur votre revenu, vous devrez faire vos déclarations d'impôt au plus tard le 30 avril de l'année suivant votre départ.

Outre les revenus amassés durant l'année, vous devrez également déclarer vos biens à usage personnel (fourrures et bateaux de plaisance par exemple), vos biens personnels désignés (tableaux, bijoux, timbres, pièces de monnaie et toute collection spéciale), vos obligations, vos actions de compagnies inscrites en Bourse et vos biens à l'étranger, en somme faire un bilan de tous ces actifs, en excluant votre maison, votre fonds de pension, votre régime enregistré d'épargne-retraite et d'épargne-logement de même que votre part dans un régime de participation différée aux bénéfices. Certains autres biens pourraient être exclus de ce bilan si vous obtenez l'accord de Revenu Canada.

Ce bilan doit être fait d'après la valeur que vous obtiendriez en les liquidant au moment de votre départ (ce qu'on appelle en jargon une "disposition présumée"). Vous calculez ensuite ce que ces biens vous ont réellement coûté. Si le profit ou gain de capital est inférieur à $5 000 vous n'aurez pas d'impôt à payer. Si ce gain dépasse $5 000, la moitié seulement de l'excédent (par exemple $500 si votre gain de capital présumé était de $6 000) devra être inclue dans votre revenu aux *Cases F17 et P48* ainsi qu'aux annexes fédérale 2 et provinciale 2.

Avant de quitter définitivement le Canada, certains procédés pourraient vous aider à réduire votre fardeau fiscal canadien.

1. Si vous comptez travailler dans votre pays d'adoption ou y tirer des revenus locaux de placement, organisez-vous pour quitter le Canada au printemps de l'année de départ. Si le pays impose un système progressif de taxation comme le Canada, vous pourriez alors profiter d'un fractionnement de votre revenu imposable au Canada et à l'étranger à un taux beaucoup plus faible.

2. L'un des avantages les plus précieux offerts par les Etats-Unis, tant que le traité actuel avec le Canada restera en vigueur, est la taxation d'un fonds de pension, d'un régime enregistré d'épargne-retraite (REER), d'un régime enregistré d'épargne-logement (REEL) et d'un régime de participation différée aux bénéfices (RPDB) convertis en rentes viagères ou d'un contrat de rente à versements invariables. L'Internal Revenue Service de Washington considère en effet que la seule portion taxable de ces rentes est l'intérêt accumulé. Après avoir déduit vos contributions de votre revenu imposable au Canada pendant nombre d'années, tout revenu de ces sources deviendrait pleinement taxable en demeurant au pays. Mais en immigrant aux Etats-Unis, seule la portion d'intérêt que procure le fonds placé dans une

rente devient taxable, une économie de plusieurs milliers de dollars pour les individus touchant plus de $12 000 par année.

QUOI FAIRE JUSTE AVANT D'AVOIR SOIXANTE-CINQ ANS

L'année précédant votre retraite sera extrêmement précieuse car cette période fixera en bonne partie le revenu que vous toucherez durant votre temps d'arrêt. Votre objectif doit être d'augmenter au maximum vos revenus non imposables ou de réduire au strict minimum vos dépenses essentielles pour profiter pleinement de votre retraite. Voici comment.

1. Six mois avant de prendre votre retraite, faites une demande de *pension de sécurité de la vieillesse,* requête qui procurera également une *rente du Québec,* et réclamez également votre *prestation de retraite* octroyée par les services d'Assurance-Chômage à tous ceux qui étaient salariés, donc *trois* sources possibles de revenus.

2. Obtenez de votre employeur le montant de la pension privée à laquelle vous aurez droit.

3. Vérifiez auprès de votre courtier d'assurance si votre police peut être convertie en rente viagère (voir page 137) et demandez le montant que votre valeur de rachat pourrait procurer comme rente mensuelle; si vous avez plus d'une police d'assurance-vie (n'oubliez jamais celle que l'employeur vous confère au chapitre des bénéfices sociaux), liquidez tout à moins que le montant de la protection ne puisse servir à votre conjoint, à vos enfants ou à vos associés pour racheter votre entreprise ou payer des impôts élevés à votre décès; si vous avez une police avec participation et que vous n'avez jamais touché les dividendes accumulés, vous pourriez récupérer le tout (qui peut s'élever à près de $5 000 dans le cas d'une police de $10 000 émise en 1932) et faire un placement à 8% ou 10% par année.

4. Communiquez avec l'institution qui gère votre régime enregistré d'épargne-retraite pour connaître le montant que vous avez accumulé; l'institution réclame un avis d'au moins trois mois avant que vous puissiez liquider tout votre régime, soit une période suffisante pour vous permettre de bien magasiner auprès des assureurs-vie et choisir celui qui vous offrira les meilleures conditions de rente viagère (voir page 137).

Faites le total de tous les revenus que vous croyez recevoir à compter de soixante-cinq ans, seul ou comme couple, que vous soyez marié ou non. Déduisez ensuite le montant de la pension fédérale de Sécurité de la Vieillesse et tous les montants que vous continuerez à soustraire dans votre rapport d'impôt aux *Cases F25 à F38 et P63 à*

P74. Vous aurez sûrement droit à un supplément de revenu garanti ou à une allocation au conjoint si:

— vous êtes célibataire, veuf ou divorcé et le total de vos revenus à soixante-cinq ans ne dépasse pas $2 550;
— vous êtes marié ou vivez en concubinage, votre conjoint touche la pension fédérale et le total de vos deux revenus (mais en excluant la pension fédérale dans les deux cas) ne dépasse pas $4 520;
— vous êtes marié ou vivez en concubinage, votre conjoint ne touche pas la pension fédérale et le total de vos deux revenus ne dépasse pas $6 900.

La pension de vieillesse: dès que vous remplissez les conditions énumérées en page 85 et atteignez soixante-cinq ans en prouvant votre âge (tout peut servir, le certificat de baptême ou de mariage ou même une bible familiale), vous recevrez la pension fédérale le mois suivant avec une carte d'identité qui vous donnera droit aux avantages offerts aux personnes âgées par différentes organisations et entreprises. Vous devez faire votre demande en remplissant des formules disponibles dans tous les bureaux de poste et du ministère de la Santé et du Bien-Etre. Ne tardez jamais car les arrérages de pension ne sont garantis que pour douze mois. Si vous éprouvez des difficultés à remplir votre formule, un fonctionnaire vous viendra en aide chez vous (voir pages 177 à 182 pour adresses et numéros de téléphone utiles).

La rente du Québec: si vous avez contribué au régime en tant que salarié ou travailleur à votre compte, vous recevrez votre rente en même temps que votre pension fédérale. En outre, vous recevrez une autre carte d'identité qui vous permettra cette fois d'acheter n'importe quel médicament prescrit sur une liste de 5 000 produits. Cette carte vous aidera aussi à obtenir l'assistance financière des services de bien-être pour acheter des prothèses. Autrefois, "la carte-médicaments" n'était disponible qu'aux retraités touchant un supplément de revenu garanti mais cette condition n'est plus nécessaire.

La prestation de retraite: vos contributions à l'assurance-chômage et vos droits à des prestations cessent dès que vous atteignez soixante-cinq ans, que vous décidiez ou non de continuer à travailler. La seule compensation qu'un retraité puisse obtenir des services d'Assurance-Chômage après avoir probablement payé ses primes depuis la création du programme en 1941 est la "prestation spéciale de retraite".

Pour avoir droit à cette prestation spéciale, il suffit d'avoir exercé un emploi assurable par les services d'Assurance-Chômage pendant au moins vingt semaines durant les cinquante-deux dernières semaines ou depuis le début de votre dernière demande initiale de prestations, la plus courte de ces deux périodes étant retenue. Les personnes qui travaillent à leur propre compte n'ont pas droit à cette prestation. Si vous avez droit à la prestation, ne tardez pas à en faire la demande, car vous risquez de ne plus avoir les vingt semaines d'emploi assurables au cours des cinquante-deux semaines antérieures à votre demande.

La somme qui peut vous être versée comme prestation spéciale est égale à trois fois le taux des prestations hebdomadaires auxquelles vous auriez droit comme chômeur et qui correspondrait aux deux tiers de la moyenne de votre salaire hebdomadaire assurable au cours des vingt dernières semaines d'emploi.

Par exemple, au jour de votre soixante-cinquième anniversaire, vous faites une demande pour la prestation spéciale après avoir gagné $3 000 de salaire assurable au cours des vingt dernières semaines, soit $150 par semaine. Le taux des prestations normales serait de $100. La prestation spéciale sera donc trois fois la prestation normale ou $300. Si vous étiez déjà chômeur au moment d'atteindre votre soixante-cinquième anniversaire, vos prestations normales cesseront mais vous aurez droit à une portion du montant de la prestation spéciale durant trois autres semaines encore.

Le supplément de revenu garanti et l'allocation au conjoint: si vous pensez avoir droit au supplément de revenu garanti ou à une allocation spéciale à votre conjoint, mentionnez-le dans votre demande de pension fédérale. Chose certaine, vous aurez à remplir une formule spéciale qui devra être renouvelée d'année en année au même moment que vous faites votre rapport d'impôt. Le supplément de revenu garanti et l'allocation au conjoint sont offerts par le ministère fédéral de la Santé et du Bien-Etre en fonction du revenu net de l'année précédant votre demande. Ce revenu net est déterminé de la même façon qu'en remplissant un rapport d'impôt aux *Cases F01 à F40 et P26 à P75,* à cette seule différence que vous devrez exclure les revenus de la pension fédérale de sécurité de vieillesse.

Le supplément de revenu garanti est un montant additionnel qui peut atteindre un maximum de 70% de votre pension de vieillesse en tant que célibataire. Si vous et votre conjoint avez droit à la pension de vieillesse en même temps, ce supplément versé aux deux membres du couple pourra atteindre un maximum de 60% de la pension versée à chacun. Enfin, si vous avez droit à la pension mais que votre conjoint est âgé de soixante à soixante-cinq ans, ce dernier pourra recevoir l'équivalent d'une pension de vieillesse plus un supplément de revenu garanti dont le maximum atteint 70% de la pension. Enfin, si votre conjoint n'a pas encore atteint ses soixante ans, vous pourriez avoir droit au même supplément qu'un célibataire (voir page 97 pour les montants disponibles en 1977).

Santé et Bien-être social Canada Health and Welfare Canada

DEMANDE DE RENOUVELLEMENT SUPPLÉMENT DE REVENU GARANTI

FN

1978-79

IMPORTANT

- Veuillez lire la brochure sur le Supplément de revenu garanti avant de remplir la présente demande.
- Si l'époux et l'épouse touchent tous deux une pension de Sécurité de la vieillesse, chacun doit remplir une demande distincte mais les deux demandes devraient être retournées dans la même enveloppe.

A NUMÉRO DE SÉCURITÉ DE LA VIEILLESSE

Remplir les espaces clairs seulement

B CODE RÉGIONAL NUMÉRO DE TÉLÉPHONE E.C. C. OPT. D. OPT. F. D. N. CON

V Nº D'ASSURANCE SOCIALE

C ÉTAT CIVIL

Si vous présentez une demande après le 31 mars 1978, indiquez votre état civil au 31 mars 1978.

☐ MARIÉ(E) A ☐ SÉPARÉ(E) DE ☐ CÉLIBATAIRE ☐ VEUF(VE) ☐ DIVORCÉ(E)

D

Nom en entier de votre conjoint

Numéro et rue, Case postale, R.R., App.

Ville ou village Province Code postal

E SI VOUS ÊTES SÉPARÉ(E) DE VOTRE CONJOINT, INDIQUEZ LE MOIS ET L'ANNÉE DE LA SÉPARATION

Mois Année

F Nº DE SÉCURITÉ DE LA VIEILLESSE DU CONJOINT

MOIS ET ANNÉE DE NAISSANCE DU CONJOINT

Mois Année

Votre **conjoint** reçoit-il la pension canadienne de Sécurité de la vieillesse?

☐ **OUI** Indiquez le numéro de pension de Sécurité de la vieillesse de votre **conjoint**, dans l'espace prévu à gauche, s'il n'y est pas déjà.

☐ **NON** Indiquez le mois et l'année de naissance de votre **conjoint**, dans l'espace prévu à gauche, s'ils n'y sont pas déjà.

G INDIQUEZ VOTRE REVENU POUR TOUTE L'ANNÉE 1977.
Avant d'inscrire votre revenu, veuillez lire la section B-4 de la brochure
Ne pas inclure la pension de Sécurité de la vieillesse, le Supplément de revenu garanti et l'Allocation au conjoint.

		REVENU 1977 $ ¢
Total des prestations du **Régime de pensions du Canada** ou du **Régime de rentes du Québec**	1	
Total de tout autre revenu de pension (pension, pension de retraite, rentes ou pensions d'autres pays, imposables au Canada)	2	
Total des prestations d'assurance-chômage	3	
Total des intérêts nets (d'une banque, d'obligations, et / ou d'hypothèques)	4	
Total net des dividendes et / ou des gains ou pertes en capital (après les déductions permises) *Cochez (✓) la case appropriée* GAINS ☐ PERTES ☐	5	
Total des revenus nets de loyers (après les déductions permises)	6	
Total des revenus d'emploi (après les déductions permises)	7	
Total des revenus nets provenant d'un emploi autonome (après les déductions permises)	8	
Total des revenus d'autres sources (*Précisez ces sources et attachez-en la liste*)	9	
TOTAL *Si vous n'avez aucun revenu, écrivez "NUL"* →	0	

H Si vous avez pris votre retraite en quittant votre emploi, commerce ou profession en 1977 ou en 1978, ou si vous comptez le faire avant le 1er avril 1979, veuillez indiquer la date de votre dernier jour d'emploi:

Jour Mois Année

POUR L'USAGE DU BUREAU SEULEMENT

EST. PENS.

I Si, entre le 1er janvier 1977 et le 31 mars 1979, vous prévoyez ou avez eu une diminution de n'importe quelles sources de revenus mentionnées ci-dessous: pension de retraite, rente, prestations d'assurance-chômage, prestations d'assurance-invalidité d'un régime privé de pension, pension alimentaire, pension de survivant et d'invalidité en vertu du Régime de pensions du Canada ou du Régime de rentes du Québec, veuillez indiquer la date du changement:

Jour Mois Année

Deux choses importantes sont à noter avant de faire une demande.

1. Si vous quittez le Canada, vous pourrez recevoir votre supplément pendant un maximum de six mois à l'étranger, y compris le mois de votre départ; fait nouveau depuis 1977, vous devrez revenir vous installer au pays si vous désirez continuer à toucher le supplément.

2. Dites-vous bien que vous n'avez pas à être marié légalement pour avoir droit à une allocation au conjoint puisqu'il suffit d'avoir vécu un an ensemble ou, si vous et votre conjoint avez déjà été mariés, d'avoir vécu trois ans ensemble; par contre, les paiements d'allocation mensuelle cesseront si le couple se sépare ou si le retraité meurt.

Voici comment remplir la formule pour obtenir le supplément ou l'allocation au conjoint.

Cases A, B, C, D et F: Faites bien attention aux informations que vous livrez car toute erreur peut retarder le paiement du supplément de revenu garanti ou d'une allocation au conjoint.

Case G

1. Ce total des prestations comprend aussi bien la rente du Québec que les prestations touchées par une veuve, sauf la prestation de décès.

2. Le total de tout autre revenu de pension, en excluant cependant la pension fédérale de Sécurité de la Vieillesse. L'exemption des premiers $1 000 de revenus de pension disponible normalement aux retraités pour l'impôt ne s'applique pas ici. Par contre, toute rente privée tirée de la conversion d'une police d'assurance-vie, à moins qu'il s'agisse d'un régime enregistré d'épargne-retraite, doit être exclue et seuls les intérêts sur la rente (portion imposable clairement indiquée sur vos feuillets T4-A et TP-4A) devront être déclarés.

3. Toutes vos prestations d'assurance-chômage indiquées sur vos feuillets T4U et TP4U, y compris la "prestation spéciale de retraite".

4. Tous vos revenus d'intérêts moins les frais financiers (intérêts que vous avez dû payer sur vos emprunts, location d'un coffret de sûreté, services d'un conseiller en placements, etc.) que vous avez eu à supporter pour faire ces placements. Faites attention: l'exemption des premiers $1 000 d'intérêt disponible normalement aux contribuables ne s'applique pas ici.

5. Tous vos revenus en dividendes réellement touchés, et non, comme vos feuillets T3 et TP3 au T5 et TP5 peuvent l'indiquer, vos dividendes majorés aux fins de l'impôt (voir page 109). En outre, vous

devez inclure tout gain de capital réalisé sur la vente de vos actions ou obligations à escomptes ou déduire les pertes subies (voir pages 117 à 130). De ce montant, vous pouvez déduire les frais financiers encourus pour réaliser ces gains.

6. Le total des revenus nets de loyer doit être réduit, comme dans votre rapport d'impôt, des impôts fonciers, des primes d'assurances, du coût d'entretien et des réparations ainsi que de l'allocation en coût de capital (voir page 114).

7. En calculant vos revenus d'emploi (case C du feuillet T4), vous devez naturellement déduire 3% ou un maximum de $250 en frais d'emploi.

8. Le travailleur à son compte doit déduire de son revenu les mêmes dépenses qu'il soustrayait dans son rapport d'impôt.

9. Le total des revenus d'autres sources comprend aussi bien une pension alimentaire que le retrait d'un régime d'épargne-logement ou d'épargne-retraite. En somme, tout revenu non déclaré dans les cases précédentes et qui serait normalement imposable.

10. De cette somme de revenus, vous pouvez alors faire les mêmes déductions aux *cases F25 à F38 et P63 à P74* du rapport d'impôt fédéral et provincial. Le résultat ou revenu net déterminera le montant du supplément de revenu garanti ou d'allocation au conjoint auquel vous avez droit.

Enfin, la *case I* est extrêmement importante à remplir si vous prévoyez une baisse de vos revenus comme les prestations d'un contrat personnel d'une assurance-salaire, une pension alimentaire ou d'entretien et vos prestations de la Régie des Rentes du Québec lorsque la pension d'invalidité est changée pour la pension de retraite ou lorsqu'un veuf ou une veuve atteint soixante-cinq ans. Cette chute de revenus vous donnera droit en effet à un supplément ou à une allocation plus élevée.

QUOI FAIRE À SOIXANTE-CINQ ANS ET PLUS

Dès qu'un contribuable a fait le point sur les revenus qu'il espère toucher à soixante-cinq ans, il devrait ensuite faire le bilan de tout son avoir en prenant tout le temps requis pour consulter notaire, avocat, comptable et courtier.

1. *La première chose à vérifier est votre testament.* La dernière rédaction date peut-être d'il y a quelques années et il faut le remettre à jour. Si vos enfants vivent confortablement aujourd'hui, vous n'avez pas besoin de leur laisser un gros héritage et vous feriez mieux de profiter du peu qui vous reste. Voici les règles à suivre pour un testament:

— il peut être écrit et signé à la main sur n'importe quoi par vous-même, sans aucun témoin ou en présence de deux témoins, mais après votre décès, ce document devra être vérifié par la Cour supérieure du district; vous pourriez également faire appel à un notaire, procédure qui évitera l'examen de la Cour supérieure après votre décès;

— vous pouvez changer ce document n'importe quand, mais c'est sa dernière version qui comptera; évitez si possible de rayer ou biffer des mots, car sinon, vous devez compter chaque rature et en mentionner clairement le nombre à la fin du document; toute addition en marge devrait être initialée de votre nom;

— vous seul devez écrire ce document sans subir la moindre contrainte ou être déclaré incapable (si vous êtes invalide par exemple);

— prévoyez la disposition de tous vos biens car c'est l'Etat qui s'en chargera si vous ne le faites pas; nommez également la personne qui agira comme exécuteur testamentaire et distribuera tous vos biens selon vos dernières volontés en obtenant bien entendu son consentement; n'hésitez pas à désigner un autre exécuteur à sa place si la première personne venait à décéder avant vous;

— vous pouvez conserver votre testament chez vous, le confier à un notaire (il en coûtera alors $5 à vos héritiers pour vérifier quel notaire s'est chargé de l'opération en s'adressant au registre central des testaments de la Chambre des Notaires, à Montréal) ou encore le déposer dans un coffret de sûreté qui ne pourra être ouvert par qui que ce soit à moins que l'exécuteur testamentaire ne soumette au gérant de la caisse, de la banque ou de la société de fiducie un certificat de décès et un document qui énumère de façon détaillée toutes les pièces, sommes d'argent ou objets qui y sont contenus.

2. *La deuxième étape à franchir est d'assurer à vos héritiers un montant minimum pour défrayer les funérailles, la sépulture ou la crémation.* Il suffit alors de laisser au moins $1 000 à la caisse d'épargne ou à la banque ou de disposer d'une assurance-vie. Ce montant pourra également servir à défrayer vos impôts.

La caisse ou la banque pourront en effet libérer rapidement jusqu'à $1 000 sur présentation de factures, d'une preuve du décès, d'une copie authentique du testament ou du contrat de mariage qui tiendra lieu de testament s'il contient une clause qu'on appelle "institution contractuelle". Par contre, les assureurs-vie peuvent dégager jusqu'à $7 000 du montant total à verser en prestation sur présentation de la police d'assurance-vie, d'une preuve du décès, du testament ou du contrat de mariage, d'une déclaration d'un héritier, d'une déclaration du médecin traitant ou d'un verdict du coroner. Si vous n'avez pas d'argent, ne vous en faites pas car vos héritiers pourront toujours demander l'aide du ministère des Affaires sociales, en plus de toucher la prestation de décès de la Régie des Rentes du Québec (voir page 99).

Si vous aviez des régimes personnels, le testament devra évidemment en faire mention. Vos héritiers n'auront alors qu'à récupérer le tout sur présentation d'un certificat de libération du fisc (Québec et Ottawa qui devront avoir reçu un bilan de tous les biens détenus par le défunt en plus d'un rapport d'impôt), d'un permis d'inhumation, du testament ou du contrat de mariage.

3. *Vos biens ont acquis de la valeur durant vos années de travail et il serait temps d'en jouir au maximum en en liquidant une partie pour conserver votre train de vie des années de vaches grasses.* En calculant bien ce que cela pourrait vous rapporter et vous coûter, songez à vendre la maison pour vivre "plus petit" en logement ou en appartement près de vos amis. Le profit sur la vente de votre maison échappe complètement au fisc et une maison vendue pour $30 000 après déduction des frais de courtage et de notaire pourrait rapporter des intérêts de $40 à $50 par semaine sans grever votre capital. Les premiers $1 000 de revenus de placement seront exempts d'impôt tandis que vous n'aurez plus à payer $500 à $1 000 par année en taxes foncières et scolaires.

4. *Si vous ne voulez pas vendre, songez au moins à louer* tout ou une partie de votre maison et vous pourrez déduire ainsi du revenu de loyer toutes les dépenses liées à la partie louée, y compris une portion des intérêts hypothécaires et une allocation de coût en capital (voir page 116).

5. *Vérifiez les antiquités, les vieux meubles, les cadres et la coutellerie susceptibles d'intéresser un antiquaire ou un musée.* Ce revenu échappera complètement à l'impôt s'ils sont vendus pour moins de $1 000 l'unité.

6. *Liquidez vos placements spéculatifs,* surtout les actions dont le cours fluctue beaucoup ou ces unités de fonds mutuels qui ont subi la débâcle du dernier ressac boursier. Tout perte réalisée est déductible jusqu'à concurrence de $2 000 de vos autres revenus imposables et permet d'alléger ainsi votre perte réelle (voir page 118). Ne conservez que les titres sûrs (les Bell Canada, les IBM, les Stelco, les banques, etc.) qui vous procureront de généreux crédits d'impôt (voir page 110) pour dividendes en assurant un rendement intéressant. Quant aux transferts de placements, choisissez des obligations, des certificats de dépôt, des titres qui ne vous donneront pas de maux de tête à gérer.

Cases F09 et P35 — PENSION DE SÉCURITÉ DE LA VIEILLESSE

Seul le revenu de pension fédérale doit être inscrit ici. Comme vous ne recevrez aucun feuillet ou reçu d'Ottawa, vous devrez faire le calcul vous-même. Le montant annuel est de $1 746.84 en 1977 mais si vous avez pris votre retraite l'an dernier et reçu la pension pour quelques mois seulement, vous n'avez qu'à vous référer au tableau de la page 97 pour additionner le montant mensuel prévu pour chaque période de trois mois. Si vous avez droit au supplément de revenu garanti ou à une allocation pour votre conjoint (voir page 89), ce revenu n'est pas imposable et aucune mention ne doit en être faite dans votre rapport d'impôt. Par contre, vous devrez renouveler votre demande à chaque mois d'avril et, pour faciliter votre tâche à remplir la formule de requête, conservez toujours une copie de votre rapport d'impôt. Pour contester à Ottawa le montant de supplément que le ministère vous accordera, vous n'avez qu'à vous référer aux adresses et numéros de téléphone utiles en pages 177 à 182.

Il arrive souvent que des personnes âgées hésitent à se payer un voyage ou à assumer une dépense importante parce que leurs revenus sont trop modestes. Mais ils oublient alors une opération qui, pour chaque dollar investi, peut rapporter trois dollars. Cette opération n'est possible que pour les retraités qui utilisent la combinaison gagnante du supplément de revenu garanti et d'un régime enregistré d'épargne-retraite.

Prenons le cas très simple des Lalonde qui ont eu soixante-cinq ans à la fin de 1976. Voici ce qu'a été leur revenu en 1977:

- André et Pierrette Lalonde ont touché chacun leur pension de vieillesse, soit chacun $1 747;
- André a reçu en outre $136 de rente mensuelle du Québec et $200 de pension mensuelle de son employeur;
- le revenu total du couple était de $7 525 et après exclusion de la pension de vieillesse, le revenu net aux fins du supplément de revenu garanti était de $4 031 ($7 525 moins deux fois la pension annuelle de $1 747);
- le couple aurait eu droit à un supplément non imposable de revenu garanti de $7.67 par mois pour chaque conjoint ou un total de $184 durant l'année, faisant ainsi grimper le revenu du couple à $7 710.

En contribuant en 1977 à un régime enregistré d'épargne-retraite pour un montant total de $1 500 et en empruntant la pleine somme à la banque pendant un an à 10% (soit $150 d'intérêts à payer), cha-

PENSION DE VIEILLESSE, SUPPLÉMENT DE REVENU GARANTI MAXIMUM ET ALLOCATION MAXIMUM AU CONJOINT VERSÉS PAR OTTAWA EN 1977

		célibataire:	**couple de 65 ans:**	**lorsqu'un conjoint n'a pas 60 ans:**	**lorsqu'un conjoint est âgé de 60 à 64 ans:**	
période en 1977	pension mensuelle imposable	supplément mensuel non imposable	supplément mensuel non imposable à chacun	supplément mensuel non imposable au retraité	supplément mensuel non imposable au retraité	allocation mensuelle non imposable au conjoint
janvier à mars	$141.34	$ 99.13	$88.03	$ 99.13	$88.03	$229.37
avril à juin	$143.46	$100.62	$89.35	$100.62	$89.35	$232.81
juillet à sept.	$147.05	$103.14	$91.50	$103.14	$91.58	$238.63
octobre à déc.	$150.43	$105.51	$93.69	$105.51	$93.69	$244.12
conséquences si votre revenu net augmente	aucune	chaque hausse de $24 du revenu net réduit votre supplément de $1 par mois	chaque hausse de $48 du revenu net réduit le supplément aux conjoints de $1 par mois	chaque hausse de $48 du revenu net réduit votre supplément de $1 par mois	chaque hausse de $48 du revenu net réduit l'allocation au conjoint de $3 par mois et votre supplément de $1 par mois à partir d'un minimum	

que conjoint aurait pu toucher un supplément de revenu non pas de $7.67 par mois mais de $41.66 en moyenne par mois. Au terme de 1977, le total des deux suppléments aurait atteint $1 000. Ceci s'explique par le fait que le revenu net du couple de $4 031 profiterait d'une déduction de $1 500 plus les $150 d'intérêts payables sur l'emprunt. Après la contribution de $1 500, le couple vivrait avec presque $7 000.

En 1978, le couple reprendrait la même opération en contribuant de nouveau $1 500 à un régime d'épargne-retraite par le biais d'un nouveau prêt obtenu aux mêmes conditions. Comme la pension de vieillesse et le supplément de revenu garanti seront plus élevés à cause de l'indexation, leur revenu net sera inférieur à $4 031 et leur procurera un supplément annuel supérieur d'au moins $100. Durant l'année, le couple vivrait avec un revenu réel de plus de $7 000.

En 1979, André et Pierrette viennent d'avoir soixante-sept ans. Ils retirent alors tout leur régime, soit $3 000 plus des intérêts accumulés d'au moins $300, et entreprennent le voyage auquel ils rêvaient depuis si longtemps. Pour avoir investi ce montant, André et Pierrette ont reçu pendant deux ans $2 000 de plus en supplément de revenu garanti. Le voyage de $3 000 leur en coûte donc en réalité $1 000 et voilà comment $1 investi dans un régime d'épargne-retraite pour un retraité peut rapporter $3 en supplément de revenu garanti. Bien que les Lalonde n'aient pas un cent d'impôt à payer durant cette période, le seul désavantage qu'ils auront à subir est de perdre en 1979 seulement leur supplément de revenu au retrait de leur régime. Mais ils pourront au moins compter sur $8 000 de revenus avec l'indexation de la pension et de la rente du Québec.

Cases F10 et P36 — RÉGIME DE RENTES DU QUÉBEC

Tous ceux qui ont contribué au Régime de Rentes du Québec n'ont plus à cesser de travailler depuis 1977 pour toucher le plein montant de leur rente. Auparavant, chaque dollar gagné au-delà de $1 620 contribuait à réduire votre rente de 50 cents par mois. Les feuillets T4A (P) et TP-4A (P) vous indiqueront le montant à inscrire ici.

N'oubliez surtout pas de réclamer votre remboursement partiel de l'impôt foncier scolaire à la Régie des Rentes si vous aviez soixante-cinq ans le 30 juin 1977. Le remboursement du contribuable équivaut à:

— 50% de l'impôt scolaire jusqu'à concurrence de $125 s'il est propriétaire ou toute fraction de ce remboursement s'il est copropriétaire;

— 5% de son loyer annuel (d'après le coût au 30 juin 1977) jusqu'à un maximum de $75 s'il est locataire ou toute fraction de ce remboursement s'il est colocataire;
— 2.5% de son loyer annuel (d'après le coût au 30 juin 1977) jusqu'à un maximum de $37.50 pour une personne qui est en chambre ou pension;
— dans le cas des couples, le remboursement ne sera accordé qu'à un des deux conjoints mais cela pourrait aussi dépendre du contrat de mariage en vigueur; enfin, aucun remboursement n'est disponible dans le cas de chalets.

Plus de 200 000 retraités ont touché en moyenne $63 de remboursement l'an dernier et les fonctionnaires de la Régie sont certains qu'au moins 100 000 personnes âgées n'ont pas profité de ce programme parce qu'ils l'ignoraient.

Si vous êtes:	*Vous recevrez environ*
propriétaire d'une maison unifamiliale	$73
copropriétaire d'une maison unifamiliale	$42
propriétaire de logements multiples	$65
copropriétaire de logements multiples	$34
multiples	$34
locataire	$56
colocataire	$32
chambreur avec pension	$43

Voyez en page 100 les montants maximum de rente mensuelle du Québec pour 1977 et 1978 si vous avez contribué pendant 85% de la période où vous pouviez le faire. Par exemple, un contribuable qui a versé régulièrement des primes au cours des dix dernières années et touchait en moyenne $400 par mois ou $100 par semaine durant cette période a droit en 1978 à une rente mensuelle de $83.55.

Cases F11 et P38-39-40 — AUTRES REVENUS DE PENSION

Tout autre revenu de pension, y compris les allocations de retraite, les remboursements de banque de maladie et les arrérages de rente provenant d'un régime enregistré d'épargne-retraite (montant inscrit à la case C des feuillets T4RSP et TP4RSP) doivent être inscrits ici. Si vous avez différé l'impôt sur une allocation de retraite en achetant un contrat de rente à versements invariables (voir page

MONTANT MENSUEL DISPONIBLE DE LA RÉGIE DES RENTES DU QUÉBEC

Gain mensuel moyen	**$200**	**$300**	**$400**	**$450**	**Maximum**
Rente de retraite					
En 1977:	$ 75.01	$112.51	$150.01	$163.97	$173.61
En 1978:	$ 83.55	$125.33	$167.10	$182.71	$194.44
Prestation au conjoint de moins de 65 ans si vous décédez après avoir contribué 3 ans					
En 1977:	$143.10	$157.16	$171.22	$176.46	$180.07
En 1978:	$154.92	$170.59	$186.25	$192.11	$196.51
Prestation au conjoint de 65 ans si vous décédez après avoir contribué 3 ans					
En 1977:	$ 45.01	$ 67.51	$ 90.01	$98.38	$104.17
En 1978:	$ 50.13	$ 75.20	$100.26	$109.63	$116.66
Prestations pour votre décès	Cette somme égale à 6 mois de rente n'est versée qu'une fois à votre conjoint pour défrayer une partie de votre sépulture.				
En 1977:	$450	$675	$ 900	$ 930	$ 930
En 1978:	$501	$752	$1 003	$1 040	$1 040
Prestation si vous devenez invalide après avoir contribué 5 ans					
En 1977:	$171.23	$199.35	$227.48	$237.95	$245.18
En 1978:	$186.25	$217.59	$248.92	$260.62	$269.42
Prestation aux enfants	$ 29	$ 29	$ 29	$ 29	$ 29

134), le montant de l'allocation devra être déclaré dans l'année où il a été reçu et c'est aux *Cases F38 et P73* que vous pourrez réclamer une déduction correspondante à la prime versée.

Tout revenu de pension autre que la pension fédérale ou la rente du Québec sera exempt d'impôt jusqu'à concurrence de $1 000. Cette exemption est disponible à tout contribuable, qu'il ait soixante-cinq ans ou non. Un employé qui retire ses contributions au fonds de pension en quittant un emploi doit évidemment déclarer le plein montant dans ces cases mais pourra déduire jusqu'à $1 000 aux *Cases F52 et P129.*

Lorsque vous touchez une prestation de décès versée par un employeur en reconnaissance des longs services de votre conjoint, le montant échappera complètement à l'impôt s'il ne dépasse pas le moindre du revenu gagné par le conjoint durant ses douze derniers mois d'emploi ou $10 000. S'il s'agit d'un parent et non pas d'un conjoint, l'exemption devra être partagée entre les bénéficiaires. Mais dans les deux cas, vous n'avez pas à déclarer la prestation si elle est inférieure à l'un ou l'autre des montants autorisés.

7. LE PIÈGE DES REVENUS DIVERS

VOTRE RAPPORT D'IMPÔT CASE PAR CASE

Les revenus divers comprennent toute une gamme de montants qui ne proviennent pas directement de votre travail. Empochés un à un, ces montants paraissent modestes mais peuvent facilement faire grimper votre impôt de plusieurs centaines de dollars au bout de l'année si vous n'y prenez garde.

Ces revenus comprennent:

1. les allocations familiales et les prestations d'assurance-chômage;

2. les revenus de placements (intérêts, dividendes et ristournes versées par les caisses populaires), de rentes privées (rentes viagères ou à versements invariables) et de loyers;

3. le gain ou la perte de capital contre lequel de nombreux contribuables trébuchent;

4. tous les autres revenus comme les pensions alimentaires ou allocations de séparation, le retrait d'un régime d'épargne-logement ou d'épargne-retraite, les bourses d'études et les paiements reçus comme étudiants d'un régime enregistré d'épargne-études et les subventions fédérales accordées aux propriétaires de maisons construites avant 1921 pour les travaux d'isolation.

Case F12 LES ALLOCATIONS FAMILIALES

Seules les allocations familiales versées par Ottawa doivent être déclarées ici comme revenu imposable, à l'exception des allocations provinciales que vous avez reçues pour un enfant âgé de seize ou dix-sept ans. Le montant à inscrire dans cette case apparaît sur vos feuillets TFA1 et ne s'applique qu'au rapport d'impôt fédéral. Le Québec ne taxe jamais les allocations familiales mais, toutefois, n'accorde aucune exemption pour les enfants de moins de 16 ans.

La plupart des contribuables mariés oublient qu'ils peuvent s'échanger les allocations familiales si les circonstances de leur statut fiscal s'y prêtent bien. Voici trois exemples qui illustrent les avantages de partager les allocations entre conjoints: Louise et André ont quatre enfants, deux âgés de plus de dix-huit ans, le troisième de quinze ans et le dernier de douze ans. Si André inclut les allocations pour les troisième et quatrième enfants, le total atteindra $1 178.64. Comme il a droit à des exemptions fédérales de $780 pour chaque enfant de seize ans et plus et de $430 pour chaque enfant de seize ans et moins, ses allocations ne lui coûteront pas un cent d'impôt et il lui restera $1 241 d'exemption. Si Louise n'a aucun revenu, André a tout avantage à garder pour lui toutes les allocations. Toutefois, si les deux conjoints travaillent, André qui a le revenu le plus élevé devrait prendre à sa charge les deux enfants de 18 ans et plus et laisser à Louise les deux plus jeunes.

Déclaration	Enfants	Montant d'allocation	Exemptions
par André	de plus de 18 ans	0	$1 560
par Louise	de moins de 16 ans	$1 178.64	$ 860

En procédant ainsi, le couple pourra épargner facilement de $50 à $100 d'impôt.

Lucette et Paul ont également quatre enfants, un de dix-sept ans pour lequel les allocations fédérale et provinciale sont imposables à Ottawa, deux âgés de douze et quinze ans et le quatrième, de neuf ans. Que Lucette travaille ou non, Paul n'a jamais intérêt à inclure les allocations versées pour le dernier enfant. Par contre, si Lucette travaille et gagne moins que Paul, elle devrait prendre à sa charge les deux plus jeunes enfants dont les allocations ($1 107) sont supérieures aux exemptions ($860).

Déclaration	Enfants	Montant d'allocation	Exemptions
par Paul	12, 15 et 17 ans	$1 131.96	$1 640
par Lucette	9 ans	$ 609	$ 430

L'épargne d'impôt pour le couple est au moins de $85 en agissant ainsi.

Catherine et François ont trois enfants, un de dix-sept ans pour lequel les allocations fédérale et provinciale sont imposables à Ottawa, le deuxième est âgé de quinze ans et le troisième, de dix-sept ans. François devrait prendre à sa charge les deux plus vieux et toujours laisser le troisième à Catherine.

Déclaration	Enfants	Montant d'allocation	Exemptions
par François	17 et 15 ans	$633.96	$1 210
par Catherine	12 ans	$498	$ 430

L'épargne d'impôt pour le couple sera au moins de $20.

Les règles à suivre pour savoir s'il est mieux ou non de partager les allocations familiales sont les suivantes.

1. Vous ne pouvez jamais réclamer l'exemption d'un enfant sans déclarer l'allocation à laquelle vous avez droit pour lui, à moins que l'enfant ait dix-huit ans et plus.

2. Le conjoint touchant le revenu le plus élevé a généralement intérêt (surtout pour les familles de trois enfants et moins) à déclarer toutes les allocations familiales car les exemptions accordées par Ottawa sont habituellement supérieures et la différence servira à éponger d'autres revenus.

3. Un contribuable tenté de réclamer les allocations familiales d'un ou plusieurs enfants devrait faire attention pour ne pas contribuer ainsi à réduire l'exemption pour personne mariée de son conjoint, à moins évidemment que le couple ne soit séparé.

4. Dans une famille où les enfants ont plus de quinze ans et travaillent durant l'été, il est souvent profitable d'attribuer les allocations au conjoint qui gagne le revenu le plus faible.

5. Enfin, la meilleure façon de vérifier qui devrait réclamer quoi est de faire la liste de vos enfants en inscrivant à côté de chaque nom

son âge, ses allocations et son exemption fédérale (en tenant compte du revenu de l'enfant s'il a travaillé ou reçu une bourse); lorsque les allocations dépassent l'exemption disponible pour un enfant, c'est au conjoint qui gagne le moins à réclamer ses allocations.

LES ALLOCATIONS FAMILIALES EN 1977

Enfants et âge	Montants versés par Ottawa et pleinement imposables	Montants versés par Québec et non imposables sauf à l'âge de 16 et 17 ans
de 0 à 11 ans		
premier enfant	$14.34	$ 5.05
deuxième enfant	$21.50	$ 6.76
troisième enfant	$35.53	$ 8.43
quatrième enfant et suivants	$50.75	$10.11
de 12 à 17 ans		
premier enfant	$20.31	$ 5.05
deuxième enfant	$27.47	$ 6.76
troisième enfant	$41.50	$ 8.43
quatrième enfant et suivants	$56.72	$10.11

Cases F13 et P41 — LES PRESTATIONS D'ASSURANCE-CHÔMAGE

Toute forme de prestation d'assurance-chômage, tel que l'indiquent vos reçus T4U et TP4U, doit être déclarée ici sans aucune déduction. N'importe quel contribuable au pays, y compris les immigrants qui n'ont pas encore leur citoyenneté, a droit aux prestations d'assurance-chômage s'il remplit les nouvelles conditions stipulées au cours de 1978.

1. Il faut avoir moins de soixante-cinq ans, être capable de travailler et détenir un certificat de cessation d'emploi émis par l'employeur.

2. Il faut avoir travaillé entre dix et quatorze semaines (selon le taux de chômage qui prévaut dans la région où vous exerciez votre emploi) au cours des cinquante-deux dernières semaines et vous devrez avoir versé des primes hebdomadaires déductibles aux *Cases F29 et P64,* sans quoi ces semaines de travail ne compteront pas; voici le nombre de semaine requises d'après le taux de chômage révélé par Statistique Canada:

Taux régional de chômage	**Semaines requises et assurées**
6% ou moins	14
plus de 6% jusqu'à 7%	13
plus de 7% jusqu'à 8%	12
plus de 8% jusqu'à 9%	11
plus de 9%	10

3. Vous aurez droit aux deux tiers du salaire assurable que vous receviez durant ces douze semaines de travail jusqu'à un maximum de $160 par semaine;

4. Vous devez à tout moment être disponible pour travailler (vous pourrez continuer à recevoir vos prestations si vous suivez par exemple des cours à temps partiel) et prouver à l'occasion que vous recherchez activement un emploi.

5. A moins que le salaire ne soit très inférieur à celui que vous receviez avant de devenir chômeur, vous risquez de perdre vos prestations si vous refusez un emploi.

6. Les prestations d'assurance-chômage ne sont disponibles qu'après deux semaines de chômage et ne commencent à être versées qu'à la quatrième ou cinquième semaine pour les troisième et quatrième semaines de chômage pour ceux qui ont fait leur demande immédiatement après avoir perdu leur emploi.

7. Les prestations sont ensuite versées tous les quinze jours et ne peuvent durer plus de cinquante semaines échelonnées sur deux ans en tenant compte de toutes les périodes possibles de prolongation et du taux de chômage régional.

8. Durant toute la période de chômage, vous pouvez travailler moins qu'une semaine entière et gagner jusqu'à 25% du montant des prestations que vous recevez sans être pénalisé; tout montant additionnel doit être déclaré et déduit de vos prestations.

Les chômeurs ne sont cependant pas les seuls contribuables à pouvoir toucher ces prestations. Outre les "prestations spéciales" dis-

VOICI LES MONTANTS DISPONIBLES D'ASSURANCE-CHÔMAGE EN 1977 ET EN 1978 POUR DIFFÉRENTES CATÉGORIES DE CONTRIBUABLES

Situation du contribuable	Prestations d'après le salaire assurable moyen par semaine				maximum en 77	maximum en 78
	$ 75	$ 100	$150	$200	$220	$240
le travailleur ou l'étudiant recevra:	$ 50	$ 67	$100	$133	$147	$160
le retraité touchera une prestation spéciale de:	$150	$ 201	$300	$400	$441	$480
la mère qui s'apprête à accoucher recevra un total de prestations hebodomadaires de:	$750	$1 005	1 500	$1 995	$2 205	$2 400

ponibles aux retraités (voir page 89), un étudiant, un travailleur malade ou invalide et une femme enceinte y ont également droit.

Un étudiant qui a travaillé de juin à la fin du mois d'août (au moins huit semaines) en 1977 et se trouve incapable d'obtenir du travail au cours de l'été 1978 a droit aux prestations durant le deuxième été pour les deux tiers du salaire assurable qu'il gagnait l'année précédente. Mais il devra prouver qu'il a vraiment déployé des efforts pour obtenir un emploi et qu'il est disponible pour travailler jusqu'à la fin d'août 1978.

Un travailleur malade ou invalide n'a pas besoin de prouver qu'il cherche un emploi puisque les prestations sont une forme d'aide sociale. Si ce salarié a travaillé durant vingt semaines au cours des cinquante-deux dernières semaines, il pourra retirer deux tiers de son salaire assurable ou un maximum de $160. S'il reçoit des prestations d'invalidité de son employeur (et non d'un programme privé auquel il aurait contribué personnellement), ce montant devra être déduit des sommes touchées de la Commission d'Assurance-Chômage.

Les femmes enceintes peuvent recevoir jusqu'à quinze semaines de prestations durant la période de leur choix entre la huitième semaine précédant l'accouchement et la douzième semaine après l'accouchement. Mais cet avantage n'est disponible qu'aux salariées qui peuvent prouver avoir été sur le marché du travail entre la trentième et la cinquantième semaine précédant la date prévue de leur accouchement. Cette forme d'assistance du gouvernement fédéral est offerte parce que très peu d'employeurs au pays versent une indemnité aux femmes enceintes dans le cadre de leur programme d'assurance-groupe. Parfois, l'employeur accordera à la femme enceinte un congé sans solde de quinze semaines. Le salaire pourra alors être récupéré aux deux tiers jusqu'à un maximum de $160 auprès des services d'assurance-chômage.

Cases F14 et P42-43 MONTANT IMPOSABLE DE DIVIDENDES

L'achat d'actions en Bourse ou de corporations privées canadiennes procure quatre avantages fort appréciables pour toutes les catégories de contribuables qui veulent accumuler un peu d'épargne.

— Les premiers $750 de dividendes bruts, l'équivalent de l'intérêt sur une obligation ou $1 000 de dividendes imposables, sont exempts d'impôt tel qu'indiqué aux *Cases F51 et P128.*

— Québec offre un crédit d'impôt de 11.25% sur vos dividendes imposables de $1 000 même s'ils sont exempts d'impôt, c'est-à-dire que vous pourrez réduire l'impôt sur vos autres revenus de $112.50. Le même cas s'applique à Ottawa dont le crédit net s'élève à 15.66%, c'est-à-dire que vous pourrez réduire l'impôt sur vos autres revenus de $156.60 (voir les annexes fédérale 1 et provinciale 9).

— Tout profit ou gain de capital réalisé à la vente de vos actions n'est taxé qu'à moitié en s'ajoutant à vos autres revenus. Cette portion de gain imposable peut être exemptée de l'impôt fédéral jusqu'à concurrence de $1 000 si vous n'avez cette année-là aucun autre revenu de placement ou d'investissement. Il n'y a par contre aucune exemption d'impôt provincial sur le gain de capital.

— Chaque année, vous pouvez délibérément vendre des actions à perte et déduire la moitié de cette perte contre vos autres revenus. Ce procédé, très populaire chez les investisseurs à la mi-décembre, permet en effet de réduire le coût réel de votre perte en diminuant d'autant le revenu imposable de l'année courante, de l'année précédente ou des cinq années suivantes.

Les dividendes sont tellement profitables sur le plan fiscal qu'un Québécois célibataire devait en recevoir plus de $11 000 en 1976 (s'il ne touchait aucun autre revenu) avant d'être assujetti à l'impôt provincial et plus de $19 000 avant de commencer à payer l'impôt fédéral. Pour vous donner une idée de l'épargne ainsi réalisée, un contribuable célibataire touchant un salaire de $11 000 devait payer $1 705 d'impôt fédéral et provincial tandis qu'un salaire de $19 000 entraînerait des impôts de $5 065 (voir en page 162 comment calculer votre impôt en un coup d'oeil).

Cela s'explique par la façon de déclarer ses revenus de dividendes. Prenez le cas d'un célibataire qui a reçu un salaire de $19 000 en 1977 et reçu $1 500 de dividendes sur des actions dont il avait hérité. Voici comment l'impôt sera calculé:

dividendes bruts:	$1 500
dividendes majorés aux 4/3 comme le demande le fisc:	$2 000

C'est ce montant de $2 000 qui deviendra pleinement imposable en s'ajoutant aux $19 000 de salaire même si le contribuable n'a réellement reçu que $1 500 de dividendes.

	Impôt fédéral sur $2 000		**Impôt provincial sur $2 000**
	$208		$220
Moins crédit de 15.66% sur $2 000	— $313	Moins crédit de 11.25% sur $2 000	— $225
	— $105		— $5

Le contribuable ne versera aucun impôt sur les $2 000 de dividendes imposables car les premiers $1 000 seront exempts d'impôt et le crédit effacera tout impôt sur la deuxième tranche de $1 000. De plus, le reste du crédit d'impôt fédéral ($105) et provincial ($5) pourra servir à réduire son fardeau fiscal de $110 ($105 + $5) sur son salaire. En somme, l'individu a vécu sur un revenu de $19 500 ($18 000 de salaire plus $1 500 de dividende brut) et sera taxé comme s'il avait touché un revenu de $18 750 environ.

Pour calculer votre impôt, vous n'aurez probablement pas à majorer vos dividendes aux 4/3 car c'est la compagnie ou l'institution financière qui s'en chargeront en indiquant le montant imposable aux cases (B) et (F) de vos feuillets T5 et TP5 ou aux cases (H) et (I) de vos feuillets T3 et TP3. Par contre, vous seul aurez à calculer le crédit sur le revenu en dividendes. Dans votre rapport provincial, le pourcentage de 11.25 est clairement indiqué à l'annexe 9. Dans votre rapport fédéral, le pourcentage inscrit à l'annexe 1 est de 18.75% et c'est ce montant que vous devrez utiliser. En réalité cependant, ce crédit fédéral ne vaut que 15.66% pour les Québécois puisqu'ils profitent d'un abattement d'impôt fédéral de 16.5%.

Si votre conjoint reçoit des dividendes, vous pourriez les inclure dans votre revenu en réduisant votre exemption de personne mariée. Citons le cas d'Angèle et de Pierre Proulx. Angèle a touché $750 de dividendes bruts tandis que Pierre a eu un salaire de $15 000. Une fois majorés aux 4/3 ces dividendes représentent un revenu imposable de $1 000 et Pierre devra réduire son exemption de personne mariée à $1 370 au fédéral et à $1 400 au provincial. Comme Angèle n'a aucun autre revenu, ses dividendes seront complètement épongés par son exemption personnelle. Elle perdra donc l'avantage des crédits d'impôt. Par contre, Pierre peut ajouter ces $1 000 de dividendes imposables à son revenu. Il profitera de l'exemption complète d'impôt qu'Angèle ne peut utiliser et pourra réduire son impôt provincial de $112.50 et son impôt fédéral de $156.60. La réduction de son exemption de personne mariée lui aura coûté $212 d'impôt mais il aura récupéré $269.10 de crédit sur les dividendes de son conjoint, une économie de $57 (voir aussi p. 152).

Cases F15 et P44-45 LES REVENUS D'INTÉRÊTS ET D'AUTRES PLACEMENTS

Tous les revenus d'intérêts inscrits sur les reçus T5 et TP5 doivent être déclarés. Pour les revenus d'intérêts tirés de comptes d'épargne, vérifiez votre livret de banque ou de caisse populaire car vous ne recevrez aucun reçu provincial pour moins de $10 et aucun reçu fédéral pour moins de $50. Mais si le montant est supérieur, les reçus tiendront compte du total des intérêts versés. Dans le cas d'un compte conjoint, chaque contribuable doit se répartir les revenus d'intérêts en fonction de ses contributions au compte.

A moins que vous n'ayez eu droit à des dividendes, tout revenu d'intérêts de $1 000 et moins doit être mentionné dans ces cases mais pourra être pleinement déduit de votre revenu imposable aux *Cases F51 et P128.* Le seul facteur qui puisse réduire cette exemption sont les frais financiers (intérêt payé pour acheter des obligations d'épargne, des certificats de dépôt, des obligations municipales ou scolaires que vous avez dû assumer pour gagner vos revenus d'intérêt (voir page 141).

Les *ristournes versées par les caisses populaires* ou caisses d'épargne constituent une importante source de revenus au Québec. Ces revenus donnent droit aux mêmes exemptions et déductions que les intérêts d'obligations et les dépôts à terme. En fait, il y a trois formes de ristournes distribuées par les Caisses Desjardins:

— la ristoune sur emprunt est en quelque sorte une réduction que vous obtenez sur votre coût d'emprunt à la fin de l'exercice de votre caisse; si l'emprunt a servi à faire des placements, vous devrez réduire d'autant votre déduction pour frais d'intérêt en cueillant cette ristourne;

— la ristourne sur épargne équivaut au même type d'intérêt que peuvent verser banques et fiduciaires sur leurs comptes d'épargne et procure une exemption jusqu'à $1 000;

— la ristourne ou boni sur le capital social est un intérêt sur la part que vous avez dû acheter pour devenir sociétaire de votre caisse; en réalité, très peu de caisses versent cette ristourne au Québec.

Les obligations d'épargne du Québec et du Canada procurent à leur détenteur un avantage important: celui de pouvoir déclarer les intérêts chaque année sans encaisser les coupons (c'est la méthode d'exercice) ou de déclarer tous vos intérêts au moment où vous les encaisserez (c'est la méthode de caisse).

Ce choix devient surtout profitable lorsque vous n'avez pas d'autres revenus de placements. Cette formule peut faire gagner des centaines de dollars d'impôt si vous avez l'intention de garder longtemps vos obligations.

Prenez le cas d'un individu qui détient pour $1 000 d'obligations rapportant 8% par année. A chacune des six prochaines années, ce contribuable achète pour $1 000 d'obligations. S'il n'encaisse pas au fur et à mesure ses intérêts, il risque de se retrouver avec $1 680 d'intérêts lors de la liquidation de ses titres au cours de la septième année et subira ainsi un impôt d'au moins $200 sur ce revenu de placement.

Si ce même contribuable avait déclaré ses intérêts au moment où ceux-ci devenaient payables sans encaisser ses coupons, il n'aurait pas subi d'impôt puisqu'au cours de la sixième année, les intérêts déclarés n'auraient pas dépassé $480. En fait, il aurait pu accumuler pour $12 000 d'obligations d'épargne en touchant des revenus d'intérêt de $6 160 pendant 12 ans sans payer un cent d'impôt. En effet, à 8% par année, ses 12 tranches de $1 000 d'obligations auraient rapporté $960 d'intérêts déclarés la douzième année, soit presque le maximum des $1 000 d'exemption.

Cet avantage est particulièrement évident avec la dernière campagne d'obligations d'épargne du Canada où les intérêts peuvent s'accumuler pendant neuf ans à un taux d'intérêt composé de 8.06%.

Certaines obligations d'épargne venant à échéance en 1977 et en 1979 procurent à leur détenteur un bonus en plus des intérêts habituels. Ce bonus peut être déclaré soit comme revenu d'intérêt, soit comme gain de capital. Il est habituellement préférable de l'inclure comme intérêt aux *Cases F15 et P44* ainsi qu'aux annexes fédérale 4 et provinciale 1, car vous pourriez profiter de l'exemption des revenus d'intérêt aux *Cases F51 et P128.* Rappelez-vous qu'un gain de capital de $1 000 est exempt d'impôt au fédéral mais pas au provincial.

La portion d'intérêt qui constitue le seul revenu imposable d'une *rente viagère* que vous aviez achetée sans pouvoir déduire vos primes pourra être considérée soit comme revenu de pension à inscrire aux *Cases F11 et P40,* soit comme revenu d'intérêt aux *Cases F15 et P44.* Si vous avez touché plus de $1 000 de pension par année (autre que la pension de sécurité de vieillesse et la rente du Québec), vous avez avantage à considérer la fraction imposable de votre rente comme revenu d'intérêts. A l'inverse, si vous avez plus de $1 000 d'intérêts par année, il faudra déclarer les intérêts de votre rente comme revenu de pension. Aucun contribuable de moins de soixante-cinq ans ne peut faire ce choix, à moins qu'il ne touche la rente de son conjoint décédé.

Cases F83, F16 et P56, P47 — LES REVENUS DE LOCATION

Les revenus de location comptent généralement parmi les investissements les plus profitables car le fisc vous aide à plusieurs égards à financer votre transaction au cours des premières années de propriété.

Les règles suivantes, qui s'appliquent aux revenus de location de tout genre de biens, s'adressent particulièrement aux propriétaires d'immeubles construits avant le 18 novembre 1974:

1. Vous pouvez déclarer tout revenu perçu entre le 1er janvier et le 31 décembre et ne pouvez pas choisir une période d'exercice autre que l'année du calendrier.

2. Par contre, vous pouvez choisir soit la méthode de caisse, soit la méthode d'exercice pour comptabiliser vos revenus, la première méthode étant généralement la plus simple aux fins de l'impôt.

3. Chaque immeuble coûtant $50 000 et plus doit constituer une catégorie à part aux fins de l'allocation en coût de capital mais tout autre bien n'est pas assujetti à cette norme.

4. Toute perte sur la location d'un bien est déductible d'autres sources de revenus mais cette perte ne peut être créée en réclamant l'allocation en coût de capital soit sur l'immeuble, soit sur le mobilier ou l'équipement ménager (poêle, réfrigérateur, etc.) mis à la disposition des locataires.

L'année de calendrier: les revenus de location ne sont pas des revenus d'affaires même s'ils représentent la principale source de vos gains dans l'année. La seule façon d'échapper à cette règle en vue de différer l'impôt grâce à un exercice financier différent de l'année de calendrier (voir pages 57 à 59) est de vous incorporer en compagnie comme l'ont fait tant de professionnels. Mais pour que le jeu en vaille la chandelle, vos profits de location avant impôt devraient être d'au moins $25 000.

La méthode comptable: une fois que vous avez choisi la méthode de caisse, par laquelle vous devez inclure tous vos revenus et déduire toutes vos dépenses au fur et à mesure qu'ils sont faits, ou la méthode d'exercice, qui vous oblige à inclure des comptes à recevoir et des dépenses engagées mais non payées (voir page 60), vous devrez obtenir l'autorisation du fisc avant de pouvoir effectuer tout changement de méthode. Cela se fait généralement par lettre auprès du responsable de votre dossier aux bureaux des ministères fédéral et provincial du revenu.

La catégorie d'allocation: tout immeuble de $50 000 et plus constitue une catégorie distincte d'amortissement. C'est dire qu'aucun contribuable ne peut regrouper deux ou plusieurs immeubles ensemble en mettant toutes ses dépenses et ses revenus en commun pour réclamer une allocation sur le coût global en capital. Cette pratique pourra continuer à s'appliquer seulement sur les immeubles de moins de $50 000. Chaque immeuble devra en somme être géré séparément. Il sera en outre impossible à la vente d'éviter la récupération des allocations réclamées pendant que vous étiez propriétaire. Avant 1972, la plupart des contribuables évitaient cette récupération en rachetant un nouvel immeuble et en réduisant simplement la banque d'amortissement du montant imposable d'allocations qu'ils auraient normalement récupéré (voir page 63). Depuis 1972, les deux seules façons d'éviter cette récupération est de toucher des paiements par versements annuels et d'étaler ainsi la récupération imposable sur la période voulue ou encore d'acheter un contrat de rente à versements invariables pour cinq, dix ou quinze ans.

L'allocation en coût de capital: la plupart des immeubles appartiennent à la catégorie 3 d'allocation en coût de capital tel que spécifié par Revenu Canada. Il s'agit d'immeubles à structure de béton qui procurent une allocation de 5% par année (voir page 65) mais il est possible que vous soyez propriétaire d'un immeuble de la catégorie 6 avec structure de bois recouverte de briques et dont l'allocation annuelle est de 10%. Tout l'équipement ou mobilier loué aux locataires fait généralement partie de la catégorie 8 avec une allocation annuelle de 20%.

Si vous n'êtes pas sûr du taux d'allocation, n'hésitez jamais à communiquer avec les autorités (voir page 177 pour adresses et numéros de téléphone utiles). Le coût du terrain ne peut jamais être amorti mais toute dépense faite à ce sujet est naturellement déductible durant l'année d'imposition. L'un des avantages que confère l'allocation en coût de capital et qui n'est pas disponible aux travailleurs à leur compte est de pouvoir réclamer la pleine allocation annuelle même si le contribuable n'est devenu propriétaire que le 31 décembre par exemple.

Mais cet avantage se limite strictement aux revenus amassés et ne peut jamais servir à créer de perte fiscale. Prenons le cas d'Olivier Parent qui achète un immeuble usagé au prix de $100 000:

Ses revenus bruts de loyer s'élèvent à	$18 000.
Ses dépenses de toutes sortes représentent	$15 000.
Son revenu net avant l'allocation est de	$ 3 000.

Bien qu'Olivier ait droit de déduire $5 000 comme allocation en coût de capital (5% X $100 000), il ne pourra réclamer plus que $3 000. Sa seule consolation est d'épuiser moins rapidement sa banque d'amortissement qui vaudra $97 000 l'an prochain au lieu de $95 000. Toutefois, si Olivier avait acheté un immeuble à foyers multiples ou des maisons en rangée construites après le 18 novembre 1974, certifiées par la Société centrale d'Hypothèques et de Logement et dont au moins 80% de l'espace était destiné à la location résidentielle, Olivier aurait pu réclamer $5 000 d'allocation et utiliser ainsi sa "perte fiscale" de $2 000 comme déduction contre d'autres sources de revenus, y compris un salaire ou des honoraires professionnels. En agissant ainsi, Olivier aurait facilement pu épargner $600 d'impôt. Ces immeubles, classés normalement dans les catégories 3 et 6, sont des abris fiscaux qui sont classés dans les catégories 31 et 32 pour stimuler la construction résidentielle.

Les déductions: les restrictions sur l'allocation en coût de capital expliquent pourquoi il vaut mieux commencer à remplir les annexes fédérale 7 et provinciale 4 avant de réclamer vos déductions pour amortissement aux annexes fédérale 8 et provinciale 5. Parmi les déductions disponibles, voici celles qui devraient retenir le plus votre attention:

— tous les frais d'intérêts découlant d'un emprunt hypothécaire sont déductibles contre vos revenus et peuvent même créer une "perte fiscale" au cours des premières années d'exploitation;
— les frais légaux lors de l'achat d'un immeuble ne sont pas déductibles durant l'année mais servent à gonfler le coût de l'immeuble et donc à augmenter la valeur de vos allocations en coût de capital;
— par contre, tous les frais de comptabilité, de coffret de banque ou d'actes légaux requis pendant que vous louez l'immeuble sont entièrement déductibles;
— les primes d'assurances et les taxes foncières sont des dépenses admissibles, de même que les commissions versées pour trouver des locataires ou pour collecter des loyers, des compensations versées à des locataires pour annuler un bail ou un salaire versé au concierge;
— toutes les dépenses d'entretien de l'immeuble ou du terrain adjacent, d'électricité, de chauffage, d'eau et de gaz sont déductibles;
— mais toute dépense majeure faite pour améliorer l'immeuble servira, comme les frais légaux à l'achat, à gonfler le coût de l'immeuble et de même, vos allocations en coût de capital;
— une partie des dépenses d'automobile seront déductibles si vous faites vous-même les réparations ou l'entretien si vous ne possédez qu'un immeuble; si vous en avez deux ou plus, cette restriction disparaîtra et le fisc reconnaîtra que l'usage d'une voiture est indispensable pour recueillir les loyers;
— les dépenses de votre résidence comme bureau seront déductibles si vous avez plus d'un immeuble car l'usage de documents et d'un téléphone deviendra évident.

Lorsqu'un contribuable possède un *terrain,* ses dépenses ne pourront jamais servir à créer une perte à moins qu'il ne s'agisse d'un revenu agricole. Si le terrain ne procure aucun revenu, les dépenses serviront à augmenter le coût total et à réduire tout gain de capital imposable lors d'une vente. C'est dire qu'à long terme, seulement la moitié des dépenses seront déductibles. En outre, chaque terrain devra constituer une source indépendante de revenus, empêchant ainsi le contribuable de déduire la perte subie par la propriété d'un terrain contre les revenus d'un deuxième.

Enfin, si vous convertissez une partie de *votre maison en chambre ou en logement* pour tirer un revenu de location ou pour l'occuper vous-même comme bureau ou lieu de travail, le coût que vous attribuerez à cet espace doit tenir compte de la valeur au marché et non du prix que vous avez payé. Par exemple, Louise Lessard vit seule dans une maison de $30 000 que lui a léguée son mari défunt. La résidence contient sept pièces et vaudrait $50 000 sur le marché si Mme Lessard vendait. En réclamant une allocation de capital de 5% sur cette pièce, Mme Lessard devra attribuer $7 143 ($50 000 X 1/7) à la pièce louée à une chambreuse et calculer son allocation sur ce montant, soit $357 par année (5% de $7 143). En outre, Mme Lessard pourra évaluer tout le mobilier de la chambre en déduisant jusqu'à 20% par année de ce total et réclamer évidemment toutes les dépenses d'entretien de cette pièce. La même règle de répartition de l'allocation s'appliquera évidemment sur une salle de bains ou une cuisine mises à la disposition du chambreur ou du locataire.

Cases F17 et P48 — LES GAINS OU LES PERTES DE CAPITAL

Le terme gain de capital est trompeur pour beaucoup de contribuables qui s'imaginent que ce revenu découle essentiellement d'une loterie, d'un concours ou de courses de chevaux. Ils n'ont sûrement pas tort mais à la différence des revenus tirés de jeux du hasard qui échappent complètement au fisc, un gain de capital est défini comme un profit réalisé à la vente d'un bien, c'est-à-dire la différence entre le prix de vente d'une automobile, d'un bijou, d'une action en Bourse ou d'une obligation, et son prix d'achat. Les billets de loterie et les gageures ne font évidemment pas partie de cette catégorie de biens.

Six critères caractérisent le gain de capital.

1. Seulement la moitié du gain de capital deviendra imposable et si vous n'avez pas d'autres revenus de placement, ce gain imposable est exempt d'impôt jusqu'à concurrence de $1 000 depuis 1977 au fédéral seulement mais pas au provincial. Par exemple, Pierre Lamarre a réalisé un profit de $2 000 sur la vente d'actions en 1977. La moitié ou $1 000 de gain imposable devra être déclarée ici et le tout échappera à l'impôt fédéral en déduisant un maximum de $1 000 à la *Case F51* et en remplissant l'annexe fédérale 2. Par contre, Pierre devra payer l'impôt provincial sur les $1 000 de gain de capital.

2. D'autre part, si vous subissez une perte de capital, la moitié de ce montant pourra servir à éponger vos gains de capitaux imposables ou, si aucun profit n'a été réalisé dans l'année sur la vente d'autres biens, à réduire jusqu'à concurrence de $1 000 au provincial et $2 000 au fédéral vos revenus d'autres sources.

Au lieu d'amasser un profit de $2 000 à la vente de ses actions, Pierre Lamarre a enregistré une perte de $4 000, dont la moitié est déductible. Si Pierre touchait un salaire de $15 000 il pourra déduire le maximum de $1 000 au provincial et de $2 000 au fédéral et épargnera au moins $600 d'impôt. L'épargne d'impôt ainsi réalisée réduira sa perte réelle à $3 400, une baisse de 15%. C'est ce qu'on appelle une "vente à perte fiscale". La différence de $1 000 que Pierre n'a pu déduire dans son rapport d'impôt provincial en 1977 servira à réduire son revenu imposable de l'année précédente. Il devra alors soumettre un rapport d'impôt provincial amendé pour 1976.

De nombreux contribuables trouvent ces "ventes à perte" si profitables qu'ils les réalisent systématiquement à compter de la mi-décembre sur le marché boursier. Prenez le cas suivant: un contribuable a acheté en janvier 100 actions de la compagnie POP à $5 chacune et 200 actions de la compagnie ZIP à $3 chacune.

En décembre, les actions POP valent $8 et le contribuable est bien tenté de les vendre pour réaliser son gain de capital mais hésite à alourdir son fardeau fiscal.

Comme ses actions de la compagnie ZIP ne valent plus que $1.50, le contribuable pourrait les vendre et subir une perte de $300, dont la moitié servira à éponger la moitié du gain (sur les actions POP) qui autrement serait taxable.

Cet investisseur termine donc l'année avec le même capital qu'il avait au début (d'où l'importance d'avoir plusieurs actions de compagnies différentes en main), moins les frais de courtage.

Pour bien profiter du procédé de la "vente à perte", il est important que l'action vendue n'ait pas été achetée moins de trente et un jours plus tôt ou ne soit rachetée moins d'un mois plus tard par vous ou votre conjoint car le fisc ne verrait là qu'une perte superficielle et vous perdriez droit à toute déduction. Par contre, rien ne vous empêche d'acheter des actions d'autres catégories de la même compagnie ou des actions à peu près identiques d'une autre entreprise inscrite en Bourse.

Mais il n'est pas essentiel de vendre ses actions en Bourse pour enregistrer une perte sur la vente d'actions. Si les actions de ZIP ne valaient simplement plus rien, le contribuable aurait pu les vendre à des amis pour une bouchée de pain et déduire ainsi presque la totalité des $600 qu'il avait déboursés en janvier.

Il peut arriver que vous ne réalisiez aucun gain de capital une année tout en subissant une très forte perte sur de très vieilles actions minières ou des unités de fonds mutuel. Supposons que la perte soit de $10 000 en 1978, voici comment la perte serait déduite:

— la perte déductible est de $5 000, dont au moins $1 000 serviront à réduire immédiatement votre salaire en remplissant les *Cases F17 et P48 et les annexes fédérale 2 et provinciale 2;*

— sur la différence de $4 000, la somme d'au moins $1 000 sera déductible de votre revenu imposable de 1977 et vous devrez rédiger des rapports d'impôt fédéral et provincial amendés pour cette année-là ou simplement remplir la formule fédérale T1A en l'annexant à des photocopies des deux rapports;
— la différence de $1 000 pourra être reportée en 1979, en 1980 et en 1981 et servira alors de déduction contre d'autres sources de revenus par l'inscription aux *Cases F58 et P135.*

Fait important à noter si vous êtes en affaires: toute perte d'entreprise reportée d'une année à l'autre (voir page 155) doit être réclamée avant une perte de capital, sans quoi la perte d'affaires ou ce que le fisc appelle “une perte autre qu'en capital” disparaîtra automatiquement.

Au cas où vous auriez acheté l'année précédente un contrat de rente à versements invariables (voir page 134) pour ajourner l'impôt sur un très gros gain de capital (la vente d'un immeuble par exemple), cela ne vous empêche pas de réduire malgré tout votre revenu imposable de cette année-là avec une perte subie dans l'année actuelle: le fisc vous remboursera l'excédent d'impôt et vous pourrez conserver votre contrat de rente.

3. Tout gain ou perte de capital sera imposable ou déductible pour la moitié seulement si le profit ou la baisse en valeur a été réalisé après 1971, car la loi ne prévoyait aucune taxe ou déduction auparavant. Pauline Légaré vient tout juste de vendre un immeuble pour $75 000 mais qui lui avait coûté $30 000 en 1968. En vérifiant chez son notaire ou courtier, en communiquant avec le rôle d'évaluation de la ville ou en communiquant avec un évaluateur, elle a découvert que l'immeuble aurait pu lui rapporter $55 000 le 31 décembre 1971. Son gain de capital sera donc de $20 000 ($75 000 moins $55 000) et non de $45 000. De ce profit, $10 000 devront être inclus dans son revenu.

4. Aucun gain de capital n'est imposable sur tout profit réalisé sur la vente de votre maison qui sert de résidence principale. Si vous possédez également un chalet, il vaut mieux en céder la propriété à votre conjoint car tout profit découlant de la vente de cette deuxième résidence risque d'être taxé entre vos mains.

La propriété peut prendre différentes formes, qu'il s'agisse d'un bateau-maison ou encore d'une part sociale qui vous permet d'occuper le logement d'une coopérative d'habitation.

Pour éviter l'impôt provincial sur un don fait à votre conjoint (voir le bas de la première page de votre rapport d'impôt du Québec), plusieurs conseillers vous suggéreront tout simplement de lui faire un prêt pour la pleine valeur au marché du chalet, prêt remboursable à demande, sans taux d'intérêt et enregistré si possible chez le notaire.

Mais si vous vendez votre maison une année et en rachetez une autre la même année, quelle maison désignerez-vous comme résidence principale si vous n'avez droit qu'à une seule résidence aux fins de l'impôt?

Le fisc a prévu le coup en mettant au point le calcul qui, tout en étant fort généreux pour le contribuable, vous oblige néanmoins à faire une déclaration de vente en bonne et due forme en remplissant la formule fédérale T2091: une année de bonus plus toutes celles durant lesquelles vous avez désigné votre maison comme "résidence principale" et pendant lesquelles vous avez habité le Canada depuis 1971 divisé par le nombre d'années pendant lesquelles vous avez été propriétaire de votre maison, multiplié par le gain de capital.

Le résultat de ce calcul vous indiquera en somme le gain qui échappe à l'impôt. Par exemple, si vous êtes devenu propriétaire en 1975 en achetant une maison de $35 000 et que vous l'avez vendue en juillet 1978 à $45 000 pour déménager dans une nouvelle maison, le calcul donnera le résultat suivant:

$$\frac{\text{une année de bonus} + \text{3 ans de résidence principale (1975, 1976 et 1977)}}{\text{3 ans de propriété}} \times \text{gain de capital de \$10 000} = \$13\ 333$$

Votre gain est complètement exempté et votre deuxième maison deviendra votre "résidence principale" pour 1978. Comme l'exemption calculée dans notre exemple dépasse de $3 000 votre gain réel, vous auriez avantage à déclarer seulement deux années de résidence et désigner votre nouvelle maison comme résidence dès 1977.

Si vous désirez louer votre maison ou votre chalet pour en faciliter le financement et déduire toutes les dépenses attribuables à cette résidence, y compris les intérêts hypothécaires, la façon de procéder est de remplir la même formule fédérale T2091 en indiquant bien aux autorités fiscales que vous voulez tirer des revenus de location. Pendant quatre années consécutives ou non, vous pourrez conserver cette maison ou ce chalet comme résidence principale en évitant l'imposition d'un gain de capital sur une disposition présumée, c'est-à-dire ce que le fisc considérerait comme une vente déguisée à vous-même pour changement d'usage.

Un chalet est acheté le 1er novembre 1978 et revendu en décembre 1982 pour la saison des sports d'hiver. La résidence a été louée de janvier 1979 à décembre 1982. Le gain de capital réalisé est de $12 000:

une année de bonus + un an de résidence (novembre et décembre 1978)
\+ 4 ans de location
ou 6 ans au total
——————————————————— X gain de $10 000
5 ans de propriété

Le résultat de $12 000 indique que votre gain est complètement exempt d'impôt.

Si le profit avait été de $15 000 au lieu de $12 000, l'exemption n'aurait pas été suffisante et votre gain de capital aurait été de $3 000, dont $1 500 imposables.

Par contre, un contribuable qui doit laisser son lieu de résidence et déménager pour se rapprocher d'au moins 25 milles de son lieu d'emploi pourra désigner deux résidences principales tant et aussi longtemps qu'il conservera cet emploi. S'il quitte l'employeur ou prend sa retraite, il devra réintégrer dans la même année son domicile original ou le vendre, sans quoi tout gain de capital réalisé par la suite deviendra taxable. Ce contribuable peut donc louer son domicile original et le vendre juste avant de quitter son emploi en amassant ainsi des revenus substantiels et en conservant sa deuxième résidence principale qui échappe à l'imposition du gain de capital.

En principe, une résidence principale est un logement que vous devez normalement habiter, soit à longueur d'année ou une partie de l'année (comme pour un chalet), sauf dans les circonstances spéciales énumérées précédemment. Ces règlements gênaient considérablement les cas de divorce ou de séparation lorsque le conjoint propriétaire voulait conserver sa résidence principale tout en permettant à l'autre conjoint ou à sa famille de l'habiter. Comme le conjoint propriétaire n'habitait pas la maison, il ne pouvait la désigner comme résidence principale. Le conjoint qui habitait la maison pouvait à tout moment vendre la résidence et déclencher du coup une taxe sur le gain de capital entre les mains du conjoint propriétaire qui ne récoltait même pas le fruit du gain!

Depuis 1976, la loi a été amendée et permet désormais au conjoint propriétaire de désigner cette maison comme résidence principale même s'il ne l'habite pas.

5. La résidence principale est le seul bien qui échappe complètement à l'impôt si celle-ci servait strictement à des fins personnelles. Tous vos autres biens, qu'il s'agisse de biens à usage personnel (mobilier, automobile, yacht, caméra et équipements divers) ou de

biens personnels clairement désignés par la loi ou de biens précieux tels que lithogravures, peintures, sculptures et autres objets d'art du même type (bijoux, livres rares, timbres et pièces de monnaie) sont susceptibles de déclencher un gain de capital si leur vente est supérieure à $1 000. De plus, aucune perte ne pourra être réclamée pour des biens à usage personnel mais vous pourrez toujours en réclamer une sur des biens personnels désignés si vous avez réalisé un profit sur la vente de biens de même catégorie dans l'année (la perte de bijoux évalués à $3 000 pourra éponger un gain de $3 000 sur des livres rares) ou dans le passé (voir explications à la case 189 de l'annexe provinciale 2 et à la case 988 de l'annexe fédérale 2).

6. Les contribuables se demandent souvent comment calculer leur gain de capital. Voici trois façons qui peuvent vous aider:

— le prix de vente moins le prix d'achat et les dépenses encourues pour réaliser la vente pour tout bien acquis après 1971;
— le prix de vente moins le prix tel que fixé par Ottawa et Québec pour les biens acquis avant 1972; s'il s'agit d'actions, d'obligations ou d'unités de fonds mutuels, le fisc ainsi que l'Association canadienne des Fonds mutuels peuvent fournir une liste des prix en vigueur le 22 décembre 1971, date qui servira de base pour vos calculs; s'il s'agit d'immeubles, la date de base sera le 31 décembre et la valeur sera celle du marché;
— ou, si vous ne désirez pas utiliser la liste des actions ou obligations dressée par les autorités fiscales pour les biens acquis avant 1971, une formule médiane ou zone libre d'impôt; il suffit de prendre le prix de vente moins le prix d'achat qui serait le plus élevé au 22 décembre 1971 ou lors de l'achat; dans le cas d'une perte, le prix d'achat le plus élevé le 22 décembre 1971 ou lors de l'acquisition moins votre prix de vente.

Lorsqu'il s'agit d'actions ou d'obligations acquises avant 1972, le fisc vous oblige à choisir une fois pour toutes une des deux formules disponibles et de l'utiliser pour tous vos biens.

Mais qu'arrive-t-il si vous réalisez un profit dont le paiement est échelonné sur trois ans? Prenons le cas de Jeanne Masson qui a vendu un immeuble pour $50 000 en réalisant un gain de capital de $20 000. L'acheteur a immédiatement versé $5 000 et remboursera la différence à raison de $15 000 par année. Le fisc lui permettra de déduire de son gain une réserve calculée ainsi:

$$\frac{\text{gain de capital } (\$20\ 000)}{\text{prix de vente } (\$50\ 000)} \times \text{montant impayé } (\$45\ 000) = \text{réserve } (\$18\ 000)$$

Jeanne déduira ainsi $18 000 de son gain de capital de $20 000 et devra déclarer la moitié, soit $1 000. Comme elle a droit à une exemption des premiers $1 000 de gain de capital au fédéral, elle évitera tout l'impôt en 1977 en inscrivant la réserve de 1977 à la *Case F992* de l'annexe fédérale 2. L'année suivante, elle reprendra le même calcul de la façon suivante:

$$\frac{\text{gain de capital (\$20 000)}}{\text{prix de vente (\$50 000)}} \times \text{montant impayé (\$30 000)} = \text{réserve (\$12 000)}$$

En 1978, la réserve de $12 000 diminuera le gain de capital à $8 000 et la moitié deviendra imposable.

Dans son rapport provincial, le gain de capital de $1 000 sera cependant imposable mais le calcul de la réserve se fera de la même façon que dans le rapport d'impôt fédéral, même si aucune case n'est prévue pour indiquer votre réserve.

Cases F18 et P46-P49-P50 — LES AUTRES REVENUS

La liquidation des régimes enregistrés d'épargne-retraite risque de causer des surprises au contribuable lorsqu'il remplira ces cases:

1. Si le retrait des fonds a eu lieu après le 31 mars 1977, le contribuable âgé de moins de soixante-cinq ans qui a souscrit au régime enregistré pour son conjoint devra inclure dans son revenu le total de ses contributions de l'année du retrait ainsi que celles des deux années précédentes; même si le régime appartenait bel et bien au conjoint qui n'y avait toutefois pas contribué, les sommes ainsi retirées ne peuvent pas être inclues dans son revenu.

2. Tout retrait d'un régime appartenant à vous-même ou à votre conjoint sera frappé à compter de 1978 d'une retenue à la source de 15% pour un montant inférieur à $5 000, de 25% pour un retrait de $5 000 à $15 000 et de 30% pour toute somme plus élevée; l'institution qui gère votre régime vous donnera des reçus pour l'impôt ainsi payé et c'est en 1979 que vous inscrirez le tout dans vos rapports afin d'obtenir un crédit correspondant.

Le durcissement des autorités fiscales s'explique par le fait que trop de contribuables finançaient leur régime enregistré d'épargne-retraite de leur conjoint uniquement pour profiter de déductions pendant deux ou trois ans et retirer le tout à un taux d'imposition extrêmement faible, surtout lorsque le conjoint ne travaillait pas.

La seule façon d'éviter cette pénalité est d'attendre trois ans après avoir fait votre dernière contribution au régime de votre conjoint pour retirer les fonds.

La seule consolation du contribuable qui devra inclure dans son revenu les contributions faites au nom de sa femme est de choisir le montant le moins élevé entre ses déboursés réels ou la valeur globale des fonds avant le retrait. Dans le cas de régimes âgés d'un an ou deux et achetés auprès d'un assureur-vie ou d'un fonds mutuel (chez les banques ou sociétés de fiducie), il sera préférable d'utiliser la valeur des fonds et non vos contributions car les frais d'enregistrement, d'entrée, d'administration ou de sortie dépasseront les intérêts accumulés. Dans le cas de régimes plus simples, comme les comptes d'épargne ou certificats de dépôt, vos contributions seront probablement inférieures à la valeur accumulée du régime.

Quant à la retenue à la source, il n'y a aucune façon de vous en sauver à moins que vous n'ayez quitté le pays et ne touchiez pas plus de $5 000 par année. Si vous êtes dans cette situation, faites-le savoir à l'institution financière qui gère votre régime.

Outre les revenus découlant de la liquidation d'un régime d'épargne-retraite, vous devrez inclure dans ces cases tout montant reçu soit d'un contrat de rente à versements invariables en vigueur, soit de la liquidation de ce contrat. La même retenue à la source de 15%, 25% ou 30% s'appliquera lors de la liquidation d'un contrat de rente à versements invariables.

Par contre, le retrait d'un régime enregistré d'épargne-logement échappera à cette retenue mais vous devrez, comme dans le cas des autres régimes, inclure dans ces cases la pleine valeur des fonds aux *Cases F18 et P46.* C'est en remplissant les formules fédérale T1RHOSP et provinciale TP1RHOSP que vous pourrez ensuite déduire le montant reçu de votre régime d'épargne-logement seulement pour l'achat d'une maison à compter de 1978 (et non plus d'une maison et du mobilier si les fonds ont été retirés en 1977 et ont servi avant le 1er mars 1978.)

Un avantage important s'est ajouté au régime d'épargne-logement: vous n'êtes plus obligé d'acheter une maison dans l'année du retrait des fonds pour profiter d'une exemption complète sur ce revenu. Bien sûr, si vous n'achetez pas une maison en 1978, tous les fonds liquidés du régime devront être déclarés immédiatement mais vous aurez trois ans pour réclamer la pleine déduction (le moins élevé de vos contributions ou du montant déboursé pour l'achat d'une maison) si vous devenez propriétaire durant cette période.

En général, il vaut toujours mieux retirer un régime d'épargne-retraite ou d'épargne-logement (si vous n'achetez pas de rente viagère à soixante-cinq ans ou de maison) au cours d'une année de vaches maigres où votre salaire sera faible ou nul sans quoi votre compte de taxes pourrait être sévèrement alourdi.

Les autres revenus à inscrire dans ces cases sont

— la pension alimentaire ou l'allocation de séparation (le montant doit être inscrit à la *Case P49*)
— les bourses de toutes sortes, incluant des prix de reconnaissance (et non un bonus de l'employeur), pour tout montant supérieur à $500;
— les revenus d'un régime enregistré d'épargne-études créé après 1971 moins les contributions faites par vous-même ou un parent; si vous aviez déclaré les intérêts sur des contributions faites avant 1972, tout le revenu du régime sera exempt d'impôt.
— le montant de la subvention touchée en vertu du programme canadien d'isolation thermique.

Cette subvention, disponible au Québec depuis le 1er septembre 1977, est accordée à tout propriétaire d'une maison construite avant 1921 par la Société centrale d'Hypothèques et de Logement (voir page 177 pour adresses et numéros de téléphone utiles) pour la valeur des deux tiers des matériaux d'isolation thermique jusqu'à un maximum de $350; si votre maison est âgée de moins de 56 ans, vous pourriez avoir droit à une subvention lorsque la Société centrale mettra en vigueur la deuxième phase de son programme en 1978.

8. LE COUP DE POUCE DE L'ÉPARGNE

VOTRE RAPPORT D'IMPÔT CASE PAR CASE

C'est toujours en épargnant le maximum de son revenu que le contribuable peut le plus facilement déjouer le fisc et augmenter la sécurité financière à long terme. A l'exception des frais de garderie d'enfants, des contributions au financement des programmes de santé, des frais de scolarité et de la pension alimentaire versée à un conjoint, toutes les *Cases F25 à F39 et P63 à P74* s'adressent à la personne qui met un peu d'argent de côté chaque année pour prévenir des situations parfois difficiles comme le chômage, la retraite, un conflit de travail et l'achat d'une propriété.

Pour aider le contribuable à profiter pleinement de toutes les déductions admises dans ces cases, nous avons brossé le tableau suivant qui indiquera où les montants doivent être inscrits, le maximum autorisé, les bénéfices qu'ils confèrent à long terme et les règles particulières à suivre.

Un diagramme en page 128 vous expliquera comment transférer les dollars d'un régime personnel d'épargne à l'autre pour réduire immédiatement votre fardeau fiscal et reporter à plus tard l'impôt à payer. Pour éviter toute retenue de l'impôt à la source lorsque vous liquidez un régime personnel, ne touchez pas à l'argent vous-même et demandez plutôt à l'institution financière de faire le transfert directement.

COMMENT TRANSFÉRER DES DOLLARS D'UN RÉGIME À L'AUTRE EN REPORTANT L'IMPÔT À PLUS TARD

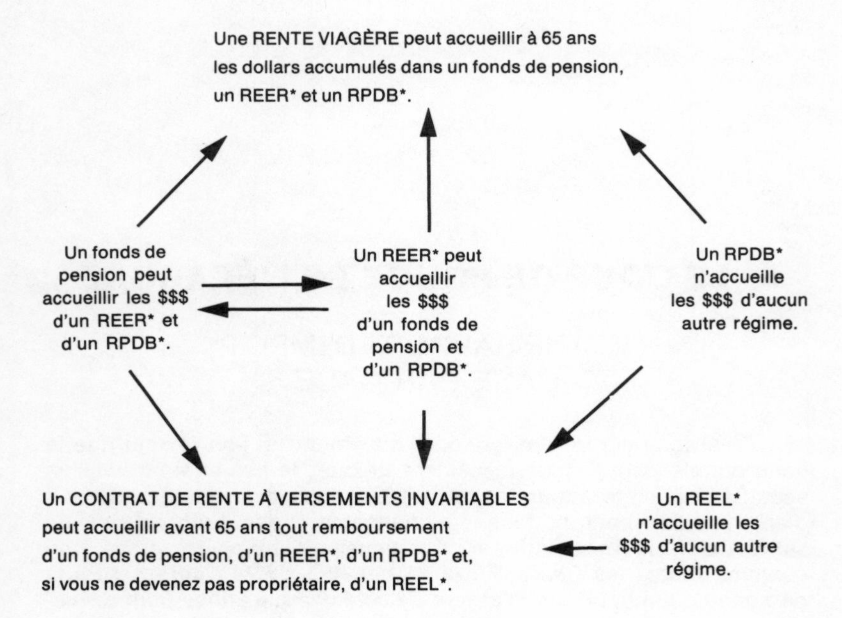

* REER: régime enregistré d'épargne retraite
* RPDB: régime de participation différée aux bénéfices
* REEL: régime enregistré d'épargne-logement

Ce jeu de vases communicants s'ajoute naturellement à tout transfert de régime d'une institution financière à l'autre lorsque vous n'êtes pas satisfait des conditions offertes.

Cases F36 et P70 LES FRAIS DE SCOLARITÉ

De nombreux contribuables s'imaginent qu'il faut être étudiant à temps plein pour pouvoir déduire des frais de scolarité. Mais cette règle s'applique uniquement à la *Case F54* et n'importe quel contribuable peut déduire des frais de cours de couture, de danse, de pilotage, de cuisine ou de décoration ou de ce que vous voulez à temps partiel pourvu que le montant dépasse $25 et que l'institution d'enseignement soit enregistrée auprès de Revenu Canada pour émettre des reçus.

Deux façons de procéder pourraient aider les étudiants à alléger leur impôt à court et à long terme lorsqu'ils travaillent durant l'été ou durant l'année:

1. A court terme, l'étudiant a généralement intérêt à déduire ses frais non pas en fonction de l'année scolaire mais d'après l'année de calendrier surtout s'il gagne moins de $4 000 de revenus par année et s'apprête dans l'année où il fait son rapport d'impôt à entrer sur le marché du travail. Prenons le cas de Pierre Beaudoin qui termine cette année son cours d'ingénieur. En 1977, il a gagné $4 000 en travaillant comme arpenteur et espère gagner $6 000 en 1978 en commençant en juin à pratiquer sa nouvelle profession. Les frais de scolarité de Pierre s'élevaient à $600 pour les cours de septembre à décembre et à $700 pour les cours de janvier à mai. S'il déduit les $1 300 de frais de scolarité en 1977, il n'aura pas d'impôt à payer mais il n'en aura pas davantage s'il ne déduit que $600. En déduisant les $700 en 1978, Pierre allègera son impôt d'au moins $150.

2. A long terme, un étudiant marié aurait tout avantage, si son conjoint travaille, à lui signer un billet à demande, enregistré chez un notaire si possible, qui précise que l'étudiant emprunte un certain montant par année (supposons la moitié du salaire du conjoint) et qu'il remboursera ce montant à son conjoint à n'importe quel moment de sa carrière. Lorsque cet étudiant atteindra trente ou trente-cinq ans et gagnera plus de $12 000 par année, il trouvera pratique de rembourser son conjoint en évitant l'impôt sur les dons et l'impôt sur les revenus de placements que son conjoint retirera de ce montant. L'argent change de main et procure l'avantage du fractionnement du revenu imposable entre les deux conjoints qui ont alors un fardeau plus léger à supporter.

Cases et Sujets	Montant maximum pour l'année 77	Bénéfices à long terme	Règles particulières
F25-26 et P63 ainsi que le haut de la page 3 du rapport provincial contributions au Régime des Rentes du Québec.	$151.20 pour le salarié qui remplit le tableau 1 du rapport provincial et pour le travailleur autonome qui remplit le tableau 4; $302.40 pour le travailleur partiellement ou totalement à son compte.	Chaque année de contribution procure $208 de rente maximum annuelle; l'invalidité procure une prestation maximum annuelle de $1 380 plus $156 par année de contribution; un décès procure une prestation maximum annuelle de $1 380 par année au conjoint survivant de moins de 65 ans plus $78 par année de contribution ou, pour un conjoint survivant, une prestation annuelle de $125 par année de contribution; en outre, un décès procure à la famille une seule prestation de $104 par année de contribution.	Même si vous ne payez pas d'impôt, vous avez avantage à contribuer au régime. Un travailleur à son compte pourra verser les mêmes primes qu'un salarié si son revenu net aux *Cases F40 et P75* ne dépasse pas $5 600 comme personne mariée ou $3 700 comme célibataire ainsi que l'explique le tableau C en page 3 du rapport provincial.
Cases F29 et P64 contributions à l'Assurance-Chômage.	$171.60 pour le salarié mais le travailleur autonome n'y a pas droit sauf l'agriculteur, le pêcheur, le coiffeur et le chauffeur de taxi.	Chaque dollar de contribution annuelle vous donne droit à au moins $40 de prestation par année comme chômeur, à $13 par année comme femme enceinte et à $2.50 comme retraité.	Contrairement au RRQ, vos avantages ne s'accumulent pas d'année en année et si vous n'avez pas travaillé au cours des 52 dernières semaines, vous n'aurez droit à rien même si vous aviez contribué durant 20 ans dans le passé.

Cases F32 et P65 contributions au Fonds de pension.

Un fonds de pension ou caisse de retraite est un régime collectif d'épargne qui doit être enregistré auprès de Revenu Canada et de la Régie des rentes du Québec pour donner droit à des déductions. A chaque période de paie, l'employé verse 3% à 8% de son salaire selon les conditions du régime sous forme de retenue à le source.

$3 500 par l'employeur et $3 500 par l'employé pour un total de $7 000 par année; le salarié peut également contribuer pour un montant additionnel de $3 500 pour chaque année où il était employé mais n'a pas contribué dans le passé, soit un maximum autorisé de $10 500 par année.

S'il s'agit d'un enseignant qui avait quitté son emploi en retirant ses contributions et qu'il reprend par la suite ce même emploi, il pourra faire des contributions spéciales de $3 500 pour chaque année de service passé même s'il avait déjà contribué. Cet avantage n'est pas disponible aux autres salariés qui reprennent le même emploi.

Les fonds s'accumulent à l'abri de l'impôt 30% à 40% plus vite que si vous aviez à payer immédiatement l'impôt et placiez ensuite l'argent à la banque ou dans des obligations. Comme le montant servira à acheter une rente viagère à votre retraite et que les paiements s'échelonneront sur le reste de votre vie, votre impôt sera non seulement différé mais réduit.

Les fonctionnaires et les salariés qui bénéficient d'un régime indexé ont intérêt à faire des contributions additionnelles à leur fonds jusqu'au maximum prescrit.

Tout emprunt destiné à financer des contributions volontaires ou pour des années de service passées vous permettra de déduire vos intérêts dans l'année où ceux-ci ont été payés. Voir aussi le diagramme de la page 128 pour transférer vos contributions dans un autre régime.

Les salariés n'ont habituellement pas avantage à contribuer à un régime avant l'âge de 30 ans car ils changeront souvent d'emploi. Lorsqu'ils récupèrent leurs contributions en quittant un travail, ils profitent d'une exemption de $1 000 comme le prévoient les *Cases F52 et P129,* tout comme pour les retraités qui touchent une pension de l'employeur.

Après 10 ans d'emploi, aucun employé ne peut retirer ses contributions au fonds de pension et le tout lui sera versé le jour prévu dans les conditions du régime où il pourra toucher une rente de l'employeur.

Cases et Sujets

Cases F33 et P66 contributions à un régime enregistré d'épargne-retraite (annexer les feuillets d'impôt pour vos contributions).

Ce régime est généralement personnel mais tout groupe peut créer un régime collectif pour réduire ainsi les frais d'administration. Pour donner droit aux déductions, le régime doit être enregistré auprès d'une banque, d'une caisse populaire, d'une société de fiducie ou d'un assureur-vie.

Montant maximum pour l'année 77

Pour ceux qui ont un fonds de pension: 20% du revenu gagné moins vos contributions au fonds de pension si vos gains sont inférieurs à $18 300; s'ils sont supérieurs, $3 500 moins vos contributions au fonds de pension.

Pour ceux qui n'ont pas de fonds de pension: 20% du revenu gagné si vos gains sont inférieurs à $28 270 et $5 500 si vos gains sont supérieurs.

Par revenu gagné, on entend tous vos gains annuels moins les intérêts et dividendes, les frais relatifs à l'emploi à la *Case P31*, les primes au RRQ *Cases F25-26 et P63*, les primes d'assurance-chômage aux *Cases F29 et P64* et les pertes d'entreprises *Cases F19 à 23* et *P51 à P55*.

Bénéfices à long terme

Comme le fonds de pension, l'épargne s'accumule 30% à 40% plus vite à l'abri de l'impôt.

En outre, il vous suit partout où vous allez puisque vous n'avez pas à abandonner vos contributions si vous quittez votre emploi comme c'est généralement le cas avec un fonds de pension après 10 ans de travail.

Vous n'avez pas besoin de faire vos contributions en argent, car vous pouvez confier des obligations d'épargne, des obligations commerciales et des actions à une institution financière qui gérera le tout pour vous. Bien que ce ne soit pas recommandé, vous pouvez enregistrer une police d'assurance-vie (voir page 176).

A tout moment, vous pouvez retirer vos fonds ou les transférer sans impôt d'une institution à l'autre si vous n'êtes pas satisfait des services rendus. Les intérêts d'un emprunt à une contribution sont déductibles. Voir le diagramme en page 128 pour transférer vos fonds d'un régime à l'autre.

Règles particulières

Votre contribution doit être faite avant le 1er mars suivant l'année d'imposition.

En contribuant pour votre conjoint, la déduction maximum permise est calculée d'après votre revenu. Attendez toujours trois ans après votre dernière contribution pour liquider le régime de votre conjoint sans quoi vous serez taxé sur vos contributions (voir page 123). Vous devez convertir votre régime en rente viagère à l'âge de 71 ans. Voir les règles particulières pour celui qui profite d'un régime de participation différée aux bénéfices en page 136.

Cases et Sujets

Cases F34 et P67 contributions à un régime enregistré d'épargne-logement (annexer les feuillets d'impôt pour vos contributions).

Ce régime est strictement personnel et vous devez l'enregistrer auprès d'une banque, d'une caisse populaire ou d'une société de fiducie pour avoir droit à des déductions. Vous pouvez faire des contributions une ou plusieurs fois dans l'année sans dépasser le maximum autorisé comme pour un régime enregistré d'épargne-retraite.

Montant maximum pour l'année 77

$1 000 quelle que soit l'origine de vos revenus. La seule condition qui vous permette de contribuer à un seul régime dans votre vie est de ne pas être propriétaire l'année précédant celle de votre contribution. Etre propriétaire veut aussi bien dire détenir une part sociale dans une coopérative d'habitation ou posséder un chalet, un bateau-maison ou une résidence n'importe où à travers le monde.

Tous les contribuables qui ont un régime et dont le conjoint était propriétaire en 1977 ne pourront plus faire de contributions. Ces épargnants pourront soit encaisser les fonds en payant l'impôt sur ce revenu, soit différer l'impôt en achetant un contrat de rente à versements invariables ou encore laisser les fonds s'accumuler pendant un maximum de 20 ans.

Bénéfices à long terme

Un contribuable ne peut pas faire plus de $10 000 de contributions au régime durant sa vie et ne peut garder le régime pendant plus de 20 ans. A un taux d'intérêt de 7% par année, une contribution annuelle de $1 000 pendant 10 ans procure un capital de $14 000 complètement exempt d'impôt si le tout sert de paiement pour acheter une maison dans l'année. Jusqu'en mars 1978, le paiement pouvait servir aussi bien à l'achat d'une maison que du mobilier et des appareils ménagers, mais ce dernier avantage est supprimé à compter de l'année d'imposition 1978. A un taux d'intérêt de 7% par année, une contribution annuelle de $500 pendant 20 ans procure un capital de $20 000 complètement exempt d'impôt. Le même principe qu'un régime enregistré d'épargne-retraite s'applique ici sauf que les frais d'administration sont moins élevés.

Il est toujours préférable de commencer à contribuer à un régime d'épargne-logement avant de contribuer à un régime d'épargne-retraite. Vous ne pouvez jamais déduire les frais d'intérêt d'un emprunt destiné à l'achat d'un régime d'épargne-logement.

Règles particulières

Votre contribution doit être faite avant le 1er mars 1978 pour l'année d'imposition 1977. A l'avenir, toute contribution devra être faite au plus tard le 31 décembre pour devenir déductible dans l'année d'imposition. Vous ne pouvez jamais contribuer directement au régime de votre conjoint.

Si vous avez retiré les fonds d'un tel régime depuis 1975 sans devenir propriétaire, le fisc vous accorde un sursis de trois ans entre le moment où vous avez déclaré ces revenus et le moment où vous achèterez une maison pour réclamer la déduction du plein montant en remplissant les formules provinciale TPIRHOSP et fédérale TARHOSP.

Cases et Sujets	Montant maximum pour l'année	Bénéfices à long terme	Règles particulières
Cases F35 et P 68 cotisations annuelles syndicales, profesionnelles ou semblables (annexer les feuillets d'impôt pour vos cotisations).	Aucun. Toutefois, la cotisation doit généralement être obligatoire pour pratiquer un métier ou une profession. Si ce n'est pas le cas, il vaut mieux déduire votre cotisation comme frais de représentation aux *Cases F06 et P32.*	Les cotisations syndicales procurent un avantage exceptionnel aux salariés par rapport aux travailleurs à leur propre compte. Une part importante de ces cotisations servent généralement à alimenter un fonds de prestations de grèves ou de lock-out qui, une fois versées, échappent complètement au fisc.	Les autorités fiscales peuvent devenir extrêmement pointilleuses pour les déductions réclamées au-delà du montant habituel des cotisations. Il peut arriver qu'un syndicat, voyant un conflit de travail poindre à l'horizon, relève temporairement les contributions au fonds de grève. Le surplus ainsi réclamé pourrait devenir non déductible pur les salariés.
Cases F38 et P73 contribution pour un contrat de rente à versements invariables (annexer les feuillets d'impôt pour votre prime). C'est un régime strictement personnel auquel vous n'avez à faire qu'une seule contribution. La société de fiducie ou la compagnie d'assurance-vie vous rembourse alors le plein montant plus les intérêts accumulés un ou 12 fois par année sous forme de rente. La rente doit commencer à vous être payée au plus tard 10 mois après votre contribution.	Il n'y a aucune limite mais les montants donnant droit à la déduction doivent provenir: — d'une allocation de retraite ou d'une banque de maladie; — de la liquidation d'un régime d'épargne-retraite ou d'un régime d'épargne-logement; — d'un paiement unique d'un fonds de pension ou d'un régime de participation différée aux bénéfices; — d'un gain de capital imposable; — de la récupération d'allocation en coût de capital, de la vente ou	N'importe qui peut acheter un contrat de rente à versements invariables, qui n'a rien à voir avec la retraite d'un contribuable. Le principal avantage de ce régime est de différer sur un maximum de 15 ans tout ballon de revenu que vous pourriez recevoir au cours d'une année. Le plein montant des rentes mensuelles ou annuelles est imposable et vous n'avez droit à aucune exemption pour les intérêts que verse l'institution financière. En général, il est conseillé de prendre des contrats de moins de 10	Les artistes et athlètes dont tout le revenu d'emploi peut servir à acheter un contrat de rentes ont aussi l'avantage d'augmenter leur sécurité de revenus à long terme. Ces contribuables ont généralement une bonne idée du minimum qu'ils pourront gagner au cours des deux ou trois prochaines années et devraient en tenir compte en achetant de tels contrats. Si le revenu est appelé à augmenter, il serait préférable de prendre des contrats de courte durée. Si le revenu est appelé à baisser, il est préférable de pren-

de la réévaluation d'inventaires, de la vente d'un commerce au prix de l'achalandage.

Tout le montant autorisé n'est pas déductible car vous devrez retenir et déclarer immédiatement l'équivalent d'une année de rente.

ans car l'inflation ronge dangereusement le pouvoir d'achat de cette forme de revenus. Pour avoir une idée des effets du coût de la vie, référez-vous au tableau de la page 80 .

Il est dangereux d'accumuler trop de contrats de rente à versements invariables car vous risquez de toucher éventuellement trop de revenus incompressibles.

Tous les frais d'intérêt d'un emprunt destiné à l'achat d'un contrat son déductibles aux mêmes cases.

dre des contrats de cinq ou dix ans.

Pour un revenu éligible de $10 000 par exemple, vous auriez à retenir et déclarer environ $1 350 pour toucher une rente mensuelle de $112 environ pendant 10 ans. Votre déduction serait donc de $8 650.

Cases et Sujets

Régime de participation différée aux bénéfices.

Ce régime collectif ne procure aucune déduction au salarié qui a cependant droit d'y contribuer. Il s'agit d'un fonds de pension où seules les contributions de l'employeur procurent des déductions. Ces contributions sont faites à même les profits d'une entreprise incorporée et peuvent varier d'une année à l'autre.

Montant maximum pour l'année 77

Même si l'employé n'a droit à aucune déduction, ses contributions sont limitées à $5 500 par année. L'employeur par contre peut faire des contributions égales à 20% du salaire ou $3 500 moins toute contribution qu'il a versée au nom de l'employé à un fonds de pension.

Bénéfices à long terme

L'avantage principal de ce régime pour l'employé est qu'il est beaucoup plus souple qu'un fonds de pension. Cinq années après que l'employeur ait commencé à faire des contributions pour vous, rien ne pourra vous empêcher de retirer le tout même si vous ne quittez pas votre travail. Ce régime, surtout populaire auprès des petites entreprises, vous permet de faire des contributions dont les revenus de placements ou d'investissements s'accumuleront à l'abri de l'impôt tant que le régime ne sera pas liquidé!

Lors de la liquidation du régime vous pourrez transférer directement tous les fonds (vos contributions et celles de l'employeur) sans payer d'impôt dans un régime enregistré d'épargne-retraite sans limite ou dans un fonds de pension comme l'illustre le diagramme en page 128.

Tous les frais d'intérêt d'un emprunt destiné à faire vos contribution sont déductibles.

Règles particulières

Un contribuable de 45 ans et plus qui profite uniquement d'un tel régime en vue de sa retraite nage dans l'insécurité car ce régime n'offre aucune garantie de revenus à long terme. Il serait indispensable que ce contribuable ait également un fonds de pension ou un régime enregistré d'épargne-retraite. Si l'imployé n'a pas de fonds de pension, sa contribution à un régime d'épargne-retraite sera limitée au moindre de $3 500 ou 20% de son revenu gagné à cause de restrictions imposées par Québec car Ottawa autorise un maximum de $5 500.

Cases et Sujets	Montant maximum	Bénéfices à long terme	Règles particulières
Contributions ou primes versées pour un contrat de rente viagère. Une rente viagère ressemble beaucoup à un contrat de rente à versements invariables sauf que les primes versées ne sont jamais déductibles d'impôt et qu'il est possible d'étaler les contributions sur plusieurs années. En agissant ainsi, vous prêtez de l'argent à un assureur-vie qui vous remboursera le tout en rentes mensuelles ou annuelles quand vous le désirerez.	Aucune déduction possible mais tous les fonds de votre régime d'épargne-retraite, de votre fonds de pension ou de participation différée aux bénéfices sont évidemment exempts d'impôt lorsque vous les convertissez en rente viagère.	Le principal avantage d'une rente viagère est de pouvoir accumuler des intérêts libres d'impôt sur plusieurs années tant et aussi longtemps que vous ne les récupérez pas avec votre capital sous forme d'une rente annuelle ou mensuelle. Une rente viagère peut être à prime unique (vous versez un seul montant aujourd'hui et le tout vous est remboursé à l'âge voulu) ou à prime annuelle (vous payez une prime chaque année et cessez à l'âge où vous désirez toucher votre rente). Une prime unique versée aujourd'hui à 6% par année vaudra $43 000 dans 25 ans et procurera une rente mensuelle supérieure à $350 à l'âge de 60 ans. Une prime annuelle de $1 000 aux mêmes conditions procurera une rente mensuelle supérieure à $450. Tous les frais d'emprunt destinés à vos primes sont déductibles. La plupart de ceux qui ont une police d'assurance-vie permanente peuvent convertir la valeur de rachat de cette police en rente viagère (voir page 176). Référez-vous également au diagramme de la page 128.	Vous pouvez acheter trois formes de rentes viagères: — une rente viagère simple qui cesse à votre décès; c'est le régime le moins coûteux mais le plus risqué car un décès survenant immédiatement après le versement de la première rente privera vos héritiers de tout le capital que vous aurez épargné; — une rente viagère dont le montant sera garanti jusqu'à 15 ans et sera versée jusqu'à échéance de la période garantie même si vous décédez entre-temps; — une rente viagère qui sera versée tant que vous vivrez et continuera à être versée à votre conjoint tant que ce dernier vivra; c'est le régime le plus dispendieux. La rente viagère provenant d'un régime enregistré d'épargne-retraite, d'un fonds de pension ou de participation différée aux bénéfices est exempt d'impôt jusqu'à concurrence de $1 000. Quant à la rente que vous auriez achetée sans pouvoir déduire les primes, seule la fraction d'intérêt sera imposable (voir page 113).

Cases F37 et P71 — LES FRAIS DE GARDE D'ENFANT

Les frais de garde d'enfant doivent d'abord être réclamés par la mère en remplissant les annexes fédérale 5 et provinciale 8 en déduisant le moins élevé des trois montants suivants:

— $1 000 par enfant;
— $4 000 pour la famille;
— deux tiers du salaire, des prestations d'assurance-chômage, du revenu net d'entreprise ou de subventions, des bourses et des prix de reconnaissance reçus durant l'année.

Le maximum de $4 000 est atteint lorsqu'une mère gagne $6 000. Cependant, pour obtenir cette pleine déduction, vous devrez avoir quatre enfants et avoir réellement déboursé $4 000 avec reçus à l'appui. Si vous n'aviez que deux ou trois enfants, la déduction sera limitée à $2 000 ou $3 000.

Les frais de garde d'enfant comprennent les dépenses de garderie (pour des enfants de 13 ans et moins), de gardienne lorsque vous sortez le soir ou les fins de semaine et de camps de vacances ou pensionnat (maximum de $30 par enfant ou $120 pour la famille par semaine).

Si la mère était malade ou invalide pendant l'année ou une période de l'année, le mari pourra réclamer tous les frais de garde assurés pendant cette période selon les mêmes critères et en fonction de son propre salaire. Toutefois, son conjoint devra soustraire ces dépenses du maximum de déduction auquel elle a droit. Prenons le cas de Jean Tétreault qui gagne $10 000 par année. Il a dû dépenser $400 en 1977 pour faire garder ses trois enfants durant les deux semaines que Stella a passées à l'hôpital pour un accouchement. Jean pourra déduire $240 (2 fois $240) et Stella, ayant gagné $5 000 durant l'année, pourra déduire un maximum de $3 333 (2/3 du revenu de Stella) moins les $240 réclamés par Jean, soit $3 093 pourvu que le couple puisse prouver ces dépenses à l'aide de reçus.

Mais tout le hic des garderies demeure plus vivace que jamais. Non seulement le nombre de places dans les garderies n'augmente-t-il pas au même rythme que le nombre de femmes mariées qui retournent au travail, mais le fisc ne fait guère plus d'efforts pour expliquer aux gardiens ou gardiennes qu'il y a peu de danger d'être taxés sur leurs revenus de garderie.

Une femme mariée qui garde des enfants peut gagner jusqu'à $360 à Ottawa et $500 au Québec sans réduire l'exemption de personne mariée que son mari pourra réclamer en son nom. Un célibataire pourra d'autre part gagner jusqu'à $3 700 sans subir d'impôt. Au pire, ces contribuables auront peut-être à payer des contributions au Régime des Rentes du Québec. En dépit de cela, beaucoup de gardiens et de gardiennes refusent d'émettre des reçus officiels ou réclament tout simplement des tarifs plus élevés, ce qui leur nuit davantage puisque leur revenu atteindra plus rapidement le premier seuil d'imposition.

Les jeunes de seize ans ou plus peuvent gagner jusqu'à $1 050 sans réduire d'aucune façon l'exemption que leurs parents peuvent réclamer pour eux.

Cases F38 et P69-P72-P73 — LES AUTRES DÉDUCTIONS

Il s'agit ici de cases fourre-tout comprenant les frais financiers, les frais de déménagement, la déduction d'un montant égal à l'achat d'un contrat de rente à versements invariables (voir page 134), les dépenses pour une allocation de séparation ou une pension alimentaire et la déduction des revenus tirés d'un régime d'épargne-logement, destinés à l'achat d'une propriété.

Chacun de ces éléments peut procurer des déductions extrêmement généreuses lorsque le contribuable organise bien ses affaires.

LES FRAIS FINANCIERS

Tous les contribuables peuvent déduire des frais financiers engagés pour garder des documents de placements dans un coffret de sûreté, des honoraires (et non des commissions) versés à un conseiller en placements, une banque, une caisse populaire ou une société de fiducie pour gérer des placements et des intérêts payés (ou payables pour un travailleur à son compte) sur tout emprunt destiné:

— à une contribution additionnelle à un fonds de pension ou à une contribution ordinaire à un régime enregistré d'épargne-retraite, pour un contrat de rente à versements invariables ou pour une rente viagère;
— à l'achat d'obligations d'épargne, scolaires, municipales ou commerciales, d'actions, de certificats de dépôt ou de toute autre forme de placement ou d'investissements;
— à financer l'achat de matériaux, d'équipement ou de tout autre élément requis pour exploiter une entreprise non incorporée; si le contribuable n'a pas un revenu assez élevé pour justi-

fier cette déduction ou préfère garder cette déduction pour le jour où ses revenus seront plus élevés, il n'a qu'à ajouter le montant annuel des intérêts au coût du bien acquis et réclamer une allocation en coût de capital légèrement plus élevée.

Prenons le cas de Guy Vaillancourt qui vient de se lancer comme nouveau propriétaire dans l'industrie du taxi. La voiture lui coûte $5 000 et les intérêts payés sur l'emprunt s'élèvent à $350 par année. La première année, Guy pourrait réclamer une allocation de $2 140 (le taux d'allocation maximum de 40% X $5 350). L'année suivante, Guy ajoutera de nouveau $350 à sa banque d'amortissement de $3 210 ($5 350 — $2 140) et pourra déduire $1 424 (40% de $3 210 + $350) et ainsi de suite. Pour différer ainsi son impôt, Guy devra cependant avertir le plus tôt possible par lettre les deux ministères du Revenu de son choix de capitaliser l'intérêt, c'est-à-dire de considérer ses frais d'emprunt comme un investissement et non comme une dépense.

Les intérêts payés pour l'achat d'une police d'assurance-vie ou pour l'impôt versé en retard ne sont pas déductibles.

Mais la déduction des intérêts peut devenir très avantageuse lorsque vous utilisez votre maison comme rampe de placements ou d'investissements. Normalement, les intérêts hypothécaires sur votre maison ne sont pas déductibles de votre revenu imposable car il s'agit d'une dépense personnelle. Lorsque vous empruntez en hypothéquant votre maison pour placer ou investir, tous les intérêts deviennent déductibles puisqu'il s'agit d'une dépense pour gagner un revenu. En outre, plus votre maison prend de la valeur, plus votre pouvoir d'emprunt augmente. Et plus vos placements ou investissements augmentent, plus votre pouvoir de rembourser progresse.

Prenons le cas de Gilles Lafortune qui a payé toute sa maison évaluée à $35 000 en 1978. Gilles a cinquante ans et voudrait prendre une retraite confortable à soixante ans en quittant l'hiver canadien et se réfugier au soleil avec son épouse. Son seul revenu de retraite sera une pension à $400 par mois de son employeur. En empruntant $20 000 sur la valeur de sa maison qui servira de garantie collatérale, Gilles achète une rente viagère à prime unique de $20 000. Le coût de cet emprunt est de 10% mais comme il pourra déduire tous ses intérêts de son revenu imposable, son déboursé réel sera inférieur à 7%. Par contre, si sa rente viagère procure un intérêt de 7%, Gilles pourra toucher à soixante ans une rente mensuelle de plus de $450 dont le montant ne variera pas pendant dix ans. En outre, sa maison aura pris de la valeur entre-temps et pourra facilement être liquidée pour plus de $35 000. Ce montant pourrait servir à acheter une autre rente garantie pendant dix ans de plus de $300 par mois. Ces deux rentes s'ajouteront à la pension de l'employeur pour totaliser $12 600 par année. En tenant compte de la pension de vieillesse que les deux conjoints toucheront à soixante-cinq ans et de la rente du Québec que Gilles recevra comme ex-salarié, les Lafortune sont maintenant assurés d'une retraite confortable.

Les contribuables qui ont profité à la fois de la déduction des frais d'intérêt et de l'exemption des premiers $1 000 de revenus de placements ou d'investissements en 1976 devront en faire leur deuil pour 1977. L'exemption de $1 000 diminuera d'un montant égal aux frais financiers que vous réclamez comme déduction pour vous procurer ce même revenu. Auparavant, un contribuable pouvait emprunter $10 000 à 10% pour acheter des obligations rapportant également 10%. Les $1 000 d'intérêts payés pour son emprunt étaient pleinement déductibles. Dans le cas d'un individu célibataire gagnant $15 000 par année, cette déduction entraînait une économie de $400. Par contre, son revenu d'intérêt de $1 000 échappait complètement à l'impôt et procurait donc un profit net de $400 ($1 000 de revenu moins le coût réel d'emprunt de $600).

Pour 1977, le contribuable pourra continuer à déduire tous ses frais d'intérêt, maintenant ainsi le coût du placement à $600.

Par contre, il perdra toute exemption sur les $1 000 d'intérêts reçus et devra payer $400 d'impôt fédéral et provincial, faisant disparaître ainsi tout profit. Si le contribuable avait déduit des frais financiers pour acheter une rente viagère, il n'aurait pas perdu son exemption de $1 000. Seuls les frais financiers attribuables au revenu de placement ou d'investissement peuvent vous faire perdre l'exemption sur ce revenu.

LES FRAIS DE DÉMÉNAGEMENT

Les frais de déménagement sont déductibles à condition que le contribuable se rapproche d'au moins 25 milles de son lieu de travail ou d'études. Ces frais peuvent comprendre les dépenses engagées pour vendre l'ancienne résidence (frais légaux, honoraires, commissions) et non pour acheter la nouvelle, les dépenses de voyages du contribuable et de sa famille, de logement temporaire et de repas avant d'emménager dans la nouvelle résidence pendant un maximum de quinze jours, de transport, d'entreposage et d'assurance et de résiliation de bail lorsque cela s'impose. Le tout doit être déclaré dans les formules fédérale T1-M et provinciale TP-136.

Les contribuables qui vendent leur ancienne résidence pourront déduire de plus les frais légaux et de taxes (transfert d'enregistrement de la demeure principale) pour acquérir la nouvelle résidence à condition d'avoir vendu l'ancienne.

Comme tous ces frais de déménagement doivent normalement être déduits du nouveau revenu d'emploi ou d'entreprise, un contribuable déménageant tard dans l'année pourra réclamer la déduction sur deux années. Par exemple, Laval Dupuy déménage le 15 novembre et son nouveau revenu sera de $1 500 pour les six dernières semaines de 1977. Les frais de déménagement de Laval totalisent $2 000. Il pourra déduire $1 500 en 1977 et le différence de $500 l'année suivante. La même règle s'applique à l'étudiant.

LA PENSION ALIMENTAIRE

Les conjoints qui se séparent ont habituellement le réflexe de consulter un avocat mais, d'après Alan Robertson, un avocat de la firme Barbeau, McKercher, Collingwood & Hanna, ils auraient également intérêt à consulter un comptable car le fisc est devenu, au fil des années, extrêmement sévère au sujet des pensions alimentaires.

Le principe général veut que tout montant de pension alimentaire versé sur une base périodique et entièrement par un conjoint à un autre soit complètement déductible du revenu imposable du contribuable qui paye. Par contre, ce montant sera pleinement imposable au conjoint qui touche la pension ou les indemnités de subsistance. Pour que tout soit en règle, les conjoints ne peuvent évidemment pas vivre ensemble durant cette année-là, et le montant de la pension ou des indemnités devra avoir été imposé par le jugement d'une cour ou découler d'un accord écrit entre les deux conjoints.

A prime abord, ce principe paraît facile à respecter, note Robertson, mais au moins quatre cas débattus en cour en 1975 et 1976 démontrent plutôt le contraire. En réalité, il y a cinq règles à suivre de façon très minutieuse pour éviter les pièges du fisc dans une situation de divorce ou de séparation:

1. Un arrangement hors cours après que certaines procédures aient été prises n'est pas acceptable pour que le montant de la pension devienne déductible.

2. Si un jugement fixe un montant à payer périodiquement et que le conjoint versant la pension décide de régler pour un montant forfaitaire, cette déduction ne sera pas admise par le fisc.

3. Le montant de la pension alimentaire ne doit jamais être versé partiellement ou totalement à une troisième personne, comme une institution financière par exemple pour les paiements hypothécaires périodiques, à moins que le conjoint bénéficiaire ne le demande expressément par écrit; un autre exemple pourrait être le paiement de primes d'assurance-vie dont l'autre conjoint serait bénéficiaire.

4. Le montant ne doit jamais varier et doit demeurer fixe à moins qu'il y ait un nouveau jugement ou un nouvel accord entre les deux conjoints pour un nouveau montant fixe.

5. Le montant ne doit jamais servir de règlement pour éliminer une dette contractée antérieurement, car la somme ne sera pas reconnue comme une indemnité de subsistance.

En général, il serait préférable qu'un conjoint ne donne jamais la propriété de sa maison à l'autre conjoint comme règlement initial, car la valeur de la maison ne sera pas reconnue comme déduction. Une façon plus élégante serait de vendre carrément la maison au conjoint. Ce dernier pourra alors la refinancer sur la garantie d'une pension alimentaire qu'il toucherait à chaque mois. Les paiements hypothécaires pourraient alors être faits directement par le conjoint qui donne la maison après un accord écrit des deux parties et une demande spécifique du conjoint bénéficiaire à cet effet. Ces paiements deviendront déductibles et l'ex-conjoint propriétaire pourra alors placer le montant reçu pour sa maison et récolter des intérêts ou dividendes qui serviront de paiements périodiques. Voici un exemple de cette situation: les Labrecque décident de se séparer et s'entendent pour que madame Labrecque garde la maison qui appartenait jusqu'ici à monsieur Labrecque; la maison avait été achetée au prix de $20 000, elle est entièrement payée et vaut maintenant $40 000.

Madame Labrecque achète la maison de monsieur pour $40 000 et obtient un prêt hypothécaire à 11% pour 20 ans d'une société de fiducie pour $35 000; dès que monsieur Labrecque reçoit les $40 000, il en donne aussitôt à madame $5 000 pour le versement initial qui ne seront malheureusement pas déductibles car ce montant n'est pas jugé comme paiement périodique; la différence, soit $35 000, est placée en actions privilégiées à 8% par année.

Les revenus bruts en dividende seront de $2 800 par année et coûteront moins de $50 d'impôt.

L'accord entre les deux conjoints prévoit que monsieur Labrecque versera $5 000 par année à madame Labrecque et son enfant, à raison de $416 par mois, dont $358 pour les paiements hypothécaires que madame Labrecque fera.

Monsieur Labrecque a un revenu annuel brut de $20 000; avec la déduction annuelle de $5 000 et des revenus en dividendes presque exempts d'impôt, son fardeau fiscal baisse de $2 000 par année bien qu'il n'ait à débourser réellement que $2 200 en pension alimentaire ($5 000 — $2 800 de dividendes); enfin, monsieur Labrecque restera propriétaire de placements évalués à $35 000, les deux conjoints auront refinancé la maison sur le dos du fisc; madame Labrecque en sera propriétaire et ne versera pas d'impôt sur la pension alimentaire de son mari.

LIQUIDATION D'UN RÉGIME D'ÉPARGNE-LOGEMENT

Lorsque vous devenez propriétaire d'une maison ou d'un chalet et liquidez les fonds de votre régime d'épargne-logement, vous devez d'abord déclarer tous les revenus aux *Cases F18 et P46* mais vous devrez déduire le moins élevé des deux montants suivants:

— tous les fonds du régime;
— la somme réellement investie en 1977 et jusqu'à la fin de février 1978 pour l'achat d'une propriété, de mobilier et d'équipement ménager.

Pour obtenir cette déduction, vous devrez remplir les formules fédérales T1RHOSP et provinciale TP1RHOSP en prenant bien note que si le régime a été liquidé après le 31 décembre 1977, les fonds ne pourront plus servir à l'achat de mobilier et devront être affectés uniquement à l'achat d'une propriété personnelle.

LE PARAPLUIE DE LA FAMILLE

Le parapluie familial représente une partie de vos revenus annuels qui échapperont à l'impôt grâce aux exemptions accordées par Québec et Ottawa pour tenir compte de dépenses personnelles encourues pour vous-même et votre famille.

Ces exemptions, qui ont exactement le même effet que les déductions en réduisant votre revenu imposable, s'adressent aussi bien au célibataire qu'au contribuable marié, divorcé et malgré tout responsable d'un ou plusieurs enfants, au contribuable aveugle ou invalide, religieux, retraité, étudiant, investisseur, ou à celui qui, tout en étant célibataire, a des personnes à sa charge au Canada ou à l'étranger.

Fait important à noter: lorsque vous réclamez une exemption pour une personne à charge, vous devez toujours inclure dans son revenu net tout supplément de revenu garanti et toute allocation au conjoint qui, normalement, ne sont pas imposables.

En outre, les conjoints peuvent s'échanger au besoin ces exemptions lorsqu'un contribuable y a droit mais ne peut en profiter à cause d'un revenu imposable trop faible. Ce seul jeu de transfert peut procurer dans certains cas une épargne d'impôt de $1 000 à $2 000 selon la situation du particulier qui profite de l'échange.

Les seules déductions admises comme dépenses dans cette section sont:

— les frais médicaux;
— les dons de charité;
— les pertes d'emploi ou d'entreprise subies précédemment et que vous avez dû partiellement reporter à cause d'un revenu imposable insuffisant;
— les pertes de capital subies précédemment et que vous aviez dû partiellement reporter après avoir atteint la limite de $1 000.

EXEMPTION DE BASE POUR TOUS

L'exemption personnelle de base de $2 270 pour l'impôt fédéral et de $1 600 pour l'impôt provincial est disponible à tous ceux qui sont demeurés contribuables au Québec pendant toute l'année. Même si vous vivez à l'étranger mais continuez à payer l'impôt au Canada et au Québec, vous êtes considéreé comme contribuable à part entière.

Des règles particulières s'appliquent à ceux qui ont travaillé ailleurs au Canada, qui ont quitté le Québec en cessant de payer l'impôt à la province ou au pays et qui ont immigré au Québec en 1977:

— si vous viviez au Québec le 31 décembre 1977 en ayant vécu ailleurs au pays durant le reste de l'année, l'exemption peut être réclamée en entier;
— si vous avez quitté le Québec en cessant de payer l'impôt au Canada durant l'année, vous n'avez pas droit à la pleine exemption et vous devez calculer $133.33 d'exemption provinciale pour chaque mois passé au Québec et $197.50 pour chaque mois passé au Canada;
— si vous êtes immigrant, vous devez utiliser la même règle en fonction du nombre de mois que vous avez vécus au Québec et au Canada.

Ceux qui répartissent ainsi leur exemption personnelle de base devront le faire pour toutes les autres exemptions réclamées en 1977, y compris la déduction automatique de $100 pour frais médicaux et dons de charité. Prenons le cas de Serge Vallée qui a décidé de quitter le pays en mai pour travailler aux Etats-Unis. Serge est marié et son conjoint ne travaille pas. Voici comment il calculera ses exemptions:

Total des exemptions au Québec:	$3 600
Total des exemption au Canada:	$4 360

Ayant vécu quatre mois au Canada, Serge divisera les deux montants par 12 mois et les multipliera par quatre:

$$\frac{3\,600 \times 4}{12} = \$1\,200 \text{ d'exemptions disponibles au provincial}$$

$$\frac{4\,360 \times 4}{12} = \$1\,453 \text{ d'exemptions disponibles au fédéral}$$

Cases F41 et P117 — EXEMPTION EN RAISON D'ÂGE

Cette exemption fédérale de $ 420 et provinciale de $1 000 transférable d'un conjoint à l'autre selon les annexes fédérale 9 et provinciale 10, n'est disponible qu'aux contribuables âgés de 65 ans et plus.

Cases F42 et P118 — EXEMPTION DE PERSONNE MARIÉE

Choisir la date de son mariage ou de son divorce est devenu aussi important que faire son entrée ou préparer sa sortie dans le monde du travail.

En effet, le fisc donne droit à l'exemption de personne mariée pourvu que le revenu net inscrit aux *Cases F40 et P75* de votre conjoint ne dépasse pas la limite fédérale de $380 et la limite provinciale de $500 pendant une période très précise, soit la durée du mariage.

Lorsque le mariage a lieu le 31 décembre, par exemple, le mari pourra réclamer une exemption de $1 900 (en plus de son exemption personnelle de $1 600) au provincial et de $1 990 (en plus de son exemption personnelle de $2 270) au fédéral même si l'épouse a touché des revenus de $10 000 pendant le reste de l'année.

L'épouse devra toutefois remplir ses propres rapports d'impôt en réclamant ses exemptions personnelles de $1 600 au provincial et de $2 270 au fédéral.

Les deux conjoints auront donc droit à des exemptions totales de $5 100 au provincial et de $6 530 au fédéral. S'ils s'étaient mariés le 1 janvier 1978, leurs exemptions combinées seraient inférieures de $2 000. Bilan fait, nos deux contribuables ont épargné au moins $600 d'impôt.

C'est ce qu'on a convenu d'appeler "l'exemption de lune de miel". Mais le jeu peut être fait à l'inverse pour ceux qui se séparent ou divorcent le 1er janvier 1978 au lieu du 31 décembre 1977 ou à l'égard d'un conjoint qui décède durant l'année. C'est seulement l'année suivante que le conjoint perdra le droit de réclamer l'exemption de personne mariée, à moins évidemment que ce "conjoint pourvoyeur" n'ait choisi de prendre au moins un enfant à charge qui habitera sous le même toit que lui. Dans ces circonstances, l'enfant lui procurera une exemption non pas de $430 au fédéral (s'il est âgé de moins de seize ans) ou de $780 au fédéral et de $550 au provincial, mais bien de $1 900 au provincial et de $1 990 au fédéral. C'est ce qu'on appelle l'équivalent de personne mariée. Cette exemption pourra être réclamée aux *Cases F44 et P118* en remplissant également l'annexe fédérale 6.

Si vous aviez à payer une pension alimentaire après votre séparation ou votre divorce en 1977, le plein montant est déductible aux *Cases F38 et P69* et vous n'aurez pas le droit de réclamer l'exemption de personne mariée. La meilleure façon de procéder ici est de déduire votre pension alimentaire seulement si ce montant dépassait $1 900 pour l'année.

NON AU CONCUBINAGE

Fait important: le fisc tant provincial que fédéral ne reconnaît pas le concubinage ou ce qu'on appelle les conjoints de droit commun, même si le Régime des Rentes du Québec, le Régime des Pensions du Canada ou le ministère fédéral de la Santé et du Bien-Etre acceptent ce principe en offrant leurs rentes et prestations.

Lorsqu'un homme et une femme cohabitent sans être mariés religieusement ou civilement, aucun n'a droit à l'exemption de personne mariée même si les revenus de l'un se conformaient au plafond fixé par l'impôt.

"Le fisc ne va évidemment pas enquêter dans les chambres à coucher et ne réclame pas de certificat de mariage ou de séparation", prétend un porte-parole de Revenu Canada.

Au Québec, les dirigeants du ministère du Revenu paraissent plus sévères là-dessus, même si le formulaire provincial n'exige pas la date des noces si vous vous êtes marié pendant l'année fiscale, contrairement au formulaire fédéral. De nombreux contribuables réclament l'exemption de personne mariée sans l'être officiellement. Ils le font alors à leurs risques.

QUAND LES DEUX CONJOINTS TRAVAILLENT

Au strict plan fiscal, il est toujours préférable pour un couple sans enfant que les deux conjoints travaillent. Quelle que soit l'ampleur des gains annuels amassés par le couple et l'impôt que chaque conjoint aura à payer, la perte de l'exemption de personne mariée (en assumant que les deux conjoints font plus de $2 370 par année) sera largement compensée par le fractionnement du revenu sur deux têtes. Prenons le cas d'un contribuable marié dont le conjoint ne travaille pas. S'il touche un salaire annuel de $20 000, il devra payer $4 674 d'impôt fédéral et provincial, soit 23 cents sur chaque dollar gagné. De plus, il devra verser des contributions obligatoires de $558 au Régime des Rentes du Québec, aux services d'Assurance-Chômage et au Financement des Programmes de Santé du Québec, soit presque trois cents sur chaque dollar gagné. Il ne lui restera que $14 768 après avoir tout payé. Si lui et son épouse gagnaient chacun $10 000 par année, l'impôt et les contributions obligatoires seraient beaucoup plus faibles et le couple disposerait d'un revenu après impôt de $15 706, soit $1 000 de plus par année. Vous pouvez vous-même faire le test en vous référant aux pages 162 à 167 pour calculer l'impôt en un coup d'oeil.

Mais le fractionnement du revenu n'est pas toujours aussi avantageux. Notre expérience sur ordinateur montre que le revenu du couple après impôt est identique:

— entre un conjoint qui gagne $18 000 et deux conjoints gagnant respectivement $10 000 et $8 000 lorsqu'ils ont un enfant de moins de douze ans;
— entre un conjoint qui gagne $20 000 et deux conjoints gagnant chacun $10 000 lorsqu'ils ont deux enfants de moins de douze ans.

Cela s'explique par le fait que la déduction des frais de garde d'enfants n'est pas réellement un avantage fiscal mais doit être pleinement justifiée à l'aide de reçus. En outre la limite de $1 000 par enfant est réellement trop faible.

Cases F43 et P119 EXEMPTIONS POUR ENFANTS ENTIÈREMENT À CHARGE

Ces exemptions peuvent être réclamées pour tout enfant de vingt et un ans et moins ou pour tout enfant de plus de vingt et un ans qui était aux études ou était infirme ou invalide. Les montants admissibles sont les suivants:

Age	Dans votre rapport provincial	Dans votre rapport fédéral
Moins de 16 ans	Aucune exemption	$430 moins la moitié de tout montant dépassant le revenu net chez l'enfant de $1 510. Exemption nulle pour un revenu net d'enfant de $2 370.
16 ans et plus	$550 moins tout montant dépassant le revenu net chez l'enfant de $1 050.	$780 moins tout montant dépassant le revenu net chez l'enfant de $1 590.

Ces exemptions ne sont disponibles que pour des enfants qui étaient entièrement sous votre contrôle et qui dépendaient totalement de vos soins. Ces enfants peuvent être nés hors mariage (sauf celui que vous réclamez pour l'équivalent d'exemption de personne mariée), des neveux ou nièces vivant au pays ou un beau-fils ou une belle-fille. Si votre enfant est infirme ou invalide, vous pouvez avoir droit à une exemption aux *Cases F53 et P132.*

Si l'un des enfants a accumulé un revenu net supérieur à $3 700, ce dernier devra remplir un rapport d'impôt provincial. S'il a fait un revenu net supérieur à $4 290, il devra remplir un rapport d'impôt fédéral.

Cases F44 et P118-P120-P121 EXEMPTIONS PERSONNELLES SUPPLÉMENTAIRES

L'équivalent d'exemption de personne mariée: cette exemption vaut $1 990 au fédéral et $1 900 au provincial moins tout montant dépassant le revenu net chez la personne à charge de $380 au fédéral et $500 au provincial. Un contribuable peut réclamer cette exemption pour toute personne à laquelle il est lié par le sang (père, mère, grand-père, grand-mère, fils, filles, petit-fils, petite fille ou enfants nés hors mariage), par le mariage (beau-père, belle-mère, gendre, bru, belle-soeur, beau-frère, neveu, nièce et enfants nés hors mariage du conjoint) ou par adoption (père, mère, frère, soeur, fils, fille). Un veuf pourrait réclamer cette exemption pour sa fille même si celle-ci s'est mariée durant l'année et que son conjoint a réclamé une exemption de personne mariée. Remplir l'annexe fédérale 6.

Exemption pour les religieux: cette exemption provinciale vaut $1 900 et n'est disponible que pour les membres d'un ordre religieux qui ont prononcé des voeux de pauvreté perpétuelle. Contrairement à Ottawa, Québec ne permet au religieux que de déduire 20% de son revenu net comme don de charité même s'il remet tout son salaire à la communauté.

Exemption pour autres personnes à charge: toute exemption sera disponible selon l'âge de la personne à charge. Si celle-ci a plus de vingt et un ans, elle doit être soit étudiante, soit incapable de travailler et de subvenir à ses besoins. Vous pouvez réclamer cette exemption pour toute personne vivant ou non au Canada. S'il s'agit d'un oncle, d'une tante ou d'un cousin vivant à l'étranger, l'exemption ne sera pas admissible. Pour des personnes à charge vivant à l'extérieur du Canada, vous devez remplir la formule fédérale T1E-NR et être capable de prouver au fisc l'aide matérielle que vous leur prodiguez. Au provincial, il n'y a pas de formule spéciale à remplir mais vous pouvez joindre la formule fédérale.

Cases F47 et P130 DÉDUCTION FORFAITAIRE

Cette déduction automatique de $100 est disponible à tous les contribuables qui ne réclament aucune déduction particulière pour frais médicaux et dons de charité.

Cases F48 et P136-P137-P138 LES FRAIS MÉDICAUX

Les contribuables oublient souvent quatre règles particulières régissant la déduction de frais médicaux qui pourraient leur être pourtant extrêmement profitables.

1. Les frais médicaux déductibles se rapportent à la période de douze mois qui se termine dans l'année d'imposition 1977. C'est dire que vous pourriez réclamer des frais remontant jusqu'au 1er janvier 1976 dont la période de douze mois se termine le 1er janvier 1977.

2. En transférant vos frais médicaux à votre conjoint, vous pourriez lui éviter de payer l'impôt. Par exemple, Paulette et Sébastien ont gagné respectivement $4 500 et $18 000 l'an dernier. En octobre et novembre 1976, Sébastien a dû payer $625 pour un traitement dentaire. Voici comment se présente le cas:

	Sébastien	**Paulette**
Revenu total en 1977	$18 000	$4 200
Revenu net inscrit aux *Cases F40 et P75*	$17 427	$4 200
Frais médicaux	$ 625	0
— 3% du Revenu net	$ 523	$ 126
	$ 102	0

En transférant les $500 de frais médicaux à Paulette, le résultat sera une épargne d'impôt de $80 de la façon suivante:

Frais de Sébastien	$625
3% du Revenu net de Paulette	— $126
Déduction pour Paulette	$499

Il est toujours profitable de tansférer ses frais médicaux au conjoint qui gagne le moins car son plafond de 3% du revenu net sera beaucoup plus bas. Vous pouvez récupérer par ailleurs les frais médicaux de toute personne qui est à votre charge.

3. Même si votre enfant n'a pu vous procurer d'exemption parce que son revenu net excédait le maximum autorisé, il reste tout de même possible de rapatrier des frais médicaux en incluant dans votre revenu tout montant qui dépassait la limite permise pour obtenir l'exemption. Prenons le cas de Louise qui a un fils de 20 ans ayant un revenu net de $1 700 en 1977. Louise n'a pu réclamer d'exemption pour cet enfant au provincial bien qu'elle l'ait aidé à défrayer $500 de frais médicaux divers en 1976 et en 1977. L'enfant n'a aucun avantage à déduire ces frais puisqu'il n'a pas d'impôt à payer. Voici comment Louise s'y prendra avec son salaire de $6 000:

Salaire de Louise:	$6 000
Revenu net de Louise	$5 638
Frais médicaux:	$ 500
— 3% du revenu net:	$ 169
Déduction réclamée par Louise:	$ 331

Par contre, elle devra insérer dans son revenu le montant de $100 qui dépassait la limite de $1 600 du revenu net de son fils au bas de la section frais médicaux de l'annexe provinciale 7 et n'aura rien à inclure au fédéral dont la limite est de $2 370.

4. Outre les frais de visite chez un spécialiste de l'acuponcture, par exemple, un psychiatre, un dentiste et tout professionnel de la santé (vérifiez d'abord auprès des ministères du Revenu) les analyses et tests de laboratoire (urine et sang par exemple), les médicaments et les appareils orthopédiques prescrits, vous pouvez également déduire les primes versées à un régime privé d'assurance-santé comme le régime de la Croix Bleue ou un autre financé à parts égales entre vous et votre employeur. Les frais médicaux supportés à l'étranger sont également déductibles si vous n'avez pu obtenir de remboursement de la Régie québecoise d'Assurance-Maladie.

Avant de réclamer toute déduction, assurez-vous de détenir les reçus car vous devrez les annexer à vos rapports d'impôt fédéral et provincial. Aucun reçu n'est requis pour des primes versées à un régime privé.

Cases F49 et P139 LES DONS DE CHARITÉ

Alors qu'il n'y a aucune limite pour les frais médicaux déductibles, le fisc plafonne à 20% de votre revenu net toute déduction réclamée pour un don de charité. Toute valeur du don qui dépasserait cette limite pourra être déduite l'année suivante.

Un don de charité doit être fait en argent ou en transférant un bien à usage personnel (maison, voiture, yacht) ou un bien personnel désigné (sculpture, peinture, bijoux, livres rares, etc.) à une organisation enregistrée auprès de Revenu Canada. Citons le cas d'Andrée Dufour qui a eu un revenu net de $12 000 l'an dernier et a donné une peinture évaluée à $2 400 à une galerie d'art enregistrée comme oeuvre de charité. La peinture avait coûté $500 à Andrée mais dans le cas de biens à usage personnel et de biens personnels désignés, le fisc présume toujours que le coût est de $1 000. En disposant ainsi de sa peinture, le fisc présume qu'Andrée réalise un gain de capital de $1 400 ($2 400 — $1 000) dont la moitié sera imposable. Andrée inclura donc $700 dans son revenu aux *Cases F17 et P48* mais pourra déduire le tout au fédéral à la *Case F51*. Enfin, elle pourra réclamer $2 400 de déduction comme don de charité. Fait à noter: la loi permettait à Andrée de fixer n'importe quelle valeur pour la peinture entre $1 000 et $2 400 dans le cas d'un don. Au provincial, Andrée devra payer environ $230 sur son gain de capital présumé mais la déduction de $2 400 lui procurera une épargne de $430 environ.

Avant de réclamer une déduction pour don de charité, assurez-vous d'avoir en main tous les reçus qui devront être annexés à vos rapports d'impôt fédéral et provincial. Vous devrez en outre remplir les annexes fédérale 3 et provinciale 8.

Cases F51 et P128 DÉDUCTION POUR INTÉRÊTS, DIVIDENDES ET GAIN DE CAPITAL

Cette déduction est disponible à tous les contribuables qui touchent des revenus de placements ou d'investissements. L'exemption des gains de capitaux n'est toutefois pas disponible pour l'impôt provincial.

Si vous avez réclamé une déduction pour frais financiers aux *Cases F38 et P73* attribuables à certains revenus de placements ou d'investissements pour lesquels vous réclamez cette exemption, vous devez réduire votre exemption de $1 000 d'un montant égal aux frais financiers déduits. Par exemple, Pierre Laramé a reçu des intérêts de $400 sur ses obligations d'épargne achetées à même une retenue à la source sur son salaire. Il a dû défrayer $40 de frais d'intérêt durant l'année. S'il a déjà déduit ce montant aux *Cases F38 et P73,* son exemption ne vaudra plus que $360. Cette exemption est transférable d'un conjoint à l'autre.

Dans le cas d'un contribuable marié qui n'a aucun revenu d'intérêt et de dividendes, deux méthodes différentes de transfert sont disponibles:

— il peut réclamer la pleine déduction de $1 000 d'intérêts ou de dividendes que son conjoint n'utilise pas;
— il peut aussi prendre à son compte tous les revenus en dividendes de son conjoint en ayant en outre le droit de réclamer lui-même le crédit d'impôt pour dividendes de 26.90% qu'accordent Québec et Ottawa et l'exemption correspondante.

Si, au contraire, le contribuable utilise déjà pleinement son exemption des premiers $1 000 de revenus de dividendes, mais que son conjoint n'a aucun revenu de la sorte, Maurice Régnier, avocat de la firme Stikeman, Elliott, de Montréal, propose la méthode suivante:

— le contribuable fait un prêt à demande sans intérêt à son conjoint avec des dollars après impôt;
— le bénéfice de ce prêt sans intérêt n'est pas taxable aux yeux de l'impôt fédéral ou provincial;
— le conjoint qui profite de ce prêt investit le montant du prêt en actions ou en obligations et pourra profiter à son tour de l'exemption des premiers $1 000 d'intérêts et de dividendes et le couple épargnera au moins $120 d'impôt par année.

Cases F52 et P129 — DÉDUCTION RELATIVE AU REVENU DE PENSION

Toute rente privée (sauf celle provenant d'un régime enregistré d'épargne-retraite ou de participation différée aux bénéfices si vous n'avez pas soixante-cinq ans) peut être exemptée jusqu'à concurrence de $1 000. Ces montants comprennent également des remboursements de votre fonds de pension quand vous quittez un emploi. Cette exemption est transférable d'un conjoint à l'autre.

Cases F53 et P131-P132 — DÉDUCTION D'INVALIDITÉ

Cette déduction fédérale de $1 420 et provinciale de $1 000 peut être réclamée en addition de l'exemption à laquelle vous avez déjà eu droit pour votre conjoint ou votre enfant. Pour y avoir droit, vous ne devez pas avoir réclamé de déduction de frais médicaux pour une aide à plein temps ou un séjour dans une maison de santé. En somme, vous avez le choix de réclamer la déduction sous l'une ou l'autre forme. Mais il est évident que si votre revenu net était élevé ou que vos dépenses étaient inférieures à $1 000, vous avez tout avantage à réclamer cette déduction d'invalidité qui est transférable d'un contribuable à l'autre. Vous devez remplir les formules fédérale T2201 et provinciale TPL-22.

Cases F54 — DÉDUCTION RELATIVE AUX ÉTUDES

Seul l'étudiant à plein temps peut réclamer cette déduction fédérale à raison de $50 par mois consacré à des études universitaires ou collégiales durant l'année. Il devra en outre remplir la formule fédérale T2202. Si son revenu imposable est insuffisant pour justifier cette déduction, toute autre personne qui subvient normalement aux besoins de l'étudiant pourra absorber tout ou une partie de cette déduction.

Cases 55 et P133-P141 à 144 — TRANSFERT DE DÉDUCTIONS ENTRE CONJOINTS

A cause d'exemptions beaucoup plus généreuses accordées par Ottawa, c'est généralement l'annexe fédérale 9 qui procurera le plus d'avantages au couple. Dans l'annexe fédérale, un contribuable âgé de soixante-cinq ans peut transférer un maximum de $3 863 à son conjoint, soit $1 000 de plus qu'aux annexes provinciales 10 et 11.

Reste que la possibilité de transférer des déductions entre époux est très profitable lorsqu'un conjoint n'a pas assez de revenu imposable pour profiter de ses déductions ou exemptions. Le seul hic est l'obligation d'inclure dans le revenu net du conjoint le supplément de revenu garanti et l'allocation au conjoint versés par le ministère de la Santé et du Bien-Etre.

Cases F56 et P139 — DONS AU CANADA OU À UNE PROVINCE

Il n'y a aucune limite applicable ici sur les dons faits à une compagnie de la Couronne ou à une province. Depuis 1977, vous pouvez notamment donner un bien culturel à une galerie d'art ou à un musée enregistré à Ottawa pour sa pleine valeur sans avoir à inclure dans votre revenu quelque gain de capital sur une disposition présumée. Le bien en question devra cependant avoir été approuvé par la Commission canadienne d'examen des exportations de biens culturels. Vous pouvez vous procurer des formules F871 en écrivant à la Commission, aux soins du Secrétariat d'Etat, Ottawa.

Cases F57 et P134 — PERTE D'EMPLOI OU D'ENTREPRISE D'AUTRES ANNÉES

Il s'agit ici de pertes d'un revenu d'emploi ou d'une entreprise que vous aviez déclarées précédemment. Le cas de Jean-Marie Pollack peut illustrer le jeu de cette déduction. Technicien en radio, Jean-Marie avait droit en 1975 à un salaire de $10 000 pendant huit mois. Mais le montant ne lui a jamais été versé car son employeur a fait faillite en septembre. Pendant les quatre autres mois de 1975, Jean-Marie a gagné un revenu si faible qu'il n'a pu déduire cette perte découlant d'un emploi. Cette déduction, qui devait être réclamée avant toute exemption personnelle, pouvait être refoulée sur l'année 1974 et si le revenu imposable n'était pas suffisant, reportée pendant un maximum de cinq ans jusqu'en 1980. C'est ce qu'on appelle "un report de perte autre qu'une perte en capital". Si vous avez subi une perte de ce genre en 1972 et avez reporté la déduction sur les années suivantes, 1977 est votre date limite pour réclamer tout solde. Toute perte du genre doit être réclamée avant une perte en capital sans quoi vous perdrez droit à toute déduction.

Cases F58 et P135 — PERTES EN CAPITAL

Une perte en capital, par opposition à un gain de capital, est déductible de la même façon qu'une perte non en capital dans l'année d'imposition, dans l'année précédant la période d'imposition et durant toute année ultérieure sans limite de durée. Par contre, le fisc a plafonné à $1 000 ($2 000 au fédéral) toute déduction que vous auriez pu réclamer en 1977 aux *Cases F17 et P48,* toute déduction d'une perte subie antérieurement et reportée à 1977. Vérifiez en page 118 les avantages que peut procurer la déduction découlant d'une vente à perte.

9. LA FACTURE DE L'IMPÔT

VOTRE RAPPORT D'IMPÔT CASE PAR CASE

Avant de vous lancer à corps perdu dans le calcul de votre impôt fédéral et provincial, dites-vous bien qu'il y a trois façons différentes d'évaluer l'impôt selon votre type de revenu.

1. Si vous êtes salarié et avez calculé un revenu imposable de moins de $24 000, vous n'avez qu'à remplir le sommaire de l'impôt et des crédits dans vos rapports d'impôt fédéral et provincial en utilisant les tables disponibles.

2. Si vous avez reçu des dividendes sur des actions détenues en Bourse ou de corporations privées, vous devrez remplir les annexes fédérale 1 et provinciale 9.

3. Si vous avez touché un paiement forfaitaire ou un remboursement de fonds de pension ou d'un régime de participation différée aux bénéfices dont le montant vous était attribuable le 31 décembre 1971, vous n'avez pas à remplir le sommaire d'impôt fédéral et devrez inscrire le montant reçu dans une lettre adressée à Revenu Canada. Prenez alors bien soin de ne pas inclure ce montant dans votre revenu imposable. Par contre, vous devrez vous-même calculer l'impôt provincial à taux réduit en remplissant l'annexe 9.

C'est le taux moyen d'impôt (fédéral ou provincial selon que vous faites le calcul pour Revenu Canada ou Revenu Québec) payé au cours des trois années antérieures qui s'appliquera sur le montant reçu, indépendamment de tout votre revenu de 1977.

Par exemple, un contribuable qui a touché en 1977 $3 000 accumulés avant 1972 n'a pas à inclure ce revenu durant l'année courante. S'il avait déclaré un revenu net de $5 300 en 1974, de $6 200 en 1975 et de $7 300 en 1976, le total atteindrait ainsi $18 800 pour les trois années. En faisant la somme de l'impôt provincial payé sur ce revenu au cours de la même période (soit $2 100 par exemple), il calculera le taux d'impôt ($2 100 X 100 et ÷ par $18 800) qui est ici de 11.17%. C'est exactement ce taux qui sera imposé sur les $3 000 reçus ou pour donner le résultat de $335 d'impôt. Si le même contribuable a reçu un remboursement additionnel pour les fonds accumulés depuis 1972, il devra alors inclure ce montant dans son revenu imposable de l'année courante tout en réclamant l'exemption pour les premiers $1 000.

Cet étalement sur trois ans est souvent préférable à l'achat d'un contrat de rente à versements invariables si vous prévoyez une hausse de vos revenus au cours des prochaines années.

LE CALCUL DE L'IMPÔT

La première catégorie de contribuables devra faire cette année un calcul d'impôt fédéral beaucoup plus détaillé que par le passé. Comme vous aurez à faire au moins deux soustractions (trois si vous avez des enfants), voici une méthode qui pourrait simplifier votre tâche en utilisant les pages 17 à 25 du guide fédéral:

1	2	3	4		5
Revenu imposable excède	*sans exc.*	*Impôt fédéral de base*	*Réduction d'impôt générale*		*Abattement fédéral pour les résidents du Québec*
$ **1400**–	1410	$ *154*	$ *154*		$ *25*
1410–	1420	*156*	*156*	crédit de	*26*
1420–	1430	*157*	*157*	$50 par	*26*
1430–	1440	*159*	*159*	enfant	*26*
1440–	1450	*160*	*160*		*26*
1450–	1460	*162*	*162*		*27*
1460–	1470	*164*	*164*		*27*
[illegible]	1480	*166*	*166*		*27*
	[illegible]	*167*	*167*		*28*
		169	*169*		[illegible]
		171	$ [illegible]		
		[illegible]			

— référez-vous d'abord à la ligne de votre revenu imposable à la colonne 1 pour obtenir votre impôt fédéral de base à la colonne 2 et inscrivez-le à la *Case F61;*
— soustrayez ensuite de la colonne 2 votre réduction d'impôt fédéral à la colonne 3 en inscrivant le montant soustrait à la *Case F62;*
— soustrayez $50 par enfant à la colonne 4 en inscrivant le montant soustrait à la *Case F63* jusqu'à un maximum de $300 pour six enfants ou en tenant compte du fait que ces crédits pour enfant *et* la réduction d'impôt fédéral ne peuvent pas dépasser $500; le crédit d'impôt de $50 peut également être réclamé pour un enfant invalide;
— soustrayez enfin à la colonne 5 votre abattement fédéral en tant que contribuable québécois en l'inscrivant à la *Case 64.*

L'impôt provincial sera beaucoup plus simple à calculer puisque le Québec n'offre aucun crédit ni réduction d'impôt pour les enfants.

Cases F66 et P149-150 CRÉDIT POUR CONTRIBUTIONS POLITIQUES

Toute contribution faite en argent, en chèque ou en mandat-poste à un parti politique fédéral représenté au Parlement procure un crédit maximum de $500 pour une contribution de $1 075.

Si la contribution a été faite à un parti politique qui n'a aucun représentant au Parlement, la déduction n'est permise que si le don a été effectué lors d'une campagne électorale pour un parti qui a présenté des candidats dans plus de cinquante comtés au pays.

Toute contribution politique faite en argent, en chèque ou en mandat-poste à un parti politique provincial procure un crédit maximum de $75 pour une contribution de $200. Toutefois, une limite de $25 est fixée pour devenir membre d'un parti ou assister à un congrès et une limite de $10 s'applique aux frais de participation à une activité politique. Vous pouvez également déduire jusqu'à $75 si vous avez prêté $2 500 sans intérêt à un parti politique car en réclamant le taux d'intérêt courant sur le marché (8%), le prêt rapporterait des intérêts de $200.

Case F67 CRÉDIT D'IMPÔT À L'INVESTISSEMENT

Tout contribuable qui fabrique un produit, depuis le tisserand qui utilise un métier jusqu'au pêcheur ou l'agriculteur, a avantage à profiter de ce crédit pour l'année 1977 s'il a dû acheter de l'équipement. Ce crédit fédéral varie de 5% à 10% selon les critères suivants:

— 5% du coût d'achat de l'équipement pour un contribuable vivant dans la région de Montréal et de Hull dans une limite d'environ 60 milles (vérifiez auprès de Revenu Canada votre situation particulière);
— 7.5% du coût d'achat de l'équipement pour un contribuable vivant ailleurs au Québec, sauf en Gaspésie;
— 10% du coût d'achat de l'équipement pour un contribuable vivant en Gaspésie, de la frontière ouest du comté de Kamouraska jusqu'aux Iles-de-la-Madeleine.

La valeur de ce crédit fédéral devra être retranchée de la fraction non amortie du coût en capital (voir page 62) du bien acheté en 1977 et vous devrez en tenir compte au cours des prochaines années en réclamant vos allocations. Par contre, rien de tel n'est exigé au provincial qui n'offre pas ce crédit.

Cases F962 et P168 — DÉGRÈVEMENT POUR IMPÔTS ÉTRANGERS

Québec et Ottawa vous autorisent à déduire de votre impôt provincial et fédéral tout impôt versé dans un pays étranger. Cet impôt ne doit cependant pas être supérieur à ce que vous réclameraient les deux gouvernements sur le même revenu. Vous devez donc calculer ce que Québec et Ottawa exigeraient normalement comme impôt s'il s'agissait d'un revenu d'origine canadienne en remplissant les annexes fédérale 1 et provinciale 9. Ensuite, vous déduisez le tout à la *Case F962* de la page 4 du rapport fédéral et à la *Case F168* de la première page du rapport provincial. Tout impôt étranger excédentaire pourra être déduit sur une période de six ans.

Cases F70 et P153 — IMPÔT TOTAL À PAYER

Une fois que vous aurez calculé l'impôt fédéral et provincial à payer, vous devrez alors déduire tout l'impôt déjà payé soit par la retenue à la source, soit par des versements trimestriels ou ce qu'on appelle "des acomptes provisionnels". Dans votre rapport provincial, vous devrez en outre déduire vos contributions obligatoires aux programmes d'Etat. Cette soustraction vous dira aux *Cases F78-79 et P164* si vous avez payé trop d'impôt au cours de l'année.

Avec ce résultat en main, calculez alors pour votre information personnelle la part de votre revenu qui est arraché par les impôts et les contributions obligatoires aux programmes d'Etat de la façon suivante:

Additionnez l'impôt fédéral:
l'impôt provincial:
les primes d'assurance-chômage:
les primes au RRQ:
les primes au FPS:
total payé:

Multipliez alors le total payé par 100 et divisez le tout par vos revenus bruts pour l'année. Le tout vous donnera le nombre de cents payés aux gouvernements pour chaque dollar de revenu gagné. Vous pourriez être surpris!

$$\frac{\text{total payé}}{\text{revenu brut avant déduction}} \times 100 = \text{cents par dollar gagné}$$

LES SANCTIONS QUI VOUS GUETTENT

Différentes sanctions guettent le contribuable qui ne verse pas son impôt dans les délais prescrits:

- 5% par année de tout montant impayé s'il n'a pas fait de déclaration de revenu ou $25 par jour de manquement;
- 6% au fédéral et 10% au provincial par année de retard sur tout montant impayé;
- 1% par année de tout l'impôt payable et non de l'impôt impayé si vous avez omis d'inclure certains revenus dans votre déclaration; la sanction est au minimum de $25 et au maximum de $100;
- jusqu'à 50% de tout impôt payable que vous avez délibérément omis de déclarer.

COMMENT CONTESTER LE FISC

Tout contribuable peut revenir quatre ans en arrière (jusqu'en 1973 pour l'année 1977) afin de modifier ses déclarations d'impôt s'il constate qu'il a oublié de réclamer des déductions. Pour ce faire, il doit communiquer avec le service du rôle de chaque ministère ou les fonctionnaires qui s'occupent généralement de son dossier.

Après avoir expédié vos rapports d'impôt à Québec ou Ottawa, vous recevrez un avis de cotisation, la plupart du temps annexé d'un chèque de remboursement, précisant si vos calculs étaient corrects ou non. Si cet avis indique que certaines déductions n'ont pas été admises, vous pouvez communiquer avec un fonctionnaire du ministère concerné pour aplanir toute difficulté. Avant d'agir ainsi, vérifiez une deuxième fois votre rapport et vos reçus et communiquez avec le service d'interprétation fiscale d'un des deux ministères pour exposer votre situation et obtenir des conseils.

Si le problème n'est pas réglé, vous pourrez alors loger un avis d'opposition en double exemplaire en remplissant les formules fédérale T400 A et provinciale TPD-2014 pour expliquer sur quels motifs se fonde votre réclamation. Mais vous devrez procéder avec diligence car le délai pour loger un avis d'opposition ne peut pas dépasser quatre-vingt-dix jours depuis la date de réception de votre avis de cotisation.

Si cette démarche est insatisfaisante, il vaut alors mieux consulter un comptable qui vous dira si oui ou non il est avantageux de loger un appel auprès de la Commission fédérale de révision de l'impôt ou de la Cour provinciale. Par la suite, les circonstances dicteront si vous devez ou non poursuivre vos démarches légales.

En général, le Québec cède beaucoup moins facilement qu'Ottawa aux pressions d'un avis d'opposition. Si vous devez aller en appel, tous vos frais légaux et de consultation deviennent déductibles de votre revenu aux *Cases F38 et P73,* sauf évidemment toute sanction subie pour un paiement en retard ou une fraude.

COMMENT CALCULER SON IMPÔT EN UN COUP D'OEIL

Lorsque vient le temps de calculer son impôt en se référant aux tables fédérale et provinciale ou encore de calculer l'épargne que procurera une déduction quelconque ou une contribution à un fonds de pension, à un régime d'épargne-retraite ou d'épargne-logement ou l'achat d'un contrat de rente à versements invariables, le contribuable a toujours peur de se tromper.

Pour faciliter votre tâche, nous avons calculé sur ordinateur ce qu'un salaire total variant de $4 000 à $20 000 entraînerait comme impôt fédéral et provincial. A peu de changement près, le tableau s'applique également à un travailleur autonome qui veut connaître le fardeau fiscal qu'il aura à supporter non pas sur son salaire mais sur le profit de son entreprise.

Nous avons tenu compte des situations suivantes:

— aucun individu ne contribue à un fonds de pension;

— le célibataire de la colonne 2 n'a aucune personne à sa charge tandis que le contribuable marié est privé de l'exemption de son conjoint qui gagne plus de $500 par année;
— le contribuable marié de la colonne 3 n'a pas d'enfant et son conjoint gagne moins de $380 par année;
— le contribuable marié de la colonne 4 a un enfant de moins de douze ans et son conjoint gagne moins de $380;
— le contribuable marié de la colonne 5 a deux enfants, l'un de moins de douze ans et l'autre de douze à quinze ans, et son conjoint gagne moins de $380;
— le contribuable marié de la colonne 6 a trois enfants, le premier âgé de dix-sept ans, le deuxième de douze à quinze ans et le dernier de moins de douze ans, et son conjoint gagne moins de $380; de plus, ce contribuable a pris (à tort) trois enfants à sa charge;
— le contribuable de la colonne 7 a quatre enfants, le premier âgé de dix-huit ans et plus, le deuxième de dix-sept ans, le troisième de douze à quinze ans et le dernier de moins de douze ans et son conjoint gagne moins de $380; de plus, le contribuable a pris (à tort) tous les enfants à sa charge.

LE TABLEAU

Pour connaître votre situation, il suffit de prendre votre salaire total dans la colonne 1 et de vous référer à la colonne de votre statut personnel. Même si vos enfants n'ont pas exactement l'âge prévu au tableau, la différence de l'impôt que vous aurez à payer ne sera pas tellement grande. Par exemple, vous avez deux enfants de douze à quinze ans et votre conjoint ne travaille pas. L'impôt provincial ne changera pas mais l'impôt fédéral sera de $646 au lieu de $634 inscrits dans la colonne 5 si votre salaire annuel était de $12 000.

Par contre, si vous contribuez $500 à un fonds de pension, et avez un salaire de $9 000 en tant que célibataire, il suffira de vérifier l'impôt à la colonne 2 comme si vous aviez gagné $8 500. Le montant d'impôt à payer sera plus léger que les sommes indiquées car vos contributions aux programmes d'assurance-chômage et à la Régie des Rentes du Québec ne seront pas modifiées pour autant. Vous n'avez qu'à procéder de même si vous avez versé $1 000 à un régime d'épargne-retraite ou d'épargne-logement en soustrayant ce montant de votre salaire annuel pour connaître votre impôt. Enfin, si vous avez versé non pas $500 mais $250 dans un régime d'épargne quelconque en gagnant $15 000, il suffira de soustraire de votre impôt la moitié de la différence entre l'impôt à $15 000 et l'impôt à $14 500. Faites de même si vous avez eu à supporter des frais de garde d'enfant en vous référant toutefois à la colonne "Célibataire ou marié dont le conjoint travaille" ou si vous profitez d'exemptions additionnelles en retranchant le tout du salaire annuel.

CALCULEZ VOTRE IMPÔT EN UN COUP D'OEIL POUR 1977

1 Salaire total	Impôt	2 Célibataire ou marié dont le conjoint travaille	3 Marié(e) sans enfant	4 Marié(e) 1 enfant	5 Marié(e) 2 enfants	6 Marié(e) 3 enfants	7 Marié(e) 4 enfants
$4 000	Féd.:	0	0	0	0	0	0
	Prov.:	$ 10	0	0	0	0	0
$4 500	Féd.:	0	0	0	0	0	0
	Prov.:	$ 85	0	0	0	0	0
$5 000	Féd.:	$ 60	0	0	0	0	0
	Prov.:	$160	0	0	0	0	0
$5 500	Féd.:	$126	0	0	0	0	0
	Prov.:	$235	0	0	0	0	0
$6 000	Féd.:	$196	0	0	0	0	0
	Prov.:	$310	$ 6	$ 6	$ 6	0	0
$6 500	Féd.:	$266	0	0	0	0	0
	Prov.:	$385	$ 81	$ 81	$ 81	0	0
$7 000	Féd.:	$337	$ 44	0	0	0	0
	Prov.:	$460	$156	$156	$156	$ 68	0
$7 500	Féd.:	$411	$110	$ 23	0	0	0
	Prov.:	$535	$231	$231	$231	$143	$ 55
$8 000	Féd.:	$486	$178	$ 90	$ 26	0	0
	Prov.:	$610	$306	$306	$306	$218	$130
$8 500	Féd.:	$561	$250	$161	$ 96	$ 12	0
	Prov.:	$685	$381	$381	$381	$293	$205

CALCULEZ VOTRE IMPÔT EN UN COUP D'OEIL POUR 1977

1		2	3	4	5	6	7
Salaire total	Impôt	Célibataire ou marié dont le conjoint travaille	Marié(e) sans enfant	Marié(e) 1 enfant	Marié(e) 2 enfants	Marié(e) 3 enfants	Marié(e) 4 enfants
$ 9 000	Féd.:	$ 638	$ 323	$ 233	$ 168	$ 85	0
	Prov.:	$ 760	$ 456	$ 456	$ 456	$ 368	$ 280
$ 9 500	Féd.:	$ 714	$ 399	$ 308	$ 242	$ 159	$ 60
	Prov.:	$ 835	$ 531	$ 531	$ 531	$ 443	$ 355
$10 000	Féd.:	$ 793	$ 477	$ 386	$ 320	$ 235	$ 134
	Prov.:	$ 912	$ 608	$ 608	$ 608	$ 520	$ 432
$10 500	Féd.:	$ 879	$ 555	$ 464	$ 398	$ 313	$ 212
	Prov.:	$ 988	$ 684	$ 684	$ 684	$ 596	$ 508
$11 000	Féd.:	$ 965	$ 633	$ 542	$ 477	$ 391	$ 291
	Prov.:	$1 065	$ 761	$ 761	$ 761	$ 673	$ 585
$11 500	Féd.:	$1 052	$ 712	$ 621	$ 555	$ 470	$ 368
	Prov.:	$1 144	$ 837	$ 837	$ 837	$ 749	$ 661
$12 000	Féd.:	$1 139	$ 791	$ 700	$ 634	$ 549	$ 448
	Prov.:	$1 231	$ 915	$ 915	$ 915	$ 827	$ 739
$12 500	Féd.:	$1 227	$ 878	$ 783	$ 715	$ 629	$ 527
	Prov.:	$1 318	$ 992	$ 992	$ 992	$ 904	$ 816
$13 000	Féd.:	$1 316	$ 966	$ 871	$ 803	$ 714	$ 608
	Prov.:	$1 406	$1 070	$1 070	$1 070	$ 982	$ 894
13 500	Féd.:	$1 412	$1 053	$ 958	$ 891	$ 801	$ 696
	Prov.:	$1 494	$1 151	$1 151	$1 151	$1 060	$ 972
$14 000	Féd.:	$1 508	$1 141	$1 046	$ 978	$ 889	$ 783
	Prov.:	$1 591	$1 238	$1 238	$1 238	$1 139	$1 049

CALCULEZ VOTRE IMPÔT EN UN COUP D'OEIL POUR 1977

1		2	3	4	5	6	7
Salaire total	Impôt	Célibataire ou marié dont le conjoint travaille	Marié(e) sans enfant	Marié(e) 1 enfant	Marié(e) 2 enfants	Marié(e) 3 enfants	Marié(e) 4 enfants
$14 500	Féd.:	$1 604	$1 229	$1 134	$1 066	$ 977	$ 871
	Prov.:	$1 638	$1 326	$1 326	$1 326	$1 227	$1 128
$15 000	Féd.:	$1 695	$1 318	$1 221	$1 154	$1 064	$ 959
	Prov.:	1 785	$1 413	$1 413	$1 413	$1 314	$1 215
$15 500	Féd.:	$1 781	$1 414	$1 315	$1 246	$1 153	$1 046
	Prov.:	1 882	$1 502	$1 502	$1 502	$1 401	$1 302
$16 00	Féd.:	1 872	$1 510	$1 411	$1 342	$1 249	$1 137
	Prov.:	$1 979	$1 599	$1 599	$1 599	$1 409	$1 339
$16 500	Féd.:	$1 965	$1 606	$1 507	$1 438	$1 345	$1 233
	Prov.:	$2 076	$1 696	$1 696	$1 696	$1 586	$1 477
$17 000	Féd.:	$2 057	$1 697	$1 603	$1 534	$1 441	$1 329
	Prov.:	$2 185	$1 795	$1 795	$1 795	$1 685	$1 575
$17 500	Féd.:	$2 151	$1 783	$1 689	$1 662	$1 534	$1 425
	Prov.:	$2 295	$1 895	$1 895	$1 895	$1 785	$1 675
$18 000	Féd.:	$2 244	$1 874	$1 775	$1 708	$1 619	$1 514
	Prov.:	$2 405	$1 995	$1 995	$1 995	$1 885	$1 775
$18 500	Féd.:	$2 337	$1 966	$1 868	$1 799	$1 708	$1 600
	Prov.:	$2 515	$2 097	$2 097	$2 097	$1 985	$1 875
$19 000	Féd.:	$2 440	$2 060	$1 961	$1 893	$1 802	$1 691
	Prov.:	$2 625	$2 207	$2 207	$2 207	$2 086	$1 975
$19 500	Féd.:	$2 545	$2 153	$2 055	$1 986	$1 895	$1 784
	Prov.:	$2 735	$2 317	$2 317	$2 317	$2 196	$2 075
$20 000	Féd.:	$2 648	$2 247	$2 147	$2 079	$1 988	$1 878
	Prov.:	$2 845	$2 427	$2 427	$2 427	$2 306	$2 185

LE VOCABULAIRE DU CONTRIBUABLE

(Les termes marqués du signe (*) sont des abris fiscaux)

Abattement: semblable au crédit ou dégrèvement d'impôt, l'abattement fédéral d'impôt est disponible seulement aux Québécois qui financent eux-mêmes plusieurs programme sociaux. Dans les autres provinces, le financement vient d'Ottawa (voir page 158).

***Abri fiscal:** tout véhicule financier, depuis les biens précieux, les films, l'immeuble, l'assurance-vie, jusqu'aux actions, aux fermes; les rentes viagères, une entreprise incorporée ou non, votre maison et les régimes personnels d'épargne, qui sert généralement à réduire le revenu imposable durant l'année et/ou à différer l'impôt sur une ou plusieurs années.

Acomptes provisionnels: les versements d'impôt requis de la part d'un travailleur à son compte tous les trois mois ou avant le 31 décembre pour les pêcheurs et agriculteurs (voir pages 35 et 56).

***Allocation en coût de capital (ACC):** déduction autorisée par le fisc chaque année sur la valeur d'un bien acquis destiné à produire un revenu. En termes courants, cette déduction s'appelle amortissement. Ottawa et Québec ont défini trente-cinq taux différents d'amortissement variant de 2% à 100%. Une machine à écrire ou une bibliotèque procureront par exemple une déduction ou amortissement de 20% par année. Si cet équipement vaut $300, vous pourrez déduire la première année $60 (20% de $300), la deuxième année $48, soit 20% de ce qui n'a pas été amorti (ou $300 — $60 = $240) et ainsi de suite. Personne n'est tenu d'utiliser le plein taux si la déduction n'est pas nécessaire pour réduire son revenu. L'avantage de ne pas réclamer toute la déduction une année est d'augmenter la déduction possible au cours des années suivantes si le revenu est plus élevé. En prenant le même exemple, une bibliothèque amortie à 10% la première année procurera une déduction de $30. En réclamant 20% la deuxième année, le contribuable pourra déduire $54 (20% de $300 — $30 = $270) plutôt que $48. C'est là une bonne façon de mieux contrôler votre revenu imposable d'année en année (voir page 61).

***Amortissement:** voir *allocation en coût de capital.* Un permis d'exploitation commerciale (permis de pêche ou permis de taxi par exemple) peut être amorti d'une façon différente. S'il a été acquis après 1971, le contribuable ne pourra déduire que 10% de la moitié de la valeur du permis. Par exemple, un permis de taxi valant $8 000 sera amorti comme suit: 10% de $4 000 la première année, soit $400, 10% de $4 000 — $400 = $360, la deuxième année, soit $360 et ainsi de suite (voir page 70).

***Annuité:** voir *rente.*

***Assurance-vie:** il y a trois formes d'assurance-vie, soit l'assurance-vie entière (avec ou sans dividende) pour laquelle vous payez des primes votre vie durant, l'assurance-vie libérée à soixante-cinq ans (avec ou sans dotation ou remboursement de toutes vos primes et intérêt accumulé) qui impose des primes jusqu'à soixante-cinq ans et l'assurance-vie temporaire (dont le contrat est renouvelable tous les ans, aux trois, cinq ou dix ans sans examen médical) qui restreint la protection et le paiement des primes à une période fixe que vous choisissez (voir pages 132 et 137).

Avis de cotisation: reçu ou attestation envoyée par le gouvernement à tous les contribuables pour dire si oui ou non le compte d'impôt avait bien été calculé dans le rapport du contribuable. L'avis est généralement annexé à un chèque de remboursement et comprend souvent des commentaires du fisc (voir page 162).

Avis d'opposition: lorsque l'avis de cotisation est annexé à un chèque moins élevé que prévu, vous retrouverez des explications qui vous informent sur des erreurs de calculs ou des déductions non autorisées. Si vous voulez contester, vous avez alors quatre-vingt-dix jours pour réagir (voir page 162).

Biens à usage personnel: tout bien utilisé principalement pour votre agrément personnel ou celui de votre famille comme une automobile, une caméra, un bateau, du mobilier, un chalet d'été non enregistré comme résidence personnelle, etc.; lorsque vous vendez ces biens pour plus de $1 000 et réalisez un profit, la moitié du gain excédant $1 000 devient imposable (voir page 171).

***Biens personnels désignés:** biens précieux utilisés pour votre agrément personnel ou celui de votre famille comme des gravures, des peintures, des livres rares, des objets d'art, de bijoux, des timbres ou pièces de monnaie, mais la liste dressée par le fisc exclut d'autres types de biens comme les antiquités, les pièces d'argenterie, les collections diverses non mentionnées. Si vous croyez que le bien a une valeur culturelle canadienne, communiquez avec Revenu Canada pour obtenir une formule spéciale. Cette situation vous permettrait de vendre l'objet d'art sans subir la moindre taxe sur le profit. Un don vous permettrait de déduire la pleine valeur du bien sans réduire vos autres déductions pour frais de charité (voir page 171).

***Contrat de rente à versements invariables (CRVI):** c'est une hypothèque à l'envers par laquelle vous prêtez n'importe quel montant à une institution qui peut alors vous garantir un revenu d'intérêts et de capital pendant un maximum de quinze ans. Tout montant admissible doit cependant être réduit d'une année de rente, somme que vous déclarez alors comme revenu dans l'année courante (voir page 134).

Crédit: un crédit est une déduction de votre impôt à payer et non du revenu imposable. C'est ce qui explique que $1 de crédit d'impôt vaille trois à cinq fois plus, selon la situation du contribuable, que $1 de déduction. Le crédit profite généralement aux plus petits contribuables.

Déduction: soustraction du revenu total disponible pour des dépenses assumées pour gagner un revenu, pour des contributions faites à des régimes d'épargne (fonds de pension, régime enregistré d'épargne-retraite ou d'épargne-logement, contrat de rente à versements invariables), pour étudier, déménager ou faire garder vos enfants. Les revenus de pension, d'intérêts et de dividendes donnent également droit à une déduction.

Dégrèvement: voir *crédit* d'impôt.

Dépréciation: baisse de la valeur d'un bien à cause de l'usure et pour laquelle vous pouvez réclamer une allocation en coût de capital.

Disposition présumée: le fisc considère que vous avez vendu un bien, même si en réalité vous en êtes toujours propriétaire et que vous en avez tiré un revenu. Cette règle s'applique lorsque vous avez loué votre résidence personnelle sans prévenir le gouvernement ou pendant plus de quatre ans, lorsque vous quittez le pays et cessez de payer l'impôt et lorsque vous faites un don ou vous décédez. Le prix fixé par le gouvernement lors de la "vente présumée" de ces biens est la valeur que vous obtiendriez en les écoulant sur le marché (voir pages 68 et 87).

Dividende: revenu tiré d'une action privilégiée ou ordinaire d'une compagnie. Un revenu en dividende procure un crédit d'impôt très profitable pour les petits contribuables surtout si vous avez emprunté pour acquérir ces placements (voir page 109).

Don: tout don en argent à une oeuvre de charité est déductible du revenu imposable. Par contre, un don fait à une personne est assujetti à l'impôt provincial sur les dons.

Exemption: c'est l'équivalent d'une déduction de votre revenu imposable, qui est accordée pour compenser les dépenses encourues à l'égard de personnes à charge (conjoint, enfants, parents) ou pour favoriser certaines formes d'épargne (revenus d'intérêt, de dividendes, de pension). Ces exemptions se retrouvent au chapitre du "Parapluie de la famille" en page 144.

Fraction non amortie du coût en capital (FNACC): c'est la portion du coût d'achat d'un bien ou équipement que vous n'avez pas amortie encore. Cette fraction est souvent appelée banque d'amortissement car elle sert de base pour calculer l'un des trente-deux taux d'amortissement applicables sur un actif destiné à produire un revenu. (Voir *allocation en coût de capital* et l'exemple de ce qui reste à déduire sur une bibliothèque au cours de la deuxième année).

Frais financiers: tous les frais d'administration et d'intérêts subis durant l'année pour conserver vos placements, y compris les intérêts payés pour acheter à même votre salaire des obligations d'épargne (voir page 139).

Gain de capital: tout profit réalisé sur la vente d'un bien à usage personnel (sauf votre résidence principale), d'un bien personnel désigné ou d'un bien utilisé normalement pour gagner un revenu. A moins d'être spéculateur à plein temps, seulement la moitié du gain de capital est imposable. Si le bien a été acquis avant 1972, le profit doit être calculé sur la base de ce que vous auriez pu obtenir en décembre 1971 car le gain réalisé antérieurement est exempt d'impôt (voir page 117).

Intérêt: tout revenu tiré d'un compte en banque, d'obligations, d'hypothèques ou d'une rente viagère.

Jour d'évaluation: voir *gain de capital.* Pour tout bien acquis avant 1972, et revendu à profit par la suite, votre gain de capital sera égal au prix de vente, moins les dépenses de vente et le prix que vous auriez pu obtenir le 31 décembre 1971 sur le marché. Pour les actions et obligations, Québec et Ottawa ont établi une liste de valeurs au 22 décembre 1971. Cette liste est disponible à n'importe quel bureau des ministères du Revenu.

Juste valeur marchande: les contribuables tentés de vendre des biens ou placements au plus bas prix pour éviter l'impôt sur le gain de capital perdent leur temps. Le gouvernement oblige tous les payeurs de taxes à se départir de leurs biens pour une juste valeur marchande, c'est-à-dire au prix normal que vous pourriez obtenir sur le marché!

Moyenne générale: dès que votre revenu augmente de plus de 10% par année, vous risquez d'être durement frappé par l'impôt progressif sur le revenu. Pour soulager surtout les petits contribuables, Québec et Ottawa calculent alors l'impôt payé durant les quatre années précédentes. Ils gèlent alors ce taux d'imposition et l'appliquent sur les revenus supplémentaires durant la cinquième année qui correspond à la période pour laquelle vous faites votre rapport d'impôt. Cette année, les ordinateurs devront remonter jusqu'à 1973 pour protéger votre revenu excédentaire en 1977. Cette règle profite surtout aux petits contribuables et à ceux qui commencent à travailler. Vous pouvez faire le calcul vous-même en obtenant les formules fédérale T2077 et provinciale TP11.5.

Paradis fiscal: pays ou région où il n'y a que peu ou pas de taxe comme aux Bahamas, aux Bermudes, aux Iles Caïmans, à Panama, en Jamaïque, à Chypre, en Suisse, au Liban ou à Singapour. Au Canada, le paradis ou refuge fiscal est l'Alberta où il n'y a aucune taxe sur les successions, les dons et la vente au détail et où l'impôt sur le revenu est le plus bas.

Perte agricole restreinte: en subissant une perte d'exploitation agricole lorsque vous avez une autre source de revenu comme un emploi ou une autre entreprise individuelle, vous risquez de ne pas pouvoir déduire le plein montant de cette perte de vos autres revenus cette année (voir page 76).

Pertes autres que des pertes en capital: l'exploitation d'une entreprise individuelle peut entraîner une perte d'affaires dont le montant pourra être déduit sur une période de sept ans de vos autres revenus, y compris d'un salaire. Cette perte doit toujours être réclamée avant une perte en capital. Cette perte peut aussi être réclamée sur un revenu d'emploi lorsque l'employeur ferme boutique ou fait faillite en étant incapable de payer votre salaire.

Pertes en capital: en vendant des actions, des obligations, un petit commerce ou des biens personnels désignés, la moitié de toute perte subie est déductible de gains de capitaux imposables et, si les gains ne sont pas suffisants pour absorber la perte, d'autres sources de revenus jusqu'à un maximum de $1 000 au Québec et de $2 000 à Ottawa. Ces pertes de capital comprennent même la perte de bijoux et d'autres biens personnels désignés.

Perte finale: déduction complète de la fraction non amortie du coût en capital l'année où vous liquidez le dernier bien amortissable d'une classe lorsque le prix de vente est moins élevé que votre coût en capital. Une voiture de $5 000 abandonnée à la ferraille après avoir été amortie à seulement $3 000 procurera une déduction de $2 000. Si vous rachetez une nouvelle voiture de $5 000 durant la même période, le taux maximum d'allocation accordée aux chauffeurs de taxi sera de 40% de $5 000 plus les $2 000 de l'ancienne voiture, soit une déduction pouvant atteindre $2 800.

Perte fiscale: déduction de dépenses si élevées sur une source de revenus que vous enregistrez une perte aux fins de l'impôt mais non en termes de déboursés réels. Ces pertes fiscales sont surtout créées en appliquant le taux maximum d'allocation en coût de capital (ou en allocation pour épuisement dans le cas de ressources naturelles) sur un bien, comme c'est généralement le cas la première année pour l'investissement dans un film certifié canadien (taux d'allocation de 100%), un immeuble à loyers multiples (5%), un programme d'exploration minière et pétrolière (100%), mais la règle ne s'applique plus sur les biens procurant un revenu de location (crédit-bail). Cette perte est une méthode de différer son impôt.

Prix de base: c'est généralement le prix payé à l'acquisition d'un bien ou d'un titre de placement qui servira à calculer le gain ou la perte de capital lors d'une vente. Naturellement, si des améliorations ont été apportées à un bâtiment ou un équipement, le prix de base sera rajusté à la hausse et diminuera le gain de capital.

***Régime de participation aux bénéfices (RBB):** ce régime dont profitent surtout les employés et actionnaires de petites entreprises peut être à participation immédiate ou différée. La participation immédiate signifie que vous toucherez presque chaque année une part des profits que réalise l'employeur. La part qui vous est attribuée devient pleinement imposable. Lorsque la participation est différée, le régime remplace en quelque sorte un fonds de pension et ce n'est qu'à la liquidation de votre part après quelques années que l'impôt frappera. La participation à ce régime ne donne droit à aucune déduction de la part de l'employé (voir page 136).

Récupération d'amortissement: en réclamant chaque année une allocation de coût en capital, vous devrez inclure toutes ces déductions le jour où vous vendrez le bien en question pour un prix égal ou supérieur à votre coût d'acquisition (voir page 63). A cela s'ajoutera évidemment le gain de capital au cas où vous réaliseriez un profit.

***Régime de participation différée aux bénéfices:** comparable à plusieurs égards au fonds de pension, il s'agit d'un régime d'épargne pour la retraite dont les contributions faites par l'employeur sont tirées de ses profits annuels. Vous participez donc aux bénéfices de l'entreprise mais c'est généralement après cinq ans que vous avez pleinement droit à ces contributions comme employé (voir page 136).

***Régime d'intéressement aux bénéfices:** terme employé par l'impôt provincial pour désigner un régime de participation immédiate ou différée aux bénéfices.

***Régime enregistré d'épargne-logement:** un régime d'épargne destiné à faciliter l'achat d'une maison pour un individu ou un couple marié qui n'est pas propriétaire. Les contributions peuvent atteindre $1 000 par année avec déduction équivalente de votre revenu (voir page 133).

***Régime enregistré d'épargne-retraite:** même principe que pour l'épargne-logement sauf que le fonds est destiné à augmenter vos revenus de retraite. Le maximum des contributions et de la déduction annuelle ne peut dépasser $3 500 ou $5 000 selon le cas (voir page 132).

***Rente:** revenus de pension destinés à un retraité. Cela peut vouloir dire aussi une rente viagère qui, un peu comme le contrat de rente à versements invariables, est une hypothèque à l'envers. La distinction à retenir ici est qu'une rente viagère doit fournir un revenu mensuel ou annuel jusqu'à la mort du retraité. Une rente viagère simple cessera au décès du retraité, peu importe le montant confié à l'assureur-vie; une rente viagère garantie pendant cinq, dix ou quinze ans procurera un revenu minimum pendant une période fixe, peu importe si le retraité meurt. Une rente viagère réversible qui sera versée au retraité puis, s'il meurt, tant que vivra son conjoint. A moins que la rente viagère n'ait été achetée à même un régime d'épargne-retraite ou un fonds de pension, les contributions que vous pourriez y faire ne sont pas déductibles.

Report d'une perte: lorsque vos revenus sont insuffisants pour absorber une perte ou que vous avez atteint la déduction maximum pour une perte, le fisc vous permet de reporter pendant au moins six ans la fraction non déduite de la perte (voir pages 60, 118, 119, 155).

Revenu de location: comme propriétaire d'un immeuble, d'un chalet ou si vous avez une entreprise de location d'appareils divers (enseignes, équipement de radio ou de télévision, automobiles, etc.), vous ne pouvez jamais créer de perte fiscale en réclamant une allocation de coût en capital. Seuls les entreprises immobilières ou les individus possédant des immeubles résidentiels à foyers multiples (taux d'allocation de 5% pour les classes 31 et 32) ont droit de créer une perte en déduisant aux fins d'impôt plus de dépenses qu'ils n'ont de revenus.

Revenu net: il ne faut pas confondre ici le revenu net mentionné au bas de la page 2 de la formule d'impôt provincial et au haut de la page 2 de la formule d'impôt fédéral avec le revenu net d'un travail à votre compte. Le revenu net d'affaires est le revenu total moins toutes vos dépenses de travail à inscrire aux cases 51 à 55 de la formule provinciale et aux cases 19 à 23 de la formule fédérale avec les explications d'un état de revenus et dépenses fait par vous-même ou selon les méthodes suggérées par les deux gouvernements.

Roulement: le roulement est un transfert non imposable de dollars d'un régime d'épargne à un autre comme l'explique le diagramme de la page 128.

Solde décroissant: balance de capital à rembourser, qui va en décroissant et sur laquelle sont calculés vos intérêts d'emprunts. C'est aussi la fraction non amortie du coût en capital qui va en décroissant au fur et à mesure que vous réclamez une déduction annuelle pour un immeuble ou un bien procurant un revenu.

Transfert de revenus: les conjoints peuvent s'échanger des revenus lorsque les circonstances permettent de réduire l'impôt du couple. Les revenus transférables sont les allocations familiales, les revenus de dividendes et tout revenu net excédant $1 600 au provincial et $2 370 au fédéral d'une personne à charge pour laquelle vous réclamez des frais médicaux.

Transfert de déductions: les conjoints peuvent s'échanger des exemptions et déductions lorsque les circonstances permettent de réduire l'impôt du couple. Les exemptions ou déductions transférables sont les exemptions de personnes à charge, l'exemption d'invalidité, l'exemption en raison d'âge, la déduction pour revenus d'intérêts et de dividendes (plus gain de capital au fédéral), la déduction d'un revenu de pension, la déduction fédérale relative aux études et la déduction pour frais médicaux.

Valeur de rachat: l'élément épargne d'une police d'assurance-vie entière ou libérée à soixante-cinq ans. Cette portion sert souvent à enregistrer un régime d'épargne-retraite et c'est ce montant d'épargnes qui vous sera remboursé si vous "rachetez" ou mettez fin à votre police.

Vente à perte: vente de placements ou de biens, destinée à enregistrer une perte dont la déduction aux fins d'impôt vous permettra d'alléger votre perte financière réelle (voir *perte de capital* plus la page 117).

VOTRE GUIDE D'ADRESSES ET DE NUMÉROS DE TÉLÉPHONE

Ce guide pratique a été préparé pour faciliter vos communications au chapitre de l'impôt et de tous les avantages sociaux que vous procurent les gouvernements fédéral et provincial. Nous n'avons inscrit les adresses et numéros de téléphone que des services et bureaux les plus importants à travers la province. Vérifiez donc dans votre annuaire téléphonique pour retrouver le service désiré sous les rubriques Gouvernement fédéral ou Gouvernement provincial si vous demeurez à l'extérieur des grands centres. La plupart des services accepteront des appels à frais virés ou offriront des numéros Zénith en passant par la téléphoniste.

COMMISSION DES ACCIDENTS DU TRAVAIL

Montréal	873-3990 2, Complexe Desjardins (C.P. 3) Tour de l'est
Québec	Siège social 643-5860 524, rue Bourdages

Sherbrooke	567-3905 1335 ouest, rue King
Trois-Rivières	379-5820 500, rue des Erables Cap-de-la-Madeleine
Chicoutimi	545-9740 54 est, rue Racine
Hull-Ottawa	770-3124 295, boul. Saint-Joseph

BUREAUX DE TAXE DE VENTE FÉDÉRALE

Montréal	283-2985 (taxe de vente) 283-2990 (taxe d'essence) 515 ouest, rue Ste-Catherine
Québec	694-4012 2815 boul. Laurier
Sherbrooke	565-4910 50, rue Couture
Trois-Rivières	375-1561 Edifice fédéral (C.P. 847)
Chicoutimi	543-7988 282 ave. Ste-Anne 2e étage (C.P. 1000)
Hull-Ottawa	995-0154 219 ave Argyle (C.P. 8257)

BUREAUX DE TAXE DE VENTE PROVINCIALE

Le remboursement de taxes n'est pas imposable mais vous devez réduire d'autant vos dépenses déductibles. Seuls les pêcheurs et agriculteurs ont droit au remboursement de la taxe d'essence.

Montréal	873-2780 (taxe d'essence) 873-2800 (taxe de vente) 3, Complexe Desjardins (C.P. 300)
Québec	643-6028 (taxe d'essence) 200 sud, rue Dorchester 643-6010 (taxe de vente) 77, rue St-André

BIEN-ÊTRE SOCIAL (MINISTÈRE DES AFFAIRES SOCIALES DU QUÉBEC)

Montréal	873-2580 6161, rue Saint-Denis
Québec	643-3380 1005, Chemin Ste-Foy

BUREAUX D'IMPÔT FÉDÉRAL

Précisez toujours votre situation en appelant les services de renseignements car il y a une section de remboursement, une section des travailleurs à leur compte et une section des oppositions. Tout officier aux renseignements peut vous aider sommairement par téléphone à comprendre la loi mais il n'y a rien de mieux que de vous rendre sur place avec vos documents. Si vous pouvez former un groupe pour aider gratuitement les contribuables à faire leur rapport d'impôt, les services de relations publiques organisent des sessions spéciales d'entraînement.

Montréal	283-5300 (renseignements) 283-5328 (service d'interprétation) 305 ouest, boul. Dorchester relations publiques: 283-5391
Québec	694-3180 (renseignements) 165, sud, rue Dorchester relations publiques: 694-3234
Sherbrooke	565-4888 (renseignements) 50, rue Couture (C.P. 1300) relations publiques: 565-4200
Rouyn-Noranda	764-5171 11 est, rue du Terminus relations publiques: 764-5171

BUREAUX D'IMPÔT PROVINCIAL

Préciser toujours votre situation en appelant les services de renseignements, car il y a une section de remboursement, une section des travailleurs à leur compte, une section des oppositions et une section de l'impôt sur les dons et les successions. Contrairement à l'impôt fédéral, les services d'interprétation de la loi sont au siège social du ministère à Québec. La liste suivante des bureaux ne tient pas compte des services que le ministère du Revenu offre temporairement dans une vingtaine de centres entre février et mai. Tout officier aux renseignements peut vous aider sommairement par téléphone à comprendre la loi mais il n'y a rien de mieux que de vous rendre sur place avec vos documents.

Montréal	873-2611 (renseignements) 3, Complexe Desjardins
Québec	643-6150 (renseignements) 200 sud, rue Dorchester
Sherbrooke	563-3034 (renseignements) 112 sud, rue Wellington
Jonquière	547-9386 (renseignements) 50, boul. Harvey
Hull-Ottawa	770-1768 (renseignements) 717, boul. St-Joseph à Hull

RÉGIE DE L'ASSURANCE-MALADIE

Pour toute correspondance, écrire à Case postale 6600 Québec, G1K 7T3

Montréal	878-9261
Québec	643-3445
Hull-Ottawa	778-0730

LES CENTRES D'ASSURANCE-CHÔMAGE

Montréal

Longueuil:	283-3372 371, rue Saint-Jean
centre-nord:	283-3801 5800, rue Saint-Denis
centre-sud:	283-3464 2020, rue University pièce 402 et 600
nord-est:	283-3850 C.P. 1500 succ. Jean-Talon
nord-ouest:	283-3862 9275, rue Clark

sud-est:	283-3883 6850 est, rue Sherbrooke
sud-ouest:	283-3163 1055, rue Galt
Trois-Rivières	378-6171 140, rue St-Antoine
	Québec
est:	694-3440 137 ouest, des Chênes
ouest:	694-4750 930, chemin Ste-Foy
Sherbrooke	565-4280 299, rue Olivier
Chicoutimi	549-3216 267 est, rue Racine
Rouyn-Noranda	762-0951 40, ave du Lac
Hull-Ottawa	778-0511 Place du Portage 2e étage rue de l'Hôtel de Ville

PENSION DE VIEILLESSE, SUPPLÉMENT DE REVENU GARANTI ET D'ALLOCATION AU CONJOINT

La pension fédérale de la Sécurité de la Vieillesse est un revenu imposable mais non le Supplément de Revenu garanti et l'Allocation au conjoint. Tout bureau de poste pourra vous procurer une formule spéciale pour demander votre pension à Ottawa. Au besoin, des fonctionnaires se rendront chez vous pour vous aider à remplir les formules de supplément de Revenu garanti ou d'Allocation au Conjoint.

Montréal	283-5750 1, Complexe Desjardins Tour sud, suite 1004
Québec	694-3332 15, rue Henderson
Hull-Ottawa	996-6644 217, rue Queen Edifice Trafalgar à Ottawa

LA RÉGIE DES RENTES DU QUÉBEC

Toutes les prestations de la Régie des Rentes, y compris celles destinées aux enfants de 18 ans et moins, doivent être déclarées dans votre revenu. Tenez-en toujours compte en réclamant l'exemption d'une personne à charge. Par contre les remboursements de taxes foncières ne sont pas imposables.

Montréal	873-2433 3565, rue Berri
Québec	643-2181 2525, boul. Laurier
Sherbrooke	569-9575 230 ouest, rue King
Trois-Rivières	378-4519 118, rue Radisson
Chicoutimi	549-2684 267 est, rue Racine
Hull	770-6165 165, rue Wellington

VOS NUMÉROS DE TÉTÉPHONE ET ADRESSES PERSONNELS

Le fonctionnaire provincial
préposé à mon dossier: tél:

Le fonctionnaire fédéral
préposé à mon dossier: tél:

Le responsable du personnel
chez mon employeur: tél:

Mon comptable: tél:

Mon courtier: tél:

Mon notaire: tél:

DES DATES À RETENIR POUR RÉDUIRE VOTRE IMPÔT L'AN PROCHAIN

Janvier

— Si vous songez à contribuer à un régime d'épargne-retraite, faites-le au début de l'année plutôt que d'attendre l'échéance ultime. Vous gagnerez un an d'intérêt et, si vous empruntez pour faire des versements mensuels, vous pourrez déduire entièrement vos frais d'emprunt (voir page 132).

Février

— comme salarié, vous devez remplir les formules TD1 et TPD1 indiquant les exemptions personnelles auxquelles vous avez droit pour la retenu d'impôt à la source. Ne prêtez pas d'argent sans intérêt au gouvernement et tenez compte de tout changement anticipé au cours de l'année (mariage, naissance, enfants qui auront seize ans et plus, déduction relative aux études) pour réclamer le maximum et augmenter du coup votre revenu disponible (voir page 41).

— Commencez immédiatement à magasiner si vous avez l'intention d'acheter une maison. La transaction ne vous empêchera pas de contribuer une dernière fois à votre régime d'épargne-logement.

31 mars

— Si vous avez payé plus de $800 d'impôt fédéral et provincial l'an dernier comme travailleur à votre compte, c'est la date ultime pour faire votre premier paiement trimestriel d'impôt. Tout retard entraînera une pénalité de 15% au provincial et de 6% au fédéral sur les montants impayés (voir page 161).

— C'est le temps de commencer vos visites ou de communiquer directement avec des entrepreneurs en construction si vous songez à acheter un immeuble résidentiel, neuf ou usagé, seul ou en copropriété, avant la fin de l'année pour profiter des taux d'allocation en coût de capital et d'un minimum de revenus locatifs l'année suivante. Le marché des locataires est très mou et il vous faudra du temps pour trouver de bons clients.

— Si vous songez à vous lancer entièrement à votre compte en quittant votre statut de salarié, c'est le meilleur moment pour le faire sur le strict plan fiscal (voir page 57).

30 juin

— Deuxième date limite pour les versements trimestriels d'impôt pour les travailleurs à leur compte.

30 septembre

— Troisième date limite pour les versements trimestriels d'impôt pour les travailleurs à leur compte.

— Les contribuables désireux d'acheter bientôt un contrat de rentes à versements invariables devraient s'informer des taux d'intérêt. Si les taux grimpent, attendez aussi longtemps que vous le pouvez. S'ils baissent, achetez le plus tôt possible (voir page 134).

30 octobre

— Commencez immédiatement à magasiner pour votre régime d'épargne-logement pour éviter la bousculade du temps des fêtes.

15 décembre

— Date ultime pour réaliser dans un délai normal une vente à perte sur vos actions, obligations et biens personnels désignés (voir page 117).

— Mais parce que vous n'êtes pas le seul à agir ainsi, c'est également la meilleure période pour acheter des titres semblables.

31 décembre

— Quatrième date limite pour les versements trimestriels d'impôt pour les travailleurs à leur compte.

— Première date limite pour le versement partiel d'impôt pour les pêcheurs et les agriculteurs (voir page 57).
— Date ultime pour contribuer à un régime d'épargne-logement.

Février

— Dès que vous recevez vos T4 et TP-4 comme salarié ainsi que les autres reçus pour diverses contributions, commencez à préparer votre rapport pour avoir plus facilement accès aux fonctionnaires avant la grosse saison.
— Date ultime pour contribuer à un régime d'épargne-retraite et à un contrat de rente à versements invariables.

30 avril

— Date ultime pour tous les particuliers, travailleurs à leur compte comme salariés, pêcheurs et agriculteurs pour faire un rapport d'impôt sauf si vous vous êtes lancé en affaires après le début de l'année précédente.

Printemps

— Dès la réception des avis de cotisation provinciale et fédérale, vous avez quatre-vingt-dix jours pour loger des avis d'opposition si vous voulez contester une décision du fisc sur votre impôt.

Gouvernement du Québec
Ministère du Revenu

COPIE À RETOURNER

TP1

DÉCLARATION DES REVENUS 1977

IDENTIFICATION

• 01 Date de naissance – **guide 1** (jour / mois / année)

02 Est-ce votre première déclaration des revenus? oui ☐ non ☐
Si non, l'année d'imposition de votre dernière déclaration est 19

Nom sur ma dernière déclaration des revenus:
identique à la ligne 05 ☐ ou

03

VOUS DEVEZ REMPLIR LA PARTIE CI-DESSOUS
POUR COMPLÉTER VOTRE IDENTIFICATION

Numéro d'assurance sociale – **guide 2**

04

Nom de famille (en lettres moulées)

05

Prénoms (en lettres moulées)

06

Adresse (en lettres moulées) N° et rue, N° d'app., C.P. ou R.R.

07

Ville, village, municipalité

08

Code postal

09

• 20 1 ☐ Monsieur 2 ☐ Madame 3 ☐ Mademoiselle

Le 31 déc. 1977 j'étais:

21 Marié(e) 1 ☐ Veuf(ve) 2 ☐ Divorcé(e) 3 ☐ Séparé(e) 4 ☐ Célibataire 5 ☐ Religieux(se) 6 ☐

Prénom usuel de mon conjoint

22

Même adresse ☐ ou

N° d'ass. soc. du conjoint si différent de l'étiquette – **guide 2**

23 Si votre conjoint n'a pas de n° d'ass. sociale, cocher ☐

Province de résidence au 31 décembre 1977 – **guide 3**

24 Québec ☐ ou

Si vous résidiez au Québec le dernier jour de l'année d'imposition, déclarer vos revenus de toutes sources

Si vous n'avez pas résidé au Québec 12 mois en 1977, donner la date de votre
Arrivée (jour mois année) Départ (jour mois année) – **guide 65**

Si vous n'avez pas résidé au Canada 12 mois en 1977, donner la date de votre
Arrivée (jour mois année) Départ (jour mois année) – **guide 4 et 5**

Genre d'emploi en 1977

25

CONTINUEZ À LA PAGE 2, LIGNE 26

SOMMAIRE DE L'IMPÔT ET DES CONTRIBUTIONS

Avant de compléter cette partie, consultez le guide (n° 48) pour savoir si vous avez à calculer un redressement d'impôt ou un dégrèvement pour dividendes ou pour impôts étrangers.

Revenu imposable 147 reporté de la ligne 146

Impôt: – établir votre impôt selon la table no 2 ou l'Annexe 9, Calcul détaillé de l'impôt • 148

Moins: Contribution politique autorisée – annexer reçus – **guide 51**

Contribution totale 150 Contribution admissible 149 *p. 159*

Impôt à payer (ligne 148 moins ligne 149) 150.1 *p. 159*

R.R.Q. – AUTONOME SEULEMENT: Reporter ici la contribution requise établie à la ligne 89 de la page 3 151

F.P.S. – Reporter ici la contribution calculée à la page 3 • 152

Total (additionner les lignes 150.1 à 152) 153 *p. 160*

Moins:

Impôt du Québec déduit selon les feuillets	154
Contribution au F.P.S. selon les feuillets	155
Contribution payée en trop au R.R.Q. établie à la page 3	156
Montant de la remise de contribution au R.R.Q. établi au Tableau C de la page 3	157
Montant payé par versements – **guide 53**	158
Transfert de déductions d'impôt (paiement de redressement) – **guide 54**	159
Total (additionner les lignes 154 à 159)	160

Solde (ligne 153 moins ligne 160) 161

Plus: Pénalité pour retard à produire votre déclaration (5% du solde impayé au 30 avril 1978) – **guide 55** 162 *p. 161*

Inscrire ce montant dans la case appropriée ci-dessous 163

SOLDE À PAYER • 164 *p. 160* **REMBOURSEMENT RÉCLAMÉ** • 164 *p. 160* **R.R.Q. SELON LES FEUILLETS** 165

Effectuer votre paiement par chèque ou mandat, payable à l'ordre du ministre du Revenu du Québec. Ne pas envoyer d'argent par la poste.

REPORTÉ DE L'ANNEXE 9 — Revenus imposés à taux réduit 166 — Redressement d'impôt 167 — Dégrèvement pour impôts étrangers 168 *p. 160*

IMPÔT SUR LES DONS

Avez-vous fait don de biens en 1977, y compris des titres ou espèces, à une même personne pour une valeur totale de plus de $3,000 ($15,000 s'il s'agit du conjoint) ou d'une somme quelconque à une fiducie ou par voie de constitution? oui ☐ non ☐

Si "Oui" vous devez remplir et produire au plus tard le 30 avril 1978, une déclaration d'impôt sur les dons. Vous pouvez vous procurer la formule de déclaration d'impôt sur les dons et le guide à un bureau du ministère du Revenu du Québec. 169

Revenus d'entreprise – Renseignements requis pour tout particulier travaillant à son propre compte (autonome).

Genre d'entreprise ou de profession

Raison sociale

Adresse commerciale

Noms des associés, s'il y a lieu

Nom et adresse de tout particulier ou maison qui, contre rémunération, a complété cette déclaration pour le contribuable.

Nom Adresse

Tél.:

Je déclare que les renseignements donnés dans la présente formule et dans toutes les pièces ci-annexées sont vrais, exacts et complets sous tous rapports et qu'ils révèlent mes revenus de quelque source que ce soit.

Signer ici

Date Tél.: Bur.: Rés.:

Quiconque fait une fausse déclaration commet une infraction grave.

A l'usage du ministère seulement

• 170 171 172 173

174 175 176

P: . . . . S: . . . .

Formule autorisée et prescrite par le ministre du Revenu du Québec

CALCUL DU REVENU NET

Revenus

Revenus d'emploi

Poste	Ligne	Montant
Total des gains avant déductions selon la case "C" des feuillets TP4 – TP4(G) et autres – **guide 7** •	26	pp. 43, 90
Commissions, s'il en est, incluses dans le total des gains ci-dessus – **guide 7**	27	pp. 46, 90
Allocations de formation des adultes, montant net des subventions à la recherche – **guide 8**	28	pp. 50, 90
Pourboires, gratifications et autres revenus d'emploi – **guide 9**	29	pp. 46, 90
Total (Additionner les lignes 26, 28 et 29)	30	pp. 50, 90
Moins: Déduction générale – 3% du total ci-dessus – maximum $500 – **guide 10**	31	pp. 50, 90
Autres déductions admissibles dans le calcul du revenu d'emploi – **guide 11 et 12** – remplir et joindre l'annexe 12	32	pp. 51, 90
(Additionner les lignes 31 et 32)	33	
Solde (Ligne 30 moins ligne 33)	34	

Revenus de pension

Poste	Ligne	Montant
Pension de sécurité de la vieillesse – **guide 13** maximum $ 1,746.84	35	p. 96
Prestations du R.R.Q. ou du Régime de pensions du Canada – TP4A(P) – **guide 14**	36	pp. 90, 98
Prestations d'un régime de retraite – TP4A – TP4A(G) – **guide 15**	37	p. 90
Prestations d'un régime enregistré d'épargne-retraite – TP4RSP	38	pp. 90, 100
Prestations d'un régime d'intéressement différé – TP4A	39	pp. 90, 100
Autres pensions, allocations de retraite ou prestations au décès – annexer les feuillets – **guide 16**	40	pp. 90, 100, 113

Revenus d'autres sources

Poste	Ligne	Montant
Prestations d'assurance-chômage – annexer le feuillet TP4U	41	pp. 90, 106
Montant imposable des dividendes de corporations canadiennes imposables – (Annexe 1, ligne 180) – **guide 17**	42	pp. 90, 109
Autres dividendes de corporations canadiennes imposables – (Annexe 1, ligne 185) – **guide 17**	43	pp. 90, 109
Revenus d'intérêts – remplir et joindre l'annexe 1, ligne 181 – **guide 18**	44	pp. 90, 111, 113
Autres revenus de placement – remplir et joindre l'annexe 1, ligne 186	45	pp. 90, 111
Prestations d'un régime enregistré d'épargne-logement – **guide 19**	46	pp. 90, 123, 124, 144
Revenus de location d'immeubles – remplir les annexes 4 et 5 — Bruts 56: p. 113 — Nets	47	pp. 90, 113
Gains en capital imposables ou pertes en capital admissibles – remplir et joindre l'annexe 2 – **guide 22**	48	pp. 87, 90, 117, 118
Pension alimentaire ou allocation de séparation reçue de	49	pp. 90, 123, 125
Autres revenus – **guide 24** – préciser	50	pp. 90, 123

Revenus d'entreprise – remplir et joindre les états appropriés (annexe 3) – guide 23

Poste		Bruts		Nets
Revenus d'affaires (ventes)	57	pp. 52, 55	51	pp. 52, 55, 60, 90
Revenus de profession	58	p. 55	52	pp. 55, 60, 90
Revenus de commissions – annexer feuillets TP4A	59	pp. 52, 55	53	pp. 52, 55, 60, 90
Revenus d'agriculture	60	p. 55	54	pp. 55, 60, 90
Revenus de pêche	61	p. 55	55	pp. 55, 60, 90
Revenu total (Additionner les lignes 34 à 55)			62	

Déductions

Poste	Ligne	Montant
Contribution au R.R.Q. établie à la page 3 – ligne 80 ou 94	63	pp. 89, 90, 127, 130
Primes d'assurance-chômage déductibles selon votre déclaration d'impôt fédéral •	64	pp. 89, 90, 107, 127, 130
Contributions à un régime enregistré de retraite – **guide 25**	65	pp. 89, 90, 127, 130
Primes versées à un régime enregistré d'épargne-retraite – annexer reçus – **guide 26**	66	pp. 89, 90, 127, 132
Primes versées à un régime enregistré d'épargne-logement – annexer reçus – **guide 27**	67	pp. 89, 90, 127, 133
Cotisations syndicales ou professionnelles – annexer reçus – **guide 28** •	68	pp. 89, 90, 127
Pension alimentaire **guide 29** — Nom du bénéficiaire — Adresse — Numéro d'assurance sociale	69	pp. 89, 90, 127, 139, 147
Frais de scolarité – annexer reçus – **guide 30**	70	pp. 89, 90, 127, 129
Frais de garde d'enfants – annexer reçus – remplir et joindre l'annexe 6 – **guide 31**	71	pp. 89, 90, 127, 138
Frais de déménagement – annexer reçus – **guide 32**	72	pp. 50, 89, 90, 127, 134
Autres déductions – **guide 33** – préciser	73	pp. 89, 90, 101, 127, 134
Total (Additionner les lignes 63 à 73)	74	pp. 89, 90, 127
Revenu net (Ligne 62 moins ligne 74) •	75	pp. 130, 146

(Reporter à la page 4, ligne 115)

À l'usage du ministère seulement

RÉGIME DE RENTES DU QUÉBEC (R.R.Q.) — guide 56 à 62 Pour deux emplois et plus en 1977 voir Contribution facultative — guide 60

SALARIÉ: personne dont le revenu provient de salaires selon les feuillets TP4

p. 130

Salaires admissibles au R.R.Q. selon feuillets TP4 — TP4(G) — **guide 58**	Maximum $9,300	76	
Moins: Exemption — inscrire $900 — **guide 57**		77	
Gains cotisables — Maximum $8,400		78	
Contribution au R.R.Q. selon feuillets TP4 — TP4(G) — **guide 59**	(Reporter à la ligne 165 de la page 1)	79	
Moins: Contribution au R.R.Q. selon la Table nº 1 — Maximum $151.20	(Reporter à la ligne 63 de la page 2)	80	
Contribution payée en trop — **guide 60**	(Reporter à la ligne 156 de la page 1)	81	

AUTONOME: personne dont le revenu provient en tout ou en partie d'une entreprise (lignes 51 à 55)

TABLEAU A — CALCUL DE LA CONTRIBUTION REQUISE

Revenus d'entreprise — **guide 61**		82	
Salaires admissibles au R.R.Q. selon feuillets TP4 — TP4(G) — **guide 58**		83	
Total des gains admissibles — Maximum $9,300		84	
Moins: Exemption — inscrire $900 — **guide 57**		85	
Gains cotisables — Maximum $8,400		86	
Contribution au R.R.Q. — inscrire 3.6% des gains cotisables — Maximum $302.40		87	
Moins: Contribution au R.R.Q. à titre de salarié "TP4 — TP4(G)" —voir note	$ x 2	88	
Contribution requise au R.R.Q.	(Reporter à la ligne 151 de la page 1)	89	

Note: *Si le montant inscrit à la ligne 88 excède le montant inscrit à la ligne 87, vous avez payé une contribution en trop égale à: (ligne 88 moins ligne 87) ÷ 2. Reporter ce dernier montant à la ligne 156 de la page 1.*

TABLEAU B — CALCUL DE LA DÉDUCTION AUTORISÉE DANS LE CALCUL DU REVENU NET

Contribution requise au R.R.Q., ligne 89 ci-dessus (si le montant inscrit à la ligne 88 est plus grand que celui inscrit à la ligne 87, ne rien inscrire)		90	
Contribution au R.R.Q. à titre de salarié selon feuillets TP4 — TP4(G)	(Reporter à la ligne 165 de la page 1)	91	
Total		92	
Moins: Contribution payée en trop (voir note ci-dessus)		93	
Déduction autorisée	(Reporter à la ligne 63 de la page 2)	94	

TABLEAU C — CALCUL DE LA REMISE AU TRAVAILLEUR AUTONOME D'UNE PARTIE DE LA CONTRIBUTION AU R.R.Q. — guide 62

Inscrire 50% de la contribution requise au R.R.Q. établie au tableau A, ligne 89	95		
Inscrire — $5,600 pour une personne ayant droit à l'exemption de personne mariée, à l'exemption équivalente ou à l'exemption pour les membres d'un ordre religieux, ou — $3,700 pour les autres personnes		96	
Revenu net établi à la ligne 75 de la page 2	97		
Plus: Revenu net du conjoint ou de la personne à charge donnant droit à l'exemption équivalente moins $500	98		
Reporter et soustraire	99		
Montant de la remise (Reporter le moindre de la ligne 95 ou de la ligne 100 à la ligne 157 de la page 1)		100	

FINANCEMENT DES PROGRAMMES DE SANTÉ (F.P.S.) — guide 63 à 65

Pour les personnes ayant résidé 12 mois au Québec. Pour les autres personnes, voir guide 65

A — Revenu net inférieur à $5,600: pour les personnes ayant droit à l'exemption de personne mariée, à l'exemption équivalente ou à l'exemption pour les membres d'un ordre religieux (y compris la partie qui excède $500. du revenu net du conjoint durant le mariage, ou de la personne donnant droit à l'exemption équivalente). **Revenu net inférieur à $3,700:** pour les autres personnes.	**Aucune contribution à payer**
B — Revenu net entre $5,600 et $5,685.28: pour les personnes ayant droit à l'exemption de personne mariée, à l'exemption équivalente ou à l'exemption pour les membres d'un ordre religieux (y compris la partie qui excède $500. du revenu net du conjoint durant le mariage, ou de la personne donnant droit à l'exemption équivalente). **Revenu net entre $3,700 et $3,756.33:** pour les autres personnes	**Compléter le tableau I ci-dessous**
C — Revenu net inférieur à $15,666.67: pour les personnes non visées en A ou B ci-dessus.	**Établir votre contribution à l'aide de la Table nº 3 et l'inscrire à la ligne 152 de la page 1**
D — Revenu net supérieur à $15,666.67: provenant uniquement de salaires ou reçu par une personne née avant 1913.	**Inscrire $235. à la ligne 152 de la page 1**
E — Revenu net supérieur à $15,666.67 et qui ne provient pas uniquement de salaires.	**Compléter le tableau II ci-dessous**

TABLEAU I — CALCUL DE LA CONTRIBUTION — Voir B

Contribution sur le revenu net (ligne 75) établie selon la Table Nº 3	101		
Revenu net (ligne 75)		102	
Plus: Revenu net de votre conjoint durant le mariage, ou de la personne vous donnant droit à l'exemption équivalente, moins $500.		103	
Total		104	
Moins: —$5,600. pour une personne réclamant l'exemption de personne mariée, l'exemption équivalente ou l'exemption pour les membres d'un ordre religieux, ou —$3,700. pour les autres personnes.		105	
Solde Si la ligne 105 est plus grande que la ligne 104, inscrire 0 (Reporter le moindre de la ligne 101 ou de la ligne 106 à la ligne 152 de la page 1)		106	

TABLEAU II — CALCUL DE LA CONTRIBUTION — Voir E (ne s'applique pas aux personnes nées avant 1913 — Voir D)

1.5% du revenu net (ligne 75) Maximum $375	107		
Revenu net (ligne 75)		108	
Total des gains, lignes 26 et 29	109		
Plus: 1/4 du revenu net (ligne 75)	110		
Reporter et soustraire	111		
Solde Si la ligne 111 est plus grande que la ligne 108, inscrire 0		112	
Plus: Montant fixe		113	235 00
Total (Additionner les lignes 112 et 113) (Reporter le moindre de la ligne 107 ou de la ligne 114 à la ligne 152 de la page 1)		114	

CALCUL DU REVENU IMPOSABLE

Revenu net (Reporté de la page 2, ligne 75) | 115

Exemption de base pour tous — Inscrire $1,600 | 116

Exemption en raison d'âge, si né(e) avant 1913 – guide 35 — Inscrire $1,000 | 117 | p. 146

Réclamer une exemption pour un seul des cinq cas suivants — Cocher (✓) la case appropriée ● 124

Noter que la pension de sécurité de la vieillesse (y compris le supplément et l'allocation), les prestations du Régime de rentes du Québec ou du Régime de pensions du Canada, les prestations d'assurance-chômage reçues par votre conjoint ou une personne à votre charge font partie de son revenu net.

Exemption de personne mariée – guide 34 et 36

Si, en 1977, le revenu net de votre conjoint, durant le mariage, n'excédait pas $500, **inscrire $1,900 à la ligne 118** ☐ 1

Si, en 1977, le revenu net de votre conjoint, durant le mariage, excédait $500, **remplir le tableau ci-dessous** ☐ 2

Exemption équivalente – guide 36a — Célibataire, divorcé(e), séparé(e) ou veuf(veuve) qui maintient, seul ou avec une ou plusieurs autres personnes, un logement où il vit et subvient aux besoins d'une personne entièrement à charge, unie à lui et à une ou plusieurs de ces personnes par les liens du sang, du mariage ou de l'adoption. Inscrire le nom de la personne à charge dans le tableau **"RENSEIGNEMENTS"** au bas de la page.

118 | pp. 146, 147, 149

Si, en 1977, le revenu net de la personne à charge n'excédait pas $500, **inscrire $1,900 à la ligne 118** ☐ 3

Si, en 1977, le revenu net de la personne à charge excédait $500, **remplir le tableau ci-dessous** ☐ 4

Exemption pour les membres d'un ordre religieux – guide 37

Si vous avez prononcé des voeux de pauvreté perpétuelle, **inscrire $1,900 à la ligne 118** ☐ 5

Remplir ce tableau lorsque la case 2 ou 4 est cochée

	125	2,400 00
Moins: le revenu net du conjoint ou de la personne à charge	126	
Inscrire et reporter à la ligne 118	127	

Exemption pour enfants et autres personnes à charge – guide 38 – Noter qu'aucune réclamation ne doit être faite ci-dessous pour une personne qui a) est âgée de moins de 16 ans, ou b) a un revenu excédant $1,600, ou c) a déjà été l'objet d'une réclamation ci-dessus. Remplir le tableau **"RENSEIGNEMENTS"** au bas de la page.

Fils, filles, petits-fils, petites-filles, neveux et nièces – **guide 38**	119	p. 148
Père, mère, grand-père, grand-mère, oncles et tantes (et ceux du conjoint) – **guide 39**	120	p. 149
Frère, soeur, beau-frère, belle-soeur – **guide 39**	121	p. 149
Total (Additionner les lignes 116 à 121) ●	122	

Sous-total (ligne 115 moins ligne 122) | 123

Déduction pour intérêts et dividendes nets – guide 40 — Maximum $1,000	128	pp. 109, 111, 113, 152
Déduction en raison d'un revenu de retraite – réclamer le moindre de $1,000 ou du montant reçu – **guide 41**	129	pp. 101, 130, 153

Déduction pour frais médicaux et dons de charité

Frais médicaux –	Remplir et joindre l'annexe 7 – **guide 42**	136	p. 150
	Moins: 3% du revenu net (ligne 115)	137	p. 150
	Partie admissible des frais médicaux	138	p. 150
Dons de charité –	Remplir et joindre l'annexe 8 – **guide 43**	139	pp. 152, 155
	TOTAL (Additionner les lignes 138 et 139)	140	

Vous pouvez réclamer $100 (reçus non requis) ou le total ci-dessus – **mais non les deux** | 130 | p. 150

Déduction pour invalidité – Pour les aveugles et les personnes retenues au lit ou dans un fauteuil – **guide 44**

Vous-même — Inscrire $1,000	131	p. 49
Personne à charge autre que votre conjoint – remplir et joindre l'annexe 11 – **guide 44a**	132	pp. 49, 154

Transfert de déductions d'un conjoint à l'autre – remplir et joindre l'annexe 10 – **guide 45** | 133 | p. 154

Si vous demandez le "Transfert de déductions d'un conjoint à l'autre" compléter une déclaration pour votre conjoint (voir annexe 10) et reporter ici les renseignements correspondants.

1- Date de naissance du conjoint	141	p. 154
2- Revenu de retraite du conjoint – **guide 41**	142	p. 154
3- Revenu d'intérêts et dividendes du conjoint	143	p. 154
4- Revenu net du conjoint – **guide 34**	144	p. 154

Pertes d'autres années, autres que les pertes en capital – guide 46	134	pp. 60, 155
Pertes nettes en capital d'autres années – guide 47	135	pp. 53, 155
Total (Additionner les lignes 128 à 135)	145	

Revenu imposable (Ligne 123 moins ligne 145 et reporter à la ligne 147 de la page 1) ● 146

RENSEIGNEMENTS: Remplir ce tableau si vous avez réclamé des exemptions pour des enfants ou d'autres personnes à charge, sauf votre conjoint – **guide 38**

Nom (donner l'adresse de ceux qui ne demeurent pas avec vous)	Nº d'assurance sociale	Parenté	Date de naissance (jour mois an)	Revenu net de la personne à charge	Si vous réclamez une exemption (autre que l'exemption équivalente) pour un enfant ou une personne à charge de 21 ans ou plus, nommer l'école ou l'université fréquentée ou indiquer s'il est infirme.
Adresse					
Adresse					

Annexer une feuille supplémentaire si l'espace est insuffisant.

Revenu Canada Impôt — Revenue Canada Taxation

08

Déclaration fédérale d'impôt sur le revenu des particuliers de 1977

(pour ceux qui étaient résidents du Québec le 31 décembre 1977)

Identification

Nom de famille (en majuscules)
M.
Mme
Mlle

Prénom usuel et initiales (en majuscules)

Adresse actuelle (en majuscules)

Numéro, rue et nº d'app., C.P. ou R.R.

Ville, province ou territoire — *Code postal*

● Est-ce votre première déclaration d'impôt sur le revenu? Oui ☐ Non ☐

Si «Non», indiquez l'année visée par la dernière déclaration. 19

Nom sur votre dernière déclaration: comme ci-dessus ☐ ou

Adresse sur votre dernière déclaration: comme ci-dessus ☐ ou

Genre de travail ou de profession en 1977

◆ Numéro d'assurance sociale — pp. 31 à 33 — *Comme sur votre carte matricule d'assurance sociale*

● Date de naissance — *Jour* *Mois* *Année*

◆ Province ou territoire de résidence au 31 décembre 1977:

◆ Si vous étiez établi à votre propre compte en 1977, dans quelle province votre entreprise était-elle située?

◆ Le 31 décembre 1977, j'étais: Marié(e) 1☐ Veuf (Veuve) 2☐ Divorcé(e) 3☐ Séparé(e) 4☐ Célibataire 5☐

● Prénom usuel du conjoint

Dont l'adresse est la même que la mienne ☐ ou

◆ Nº d'assurance sociale du conjoint

◆ Si vous êtes devenu résident du Canada ou si vous avez cessé de l'être, en 1977, donner:
Date d'entrée *Jour* *Mois* ou de départ *Jour* *Mois*

Nom de votre employeur actuel

Calcul du revenu total

Section	Ligne	Nº	$ ¢
Revenus tirés d'un emploi	Total des gains avant les déductions, selon la case C de chaque feuillet T4 (annexer copie 2 des feuillets T4)	01	pp. 43, 90
	Commissions (selon case L des feuillets T4) incluses dans le total ci-dessus 02		
	Autres revenus d'emploi, y compris les allocations de formation des adultes, les pourboires et les gratifications (Guide, nº 3; préciser)	03	pp. 47, 90
	Total des gains provenant d'un emploi (somme des lignes 01 et 03)	04	pp. 50, 90
	Soustraire: Déduction pour dépenses relatives à un emploi (Guide, nº 4) Si le montant de la ligne 04 est égal ou supérieur à $8,333, demander $250 Si le montant de la ligne 04 est inférieur à $8,333, voir Guide, 3ᵉ étape	05	pp. 50, 90
	Autres frais déductibles (Guide, nº 5; préciser)	06	pp. 51, 90
	Total des dépenses relatives à un emploi (total des lignes 05 et 06)	07	
	Gains nets provenant d'un emploi (ligne 04 moins ligne 07)	08	p. 90
Revenus de pensions	Pension de sécurité de la vieillesse ($1,746.84 pour une année; pour moins d'un an, Guide, nº 6)	09	p. 96
	Prestations du Régime de pensions du Canada ou du Régime de rentes du Québec (annexer copie 2 du feuillet T4A(P))	10	pp. 90, 98, 106
	Autres pensions et pensions de retraite (annexer copie 3 des feuillets T4A)	11	pp. 90, 100, 113
Revenus d'autres provenances	Paiements imposables d'allocations familiales (Guide, nº 7; annexer la copie du feuillet TFA1)	12	pp. 90, 104
	Prestations d'assurance-chômage (annexer copie 1 du feuillet T4U)	13	pp. 90, 106
	Montant imposable des dividendes de corporations canadiennes imposables (joindre l'Annexe 4 remplie)	14	pp. 90, 109
	Intérêts et autres revenus de placements (joindre l'Annexe 4 remplie)	15	pp. 90, 111, 113
	Revenus de location (Annexe 7) Bruts 83 — Nets	16	pp. 90, 113
	Gains en capital imposables (pertes en capital déductibles) — remplir et joindre l'Annexe 2	17	pp. 46, 87, 90, 117, 118
	Autres revenus (Guide, nº 17; préciser)	18	pp. 90, 123, 124, 144
Revenus provenant d'un travail pour votre propre compte	Déclarer les montants «bruts» et les montants «nets». (Guide, nº 18). Donner à la p. 3 les autres précisions demandées concernant le travail pour propre compte.		
	Revenus tirés d'une entreprise — Bruts 84: pp. 52, 55 — Nets	19	pp. 52, 55, 60, 90
	Revenus professionnels — Bruts 85: p. 55 — Nets	20	pp. 55, 60, 90
	Revenus de commissions — Bruts 86: pp. 52, 55 — Nets	21	pp. 52, 55, 60, 90
	Revenus de l'agriculture — Bruts 87: p. 55 — Nets	22	pp. 55, 60, 90
	Revenus de la pêche — Bruts 88: p. 55 — Nets	23	pp. 55, 60, 90
	Revenu total (total des lignes 08 à 23 incl. — inscrire ce montant à la ligne 24 de la p. 2)	24	

08 — Ne rien écrire ici 92 — Ne rien écrire ici 90

2 Calcul du revenu imposable

Revenu total (selon ligne 24 en page 1) 24

Déductions du revenu total

Cotisations au Régime de pensions du Canada ou au Régime de rentes du Québec (Guide, nº 19)

	Ligne	Renvoi
Cotisations résultant d'un emploi, selon la case D de chaque feuillet T4 (maximum $151.20)	25	pp. 89, 90, 127, 130
Cotisation à payer sur les gains provenant d'un travail pour votre propre compte	26	pp. 89, 90, 127, 130
Primes d'assurance-chômage selon la case E de chaque feuillet T4 (maximum $171.60; Guide, nº 20)	29	pp. 89, 90, 107, 127, 130
Cotisations à un régime enregistré de pensions (Guide, nº 21)	32	pp. 89, 90, 127, 130
Primes d'un régime enregistré d'épargne-retraite (Guide, nº 22; annexer reçus)	33	pp. 89, 90, 127, 132
Contributions à un régime enregistré d'épargne-logement (Guide, nº 23); annexer reçus)	34	pp. 89, 90, 127, 133
Cotisations annuelles syndicales, professionnelles ou semblables (Guide, nº 24; annexer reçus)	35	pp. 89, 90, 127, 133
Frais de scolarité—déductibles par l'étudiant seulement (Guide, nº 25; annexer reçus)	36	pp. 89, 90, 127, 129
Frais de garde d'enfants (remplir et joindre l'Annexe 5)	37	pp. 89, 90, 127, 138
Autres déductions (Guide, nº 27; préciser)	38	pp. 50, 89, 90, 101, 127, 134, 139
Total des lignes 25 à 38 incl.	39	pp. 90, 127

Revenu net (ligne 24 moins ligne 39) 40 pp. 90, 130, 146

Demande d'exemptions personnelles

Exemption personnelle de base Inscrire $2,270 00

Exemption en raison d'âge—Si vous êtes né(e) en 1912 ou avant Inscrire $1,420.00 p. 146

Si vous demandez cette exemption, avez-vous reçu la pension de sécurité de la vieillesse en 1977? Oui ☐ Non ☐

Exemption de marié(e) S'il y a lieu, cocher √ le numéro 1 ou 2.

Marié(e) au 31 décembre 1977 et soutien, en 1977, de votre conjoint

1. dont le revenu net au cours de l'année, pendant le mariage, n'a pas dépassé $380. 1. ☐ Inscrire $1,990.00

2. dont le revenu net au cours de l'année, pendant le mariage, s'est situé entre $380 et $2,370. 2. ☐ 2,370 00 (42) p. 146

Moins: Revenu net du conjoint pendant le mariage

Si vous vous êtes marié(e) en 1977, donnez la date de votre mariage. Inscrire

Exemption pour enfants entièrement à charge *Voir le Guide, nº 33.*

Donnez les précisions exigées ci-dessous et demandez les exemptions suivant l'âge et le revenu net de l'enfant. Ne demandez pas d'exemption, ici, pour un enfant que vous avez déclaré à l'Annexe 6. Voir le nº 33 du Guide si le revenu net de l'enfant dépasse les limites. **Enfants de moins de 16 ans à la fin de 1977**—Déduire $430 pour chaque enfant dont le revenu net n'était pas supérieur à $1,510. **Enfants de 16 ans ou plus à la fin de 1977**—Déduire $780 pour chaque enfant dont le revenu net n'était pas supérieur à $1,590 et qui, s'il a plus de 21 ans, fréquentait l'école ou l'université à temps plein ou était infirme.

Nom de l'enfant (Si vous manquez d'espace, annexez une liste.)	*Lien de parenté avec vous*	*Date de naissance de l'enfant Jour*	*Mois*	*Année*	*S'il avait plus de 21 ans en 1977, indiquez l'école fréquentée ou dites s'il était infirme.*	*Revenu net en 1977 $*	*Exemption*

Total des exemptions pour les enfants entièrement à charge (43) p. 148

Exemptions personnelles supplémentaires, selon l'Annexe 6 ci-jointe (44) pp. 147, 149

Total des exemptions personnelles (additionner les exemptions ci-dessus) (45)

Soustraire la ligne 45 de la ligne 40 46

Autres déductions du revenu net

Déduction forfaitaire—Déduire $100 (aucun reçu nécessaire) **ou** le total de la ligne 50 ci-dessous, **mais non les deux** 47 p. 150

Frais médicaux—(joindre reçus et l'Annexe 3 remplie)	48	p. 150
Moins: 3% du «Revenu net» (ligne 40 ci-dessus)		
Tranche déductible des frais médicaux		
Ajouter: **Dons de charité** (joindre reçus et l'Annexe 3 remplie)	49	p. 152
Total: *(Si ce montant est supérieur à $100, l'inscrire à la ligne 47 ci-dessus)*	50	

	Ligne	Renvoi
Déduction pour intérêts, dividendes et gains en capital (Guide, nº 38; joindre l'Annexe 4 remplie)	51	pp. 109, 111, 113, 117
Déduction relative au revenu tiré d'une pension (Guide, nº 39)	52	pp. 101, 130, 153
Déduction relative aux personnes complètement aveugles à quelque moment que ce soit pendant l'année et aux personnes devant garder le lit ou demeurer dans un fauteuil roulant pendant la majeure partie de la journée au cours de toute période de 12 mois se terminant dans l'année (Guide, nº 40). Personne visée par la demande: Moi-même ☐ ou personne à charge autre que le conjoint (préciser)	53	pp. 149, 154
Déduction relative aux études pour les étudiants admissibles et, sous certaines réserves, pour les personnes soutenant ces étudiants admissibles (Guide, nº 41) Moi-même ☐ ou personne à charge autre que le conjoint (préciser)	54	pp. 129, 154
Déductions admissibles transférées d'un conjoint à l'autre (Guide, nº 42; joindre l'Annexe 9 remplie)	55	p. 154
Dons au Canada ou à une province (Guide, nº 43; joindre les reçus)	56	p. 155
Pertes autres que les pertes en capital d'autres années (Guide, nº 45)	57	pp. 60, 155
Pertes en capital d'autres années (1972 à 1976) (Guide, nº 46)	58	pp. 119, 155
Additionner les lignes 47 et 51 à 58 incl.	59	

Revenu imposable (soustraire la ligne 59 de la ligne 46—inscrire le résultat en page 4) (60)

JOINDRE LES PIÈCES D'ACCOMPAGNEMENT

AU HAUT DE LA PAGE

Résidents du Québec qui occupent un emploi ailleurs qu'au Québec

Si vous avez un revenu imposable pour 1977, si vous résidiez au Québec le 31 décembre 1977 et si vous avez occupé un emploi ailleurs qu'au Québec en 1977, vous êtes tenu de faire un calcul spécial en ce qui a trait à vos déductions d'impôt à la source.

Votre employeur était tenu de déduire l'impôt sur le revenu d'après la province où vous vous êtes présenté au travail. Toutefois, votre impôt provincial est payable à la province dans laquelle vous résidiez le dernier jour de l'année. Comme vos déductions d'impôt pour l'année comprennent une tranche d'impôt fédéral et une tranche d'impôt provincial, un arrangement prévoit le transfert, à la province de Québec, de l'impôt déduit pour le compte d'une administration fiscale autre que celle du Québec et d'une partie des déductions d'impôt fédéral. La partie de vos déductions d'impôt qui peut être ainsi transférée correspond à 45% des déductions d'impôt opérées par les employeurs hors du Québec.

Remarque: Prenez soin d'inscrire toutes les déductions d'impôt à la ligne «Total de l'impôt déduit selon les feuillets de renseignements», à la page 4.

Faire le calcul des déductions d'impôt à transférer de la façon suivante:

	$	¢
Total des déductions d'impôt sur le revenu selon les feuillets T4 délivrés par vos employeurs hors du Québec		
Déductions d'impôt à transférer—45% du montant ci-dessus. Inscrire ce montant à la ligne 72 en page 4. En remplissant votre déclaration de revenu du Québec pour 1977, réclamer ce montant.		

Si vous n'avez pas de revenu imposable, aucun transfert n'est requis. La partie fédérale et la partie provinciale des déductions d'impôt opérées par votre employeur hors du Québec vous seront remboursées, après vérification de votre déclaration fédérale d'impôt sur le revenu.

Travail pour propre compte

—Vous devez produire avec votre déclaration un relevé du revenu et des dépenses, ainsi qu'un bilan (Guide, nº 18)

Genre d'entreprise ou de profession ____ Numéro du compte de versements d'employeur ☐☐☐ ☐☐☐☐☐ ☐

Principal produit fabriqué ou vendu, ou service rendu ____

Raison sociale ____

Adresse de l'entreprise (rue, ville et province) ____

Noms des associés, s'il y a lieu ____

Emplacement principal de la ferme ____ Superficie totale ____ Superficie cultivée ____

Calcul du crédit d'impôt pour contributions politiques fédérales (Guide, nº 52)

Total des contributions politiques fédérales (joindre les reçus) 960

Crédit déductible — 75% de la première tranche de $100 du «Total des contributions politiques fédérales» donne un crédit de
50% de la tranche suivante de $450 du «Total des contributions politiques fédérales» donne un crédit de
33⅓% de la fraction du «Total des contributions politiques fédérales» qui excède $550 donne un crédit de

Total du crédit d'impôt déductible pour contributions politiques fédérales
(maximum $500) — (Inscrire ce montant à la ligne 66 ci-dessous.)

Sommaire de l'impôt et des crédits

L'impôt peut être calculé de deux façons (voir Guide, nº 48).

Revenu imposable (ligne 60, page 2) $

Impôt fédéral de base selon la table d'impôt du Guide 61 p. 159 (A)

Soustraire: Réductions d'impôt fédéral (Guide, nº 49):
Réduction d'impôt générale selon la table d'impôt du Guide 62 p. 159
Réduction pour enfants — compter $50 pour chaque enfant à votre charge qui réside au Canada, qui avait moins de 18 ans à la fin de 1977 et pour lequel vous demandez une exemption à la page 2 63 p. 159 × $50 =
Total des réductions d'impôt fédéral (B)

Déduire le moindre de (A) ou (B), jusqu'à concurrence de $500.

Soustraire: Abattement fédéral pour les résidents du Québec selon la table d'impôt du Guide 64 p. 159
Impôt fédéral à payer (ou selon la ligne 65 de l'Annexe 1) 65
Soustraire: **Crédit d'impôt pour contributions politiques fédérales** selon calcul ci-dessus 66 p. 159
Impôt fédéral à payer avant crédit d'impôt à l'investissement commercial
Soustraire: **Crédit d'impôt à l'investissement commercial** selon calcul sur formule T2038 (Guide, nº 53) 67 p. 159
Impôt fédéral net à payer
Ajouter: Impôt provincial à payer (sauf l'impôt du Québec sur le revenu, Guide nº 50G) 68
Total à payer 70 p. 160

Rajustements d'impôt
961 $

Impôts étrangers payés
962 $ p. 160

Revenu étranger net
963 $

Investissement total dans des biens admissibles
964 $
965 $
966 $

Si le contribuable est décédé, indiquer la date du décès
967
Jour Mois Année
975

Total de l'impôt déduit selon feuillets de renseignements 71
Soustraire: Transfert de déductions d'impôt — *Ne s'applique qu'aux résidents du Québec qui avaient un emploi hors de la province* (Voir page 3) 72
Déductions d'impôt applicables à l'impôt fédéral (Guide, nº 19)
Ajouter: Montant des primes d'assurance-chômage qui est en sus de $171.60 (Guide, nº 20) 76
Impôt payé par acomptes provisionnels 77
Total des crédits

Inscrire la différence dans l'espace approprié ci-dessous
Une différence inférieure à $1 ne sera ni exigée ni remboursée.

Remboursement 78 p. 160

Solde dû 79 p. 160

Montant joint

Annexer un chèque ou un mandat à l'ordre du **Receveur général du Canada. Ne pas envoyer d'espèces par la poste.** Le paiement doit être fait au plus tard le 30 avril 1978.

Nom et adresse de toute personne ou maison, autre que le contribuable, qui a rempli la présente déclaration contre rémunération.
Nom
Adresse
Téléphone

Je certifie par les présentes que les renseignements donnés dans cette déclaration et dans tous documents ci-joints sont vrais, exacts et complets sous tous les rapports et révèlent la totalité de mes revenus de toutes provenances.
Signer ici
Date Téléphone

Formule autorisée et prescrite par le ministre du Revenu national.

Faire une fausse déclaration constitue une infraction grave.

TABLE DES MATIÈRES

Un guide fait pour vous aider 9

Comment utiliser ce livre 10

1. RENSEIGNEZ-VOUS AVANT DE PAYER VOS TAXES 11

2. LA GRANDE PANIQUE DU RAPPORT D'IMPÔT 19

3. TOUT CE QU'IL FAUT AVANT DE DÉCLARER VOS REVENUS 31

4. LA CAMISOLE DE FORCE DES SALARIÉS

   Votre rapport d'impôt case par case 41

5. L'AVANTAGE DES SANS-PATRON

   Votre rapport d'impôt case par case 66

6. LE COUP DE FOUDRE DE LA RETRAITE

   Votre rapport d'impôt case par case 79

7. LE PIÈGE DES REVENUS DIVERS

   Votre rapport d'impôt case par case 103

8. LE COUP DE POUCE DE L'ÉPARGNE
Votre rapport d'impôt case par case 127
9. LA FACTURE DE L'IMPÔT
Votre rapport d'impôt case par case 157
Le vocabulaire du contribuable 169
Votre guide d'adresses et de numéros de téléphone 177
Des dates à retenir pour réduire votre impôt l'an prochain 183
Formule d'impôt provinciale 187
Formule d'impôt fédérale 191

Index alphabétique des exemptions, déductions, métiers et professions

— A —

Abattement, (définition), 169
— fédéral pour les résidents du Québec, 158
Abri fiscal, (définition), 169
Accouchement, 138
Achalandage, 70
Acompte, (définition), 169;
— provisionnel, 35, 183, 184, 185
Action, 16, 38, 95, 122, 132, 139, 157, 184
— en Bourse, 117
Acupuncture, 151
Agence de voyage, 24
Agriculteur, 15, 16, 35, 55, 57, 59, 69, 74, 185;
— à temps libre, 76
Allocation:
— au conjoint, 89 à 93, 96, (taux) 97, 154, (nos de téléphone et adresses), 181;
— en coût de capital, 17, 61 à 67, 75, 114 à 116, 134, 140, (définition), 169;
— familiale, 32, 104 à 106, (taux), 106;
— de formation des adultes, 50;
— de retraite, 36, 42, 81 et 82, 100, 134;
— de séparation, 125
Amortissement, 35, (définition), 170
Analyse, 151

Animaux à fourrure, 76
Annonceur, 73
Annuité, (voir *rente*)
Antiquité, 17, 38, 95
Apiculture, 76
Appareils orthopédiques prescrits, 151
Arboriculture, 76
Arbre de Noël, 76
Architecte, 73
Artisan, 15, 39
Artiste, 14, 21, 39, 42, 73
Assurance, 72, 88
Assurance-chômage, 106 à 108
— prestation pour grossesse, 109, 130
— prestation pour étudiant, 107
— prestation pour invalidité, 108
— prestation de retraite, 80, 88, 89, 90, 107, 130
— prestations, 32, 59, 130
— taux des prestations, 108
— nos de téléphone et adresses, 180
— programme, 22
Assurance-maladie:
— programme privé, 39
— régime, 84, 85, 151
— supplémentaire (Croix Bleue), 84
— nos de téléphone et adresses, 180
Assurance-salaire, 16, 48 et 49
Assurance sociale, 31 à 33
Assurance-vie, 23, 132, (définition), 170
Athlète professionnel, 21
Auteur, 73
Autobus, 61, 62, 64
Automobile, 38, 61, 64, 68, 117, 121
— fournie par l'employeur, 44
— pour taxi, 64
Avis de cotisation, 161, (définition), 170, 185
Avis d'opposition, 115, (définition), 170, 185
Avocat, 60, 69, 73
Avoir forestier, 64

— B —

Bande vidéo, 64
Banque:
— d'amortissement, 62, 115
— de maladie, 43, 81, 134
Barbier, 73
Bateau-maison, 119
Bénéfice imposable, 43
Beneficial Finance, 28
Bibliothèque, 64
Bien-être social, 21, 81, (no de téléphone et adresses), 179
Biens:
— personnels, 17, 38, 59, 121, 129, (définition), 171
— personnels désignés, 38, 122, (définition), 171, 184
— précieux, 122

Bijoux, 38, 117, 122
Billet-cadeau, 69
Boîte à suggestions, 49
Boni, 49
Bourses, 125
Bûcheron, 52

— C —

Cadres, 95
Caisse:
— populaire, 28
— d'économie, 28
Calcul de l'impôt, 158
Caméra, 121
Camion, 61, 62, 64
Canada Trust, 28
Carte d'assurance sociale, 22
Centrale des Enseignants du Québec, 27
Certificat de dépôt, 139
Chalet, 17, 38, 120
Chauffeur:
— de camion, 21, 34, 52
— de taxi, 39, 50, 53, 61, 73, 140
Chevaux de course, 76
Ciment, 64
Cinéma, 64
Coffret de sûreté, 116, 139
Coiffeur (euse), 73
Collections, 38
Commerçant, 54, 60, 72
Commissions, 47, 50, 116
Commission des accidents du travail, (nos de téléphone et adresses), 177
Commission canadienne d'examen des exportations, 155
Compagnie:
— de finance, 24
— limitée, 53
Compensation de départ, 40, 42
Compositeur, 73
Comptabilité, 60, 61, 113
— de caisse, 59
— d'exercice, 59
Comptable, 24, 27, 73
Compte d'épargne, 111
Comtax, 27
Concubinage, 147
Confédération des Syndicats nationaux, 26
Congé de maternité, 34
Conjoints qui travaillent, 147
Contrat de rente à versements invariables, 17, 39, 43, 81 et 82, 87, 100, 119, 124, 128, 134, 135, 158, (définition), 171
Contribution obligatoire aux programmes gouvernementaux, 13
Coopérative d'habitation, 119
Corporation, 53
Costumes, 61, 64
— dessinateur de, 73

Cotisation:
— syndicale, 134
— professionnelle, 134
Courtier d'assurances, 54
Couteaux de machines, 65
Coutellerie, 61, 65, 95
Couturier(ère), 23, 39
Crédit:
— pour contribution politique, 159
— d'impôt sur dividendes, 110, 111
— définition, 171
Cultivateur, 23, voir *agriculteur*

— D —

Décoration d'étalages, 65
Déduction:
— pour études, 154
— pour invalidité, 154
— pour réserves, 68
— définition, 171
Déménagement, 120 et 121
Dégrèvement, (voir *abattement* ou *crédit*)
Dentiste, 60, 151
Dividende, 21, 38, 109 à 111, 152, 157
— en actions, 46
— définition, 172
Divorce, 121, 142, 143, 146, 147
Documents de placements, 139
Dons:
— de charité, 149, 152
— au Canada ou à une autre province, 155
— définition, 172
Dépréciation, (définition), 171
Disposition présumée, (définition), 171

— E —

Ecrivain, 14, 73
Electricité, équipement portatif, 65
Emigrant, 37, 145
Emploi, perte d', 155
Employé de services temporaires, 52
Enfant, 70
Enseigne publicitaire, 62, 65, 66
Entrepôt frigorifique, 65
Entrepreneur en construction, 53
Entreprise:
— incorporée, 56
— petite, 56
— perte d', 155
Epicier, 60
Equipement:
— de bureau, 15, 39, 61, 65
— divers, 121
— mobile pour location, 65

Etat de revenus et dépenses, 56
Etudiant(e), 36, 129, 141, 142
— qui travaille à sous-contrat, 14
— à l'université, 24
Exemption:
— de base, 145
— pour enfants, 104 à 106, 148
— de personne mariée (et équivalent), 104 à 106, 146, 149
— en raison d'âge, 146
— pour les religieux, 149
— définition, 172

— F —

Fabricant, 15
Fédération des Clubs de l'Age d'or du Québec, 27
Fédération des Travailleurs du Québec, 27
Fermier, 14, 64, voir *agriculteur*
Fiducie de la Cité et du District de Montréal, 27
Fiducie du Québec, 28
Film, 61
— certifié canadien, 65
— non certifié, 65
Fonctionnaire, 131
Fonds:
— mutuels, 40, 95, 122
— de pension, 16, 17, 40, 42, 59, 87, 128, 134, 136, 137, 139, 157, (retrait des contributions), 100, 130, 131
— indexé, 131
Forgeron, 54
Fraction non amortie du coût en capital, (définition), 172
Fractionnement du revenu, 59, 69
Frais:
— d'automobile, 116
— de chauffage, 39, 66
— de déménagement, 37, 141, 142
— d'électricité, 39
— d'entretien, 116
— financiers, 139 à 141, (définition), 172
— de garde d'enfants, 138, 139
— de gaz, 38, 66
— d'intérêts, 116
— légaux, 116
— médicaux, 150 à 152, 154
— de repas, 51
— de représentation, 50
— de scolarité, 37, 129
— de comptabilité, 116
— de téléphone, 39, 66
Franchises, 62, 65

— G —

Gain de capital, 46, 117 à 123, 134, 152, (défintion), 172
Gardien(ne) d'enfants, 14, 23

— H —

H. & R. Block, 24, 28

— I —

Immeuble, 113 à 117, 122, 184
— à revenus, 22
— à structure de bois, 65
— à structure de béton, 65
Immigrant, 145
Impôt Service, 24, 28
Infirmiers(ères), 72
Informatrix, 24, 26, 27
Ingénieurs, 73
Instantax, 24, 27
Instruments:
— de moins de $200, 61
— musicaux de plus de $200, 64
Intérêts, 38, 140, 152, (définition), 172
— hypothécaires, 39, 66, 140
Invalidité, 138
Inventaires, 72, 135
Impôt:
— sur les dons, 119, 129
— fédéral de base, 158
— fédéral (réduction), 158
— fédéral à taux réduit, 157
— fédéral (no de téléphone et adresses), 179
— provincial à taux réduit, 157, 158
— provincial (no de téléphone et adresses), 179
— versé à l'étranger, 84, 160
— zone libre, 122

— J —

Jour d'évaluation, 122, (définition), 172
Juste valeur marchande, (définition), 173

— L —

La Baie, 28
LaSalle, 28
Liste de clients, 70, 72
Lithogravure, 122
Livres rares, 17, 122
Location de terres, 76

— M —

Maison de santé, 154
Maison principale, 17, 37, 39, 67, 68, 95, 116, 119 à 121, 140, 143, 183
Maquilleur(euse), 21
Mariage, 146

Matériel, 65
— de conservation, 65
Matrice ("dies"), 66
Mécanicien, 23
Médecin, 73
Médicaments, 151
Meubles, 38
— vieux, 95, 121
Ministère fédéral de la Santé et du Bien-être, 32
Montreal Trust, 27
Moules, 66
Moyenne du revenu imposable:
— établissement de la, 75
— moyenne générale (définition), 173
Musée, 155
National Trust, 27
Navire, 62, 66
Notaire, 60, 73

— O —

Objet d'art, 122
Obligations, 16, 38, 117, 122, 184
— d'épargne, 22, 38, 111 à 113, 132, 139
— commerciales, 132, 139
— municipales, 22, 139
— scolaires, 139
Oeuvre d'art, 38
Option d'achat d'actions, 46
Ordonnance de séparation, 42
Ordre de saisie, 42
Outils, 39, 50, 61, 66

— P —

Paradis fiscal, (définition), 173
Parc:
— d'engraissement d'animaux, 76
— de stationnement, 66
Pêcheur, 14, 15, 16, 22, 36, 39, 55, 57, 59, 69, 74, 185
Pêcheurs unis du Québec, 34
Peintre, 73
Peinture, 122
Pension:
— alimentaire, 21, 42, 125, 142, 143
— de l'employeur, 88
— fédérale de sécurité à la vieillesse, 36, 85, 86, 88, 90, (taux), 97
— de retraite, 32, 80, 89, 113, (no de téléphone et adresses), 181
Période d'exercice, 55, 57, 58, 59
Permis, 70
Personne à charge, 37
Perte:
— agricole restreinte (définition), 173
— d'emploi ou d'entreprise, 155
— d'affaires, 53 à 68,

— finale, 63, 116, (définition), 174
— fiscale (définition), 174
— locative, 114
— de capital, 117 à 123, (définition), 173
— report d'une, en capital, 118, (définition), 175
— autre que perte en capital, (définition), 173
Pharmacien, 73
Photographe, 54
Pièces de monnaie, 38, 122
Pigiste, 14, 39, 42
Plombier, 23, 61
Pollack, 28
Pomoculture, 76
Pourboire, 21, 46 à 48, 50
Prélèvement, 56
Prestation:
— au conjoint-survivant, (taux), 99, 130
— de décès, (taux), 99, 101, 130
— aux enfants, (taux), 99
— d'invalidité de la Commission des Accidents du Travail, 21, (taux), 99, 130
— de retraite, 80, 88, 89, 90, 130
Prime d'assurances, 116
Prix de reconnaissance, 125
Prix de base, (définition), 174
Producteur de cinéma, 73
Production laitière, 76
Professeur:
— à temps partiel, 23
— d'université, 54
Professionnel de la santé, 151
Propriétaire, 17, 37
Psychiatre, 151

— R —

Rapatax, 24, 27
Reçus, 33, 34
Récupération:
— d'amortissement, (définition), 174
— en coût de capital, 63, 114, 115
Réduction d'impôt fédéral, 158
Régime:
— d'épargne-études, 125
— d'épargne-retraite, 16, 17, 36, 38, 42, 81, 87, 88, 96, 98, 100, (retrait), 123, (pour le conjoint), 123, 124, 128, 132, 133, 134, 136, 137, 139, (définition), 175, 183, 185
— d'épargne-logement, 16, 37, 69, 87, 124, 128, 133, 134, 144, (définition), 175, 183, 184
— de participation différée aux bénéfices, 35, 42, 87, 128, 134, 136, 137, 157, (définition), 174
— des Rentes du Québec, 13, 15, 22, 23, 24, 32, 59, 80, 86, 88, 89, 98, 99, 100, (taux), 99, 130, (no de téléphone et adresses), 182
Religieux(euses), 21
Remorque, 61
Rente, (définition), 175
— viagère, 16, 87, 88, 113, 128, 130, 132, 137, 139, 140, 141
Réserve pour comptes douteux, 69
Résidence principale, 16, 17, 37, 39, 66, 67, 68, 95, 116, 117, 119 à 121, 140, 143, 183

Restaurant, 47
Restaurateur, 54, 69
Retenue de l'impôt à la source, 22, 34, 41, 42, 69, 83, 84, 123, 124, 183, 184
Retrait, 55
Retraite, 79 à 101
— avant 65 ans, p. 80 à 82
— à 65 ans, 88 à 101
— à l'étranger, 82 à 88
Retraité, 24, 36, 113, 154
Revenu:
— d'intérêts, 111 à 113
— non imposable, 20
— de location, 21, 55, 95, 113 à 117, 120, 121
— définition, 175
— de placements, 55
— de pension (déduction), 153
— net (définition), 176
Ristournes de coopératives, 112
Roulement, (définition), 176

— S —

Salaire, 50
— aux enfants, 17
Salariés, 22, 34, 41 à 52
— qui travaillent à leur propre compte, 52
Sculpteur, 73
Sculpture, 122
Sear's, 28
Secrétaire, 32, 39
Séparation, 121, 142, 143, 146, 147
Service:
— d'impôt, 24
— d'impôt à domicile, 28
— d'interprétation, 25
Société de fiducie, 24, 27
Société centrale d'Hypothèques et de Logement, (no de téléphone et adresses), 182
Solde décroissant, (définition), 176
Spectacle, gens du, 27, 73
Supplément de revenu garanti, 32, 79, 89, 90 à 93, 96, 97, 98, (taux), 97, 154, (no de téléphone et adresses), 181
Syndicat, 24, 134

— T —

Tabagiste, 60
Tableau, 17
Tavernes et brasseries, 47
Taxes, 11, 12
— de vente, 14, 15
— foncières, 66, 95, (remboursement), 98, 100, 116
— d'eau, 66
— fédérales (no de téléphone et adresses), 178
— provinciales (no de téléphone et adresses), 178
Terrain, 116
Test de laboratoire, 151

Testament, 93 à 95
Timbres, collection de, 17, 122
Traité fiscal, 83, 84
Transfert:
— de revenus, 17
— de déductions, 24, 154
Travailleur:
— de la construction, 24, 54
— à son propre compte, 35, 53 à 77, 130, 184

— U —

Uniforme, 61
Union des artistes, 27, 73
Union des producteurs agricoles, 26

— V —

Vaisselle, 61
Valeur de rachat, 88, (définition), 176
Vendeur, 16
— à commissions, 34, 39, 46, 47, 51, 59
Versement trimestriel, 35, (définition), 169, 184, 185
Voiture, 61, 62, 63
Volaille, 76
Vente:
— à perte, 118
— d'un commerce, 135
— définition, 176

— Y —

Yacht, 121

Achevé d'imprimer sur les presses de
L'IMPRIMERIE ELECTRA *
pour
LES EDITIONS DE L'HOMME LTÉE

* Division du groupe Sogides Ltée

Ouvrages parus chez les Éditeurs du groupe Sogides

Ouvrages parus aux ÉDITIONS DE L'HOMME

ART CULINAIRE

Art d'apprêter les restes (L'), S. Lapointe, **4.00**
Art de la table (L'), M. du Coffre, **$5.00**
Art de vivre en bonne santé (L'), Dr W. Leblond, **3.00**
Boîte à lunch (La), L. Lagacé, **4.00**
101 omelettes, M. Claude, **3.00**
Cocktails de Jacques Normand (Les), J. Normand, **4.00**
Congélation (La), S. Lapointe, **4.00**
Conserves (Les), Soeur Berthe, **5.00**
Cuisine chinoise (La), L. Gervais, **4.00**
Cuisine de maman Lapointe (La), S. Lapointe, **3.00**
Cuisine de Pol Martin (La), Pol Martin, **4.00**
Cuisine des 4 saisons (La), Mme Hélène Durand-LaRoche, **4.00**
Cuisine en plein air, H. Doucet, **3.00**
Cuisine française pour Canadiens, R. Montigny, **4.00**
Cuisine italienne (La), Di Tomasso, **3.00**
Diététique dans la vie quotidienne, L. Lagacé, **4.00**
En cuisinant de 5 à 6, J. Huot, **3.00**
Fondues et flambées de maman Lapointe, S. Lapointe, **4.00**
Fruits (Les), J. Goode, **5.00**
Grande Cuisine au Pernod (La), S. Lapointe, **3.00**
Hors-d'oeuvre, salades et buffets froids, L. Dubois, **3.00**
Légumes (Les), J. Goode, **5.00**
Madame reçoit, H.D. LaRoche, **4.00**
Mangez bien et rajeunissez, R. Barbeau, **3.00**
Poissons et fruits de mer, Soeur Berthe, **4.00**
Recettes à la bière des grandes cuisines Molson, M.L. Beaulieu, **4.00**
Recettes au "blender", J. Huot, **4.00**
Recettes de gibier, S. Lapointe, **4.00**
Recettes de Juliette (Les), J. Huot, **4.00**
Recettes de maman Lapointe, S. Lapointe, **3.00**
Régimes pour maigrir, M.J. Beaudoin, **4.00**
Tous les secrets de l'alimentation, M.J. Beaudoin, **2.50**
Vin (Le), P. Petel, **3.00**
Vins, cocktails et spiritueux, G. Cloutier, **3.00**
Vos vedettes et leurs recettes, G. Dufour et G. Poirier, **3.00**
Y'a du soleil dans votre assiette, Georget-Berval-Gignac, **3.00**

DOCUMENTS, BIOGRAPHIE

Architecture traditionnelle au Québec (L'), Y. Laframboise, **10.00**
Art traditionnel au Québec (L'), Lessard et Marquis, **10.00**
Artisanat québécois 1. Les bois et les textiles, C. Simard, **12.00**
Artisanat québécois 2. Les arts du feu, C. Simard, **12.00**
Acadiens (Les), E. Leblanc, **2.00**
Bien-pensants (Les), P. Berton, **2.50**
Ce combat qui n'en finit plus, A. Stanké,-J.L. Morgan, **3.00**

Charlebois, qui es-tu?, B. L'Herbier, **3.00**

Comité (Le), M. et P. Thyraud de Vosjoli, **8.00**

Des hommes qui bâtissent le Québec, collaboration, **3.00**

Drogues, J. Durocher, **3.00**

Epaves du Saint-Laurent (Les), J. Lafrance, **3.00**

Ermite (L'), L. Rampa, **4.00**

Fabuleux Onassis (Le), C. Cafarakis, **4.00**

Félix Leclerc, J.P. Sylvain, **2.50**

Filière canadienne (La), J.-P. Charbonneau, **12.95**

Francois Mauriac, F. Seguin, **1.00**

Greffes du coeur (Les), collaboration, **2.00**

Han Suyin, F. Seguin, **1.00**

Hippies (Les), Time-coll., **3.00**

Imprévisible M. Houde (L'), C. Renaud, **2.00**

Insolences du Frère Untel, F. Untel, **2.00**

J'aime encore mieux le jus de betteraves, A. Stanké, **2.50**

Jean Rostand, F. Seguin, **1.00**

Juliette Béliveau, D. Martineau, **3.00**

Lamia, P.T. de Vosjoli, **5.00**

Louis Aragon, F. Seguin, **1.00**

Magadan, M. Solomon, **7.00**

Maison traditionnelle au Québec (La), M. Lessard, G. Vilandré, **10.00**

Maîtresse (La), James et Kedgley, **4.00**

Mammifères de mon pays, Duchesnay-Dumais, **3.00**

Masques et visages du spiritualisme contemporain, J. Evola, **5.00**

Michel Simon, F. Seguin, **1.00**

Michèle Richard raconte Michèle Richard, M. Richard, **2.50**

Mon calvaire roumain, M. Solomon, **8.00**

Mozart, raconté en 50 chefs-d'oeuvre, P. Roussel, **5.00**

Nationalisation de l'électricité (La), P. Sauriol, **1.00**

Napoléon vu par Guillemin, H. Guillemin, **2.50**

Objets familiers de nos ancêtres, L. Vermette, N. Genêt, L. Décarie-Audet, **6.00**

On veut savoir, (4 t.), L. Trépanier, **1.00 ch.**

Option Québec, R. Lévesque, **2.00**

Pour entretenir la flamme, L. Rampa, **4.00**

Pour une radio civilisée, G. Proulx, **2.00**

Prague, l'été des tanks, collaboration, **3.00**

Premiers sur la lune, Armstrong-Aldrin-Collins, **6.00**

Prisonniers à l'Oflag 79, P. Vallée, **1.00**

Prostitution à Montréal (La), T. Limoges, **1.50**

Provencher, le dernier des coureurs des bois, P. Provencher, **6.00**

Québec 1800, W.H. Bartlett, **15.00**

Rage des goof-balls (La), A. Stanké, M.J. Beaudoin, **1.00**

Rescapée de l'enfer nazi, R. Charrier, **1.50**

Révolte contre le monde moderne, J. Evola, **6.00**

Riopelle, G. Robert, **3.50**

Struma (Le), M. Solomon, **7.00**

Terrorisme québécois (Le), Dr G. Morf, **3.00**

Ti-blanc, mouton noir, R. Laplante, **2.00**

Treizième chandelle (La), L. Rampa, **4.00**

Trois vies de Pearson (Les), Poliquin-Beal, **3.00**

Trudeau, le paradoxe, A. Westell, **5.00**

Un peuple oui, une peuplade jamais! J. Lévesque, **3.00**

Un Yankee au Canada, A. Thério, **1.00**

Une culture appelée québécoise, G. Turi, **2.00**

Vizzini, S. Vizzini, **5.00**

Vrai visage de Duplessis (Le), P. Laporte, **2.00**

ENCYCLOPEDIES

Encyclopédie de la maison québécoise, Lessard et Marquis, **8.00**

Encyclopédie des antiquités du Québec, Lessard et Marquis, **7.00**

Encyclopédie des oiseaux du Québec, W. Earl Godfrey, **8.00**

Encyclopédie du jardinier horticulteur, W.H. Perron, **8.00**

Encyclopédie du Québec, Vol. I et Vol. II, L. Landry, **6.00 ch.**

ESTHETIQUE ET VIE MODERNE

Cellulite (La), Dr G.J. Léonard, **4.00**
Chirurgie plastique et esthétique (La), Dr A. Genest, **2.00**
Embellissez votre corps, J. Ghedin, **2.00**
Embellissez votre visage, J. Ghedin, **1.50**
Etiquette du mariage, Fortin-Jacques, Farley, **4.00**
Exercices pour rester jeune, T. Sekely, **3.00**
Exercices pour toi et moi, J. Dussault-Corbeil, **5.00**
Face-lifting par l'exercice (Le), S.M. Rungé, **4.00**
Femme après 30 ans (La), N. Germain, **3.00**
Femme émancipée (La), N. Germain et L. Desjardins, **2.00**
Leçons de beauté, E. Serei, **2.50**
Médecine esthétique (La), Dr G. Lanctôt, **5.00**
Savoir se maquiller, J. Ghedin, **1.50**
Savoir-vivre, N. Germain, **2.50**
Savoir-vivre d'aujourd'hui (Le), M.F. Jacques, **3.00**
Sein (Le), collaboration, **2.50**
Soignez votre personnalité, messieurs, E. Serei, **2.00**
Vos cheveux, J. Ghedin, **2.50**
Vos dents, Archambault-Déom, **2.00**

LINGUISTIQUE

Améliorez votre français, J. Laurin, **4.00**
Anglais par la méthode choc (L'), J.L. Morgan, **3.00**
Corrigeons nos anglicismes, J. Laurin, **4.00**
Dictionnaire en 5 langues, L. Stanké, **2.00**
Petit dictionnaire du joual au français, A. Turenne, **3.00**
Savoir parler, R.S. Catta, **2.00**
Verbes (Les), J. Laurin, **4.00**

LITTERATURE

Amour, police et morgue, J.M. Laporte, **1.00**
Bigaouette, R. Lévesque, **2.00**
Bousille et les justes, G. Gélinas, **3.00**
Berger (Les), M. Cabay-Marin, Ed. TM, **5.00**
Candy, Southern & Hoffenberg, **3.00**
Cent pas dans ma tête (Les), P. Dudan, **2.50**
Commettants de Caridad (Les), Y. Thériault, **2.00**
Des bois, des champs, des bêtes, J.C. Harvey, **2.00**
Ecrits de la Taverne Royal, collaboration, **1.00**
Exodus U.K., R. Rohmer, **8.00**
Exxoneration, R. Rohmer, **7.00**
Homme qui va (L'), J.C. Harvey, **2.00**
J'parle tout seul quand j'en narrache, E. Coderre, **3.00**
Malheur a pas des bons yeux (Le), R. Lévesque, **2.00**
Marche ou crève Carignan, R. Hollier, **2.00**
Mauvais bergers (Les), A.E. Caron, **1.00**
Mes anges sont des diables, J. de Roussan, **1.00**
Mon 29e meurtre, Joey, **8.00**
Montréalités, A. Stanké, **1.50**
Mort attendra (La), A. Malavoy, **1.00**
Mort d'eau (La), Y. Thériault, **2.00**
Ni queue, ni tête, M.C. Brault, **1.00**
Pays voilés, existences, M.C. Blais, **1.50**
Pomme de pin, L.P. Dlamini, **2.00**
Printemps qui pleure (Le), A. Thério, **1.00**
Propos du timide (Les), A. Brie, **1.00**
Séjour à Moscou, Y. Thériault, **2.00**
Tit-Coq, G. Gélinas, **4.00**
Toges, bistouris, matraques et soutanes, collaboration, **1.00**
Ultimatum, R. Rohmer, **6.00**
Un simple soldat, M. Dubé, **4.00**
Valérie, Y. Thériault, **2.00**
Vertige du dégoût (Le), E.P. Morin, **1.00**

LIVRES PRATIQUES – LOISIRS

Aérobix, Dr P. Gravel, **3.00**
Alimentation pour futures mamans, T. Sekely et R. Gougeon, **4.00**
Améliorons notre bridge, C. Durand, **6.00**
Apprenez la photographie avec Antoine Desilets, A. Desilets, **5.00**

Arbres, les arbustes, les haies (Les), P. Pouliot, **7.00**
Armes de chasse (Les), Y. Jarrettie, **3.00**
Astrologie et l'amour (L'), T. King, **6.00**
Bougies (Les), W. Schutz, **4.00**
Bricolage (Le), J.M. Doré, **4.00**
Bricolage au féminin (Le), J.-M. Doré, **3.00**
Bridge (Le), V. Beaulieu, **4.00**
Camping et caravaning, J. Vic et R. Savoie, **2.50**
Caractères par l'interprétation des visages, (Les), L. Stanké, **4.00**
Ciné-guide, A. Lafrance, **3.95**
Chaînes stéréophoniques (Les), G. Poirier, **6.00**
Cinquante et une chansons à répondre, P. Daigneault, **3.00**
Comment amuser nos enfants, L. Stanké, **4.00**
Comment tirer le maximum d'une mini-calculatrice, H. Mullish, **4.00**
Conseils à ceux qui veulent bâtir, A. Poulin, **2.00**
Conseils aux inventeurs, R.A. Robic, **3.00**
Couture et tricot, M.H. Berthouin, **2.00**
Dictionnaire des mots croisés, noms propres, collaboration, **6.00**
Dictionnaire des mots croisés, noms communs, P. Lasnier, **5.00**
Fins de partie aux dames, H. Tranquille, G. Lefebvre, **4.00**
Fléché (Le), L. Lavigne et F. Bourret, **4.00**
Fourrure (La), C. Labelle, **4.00**
Guide complet de la couture (Le), L. Chartier, **4.00**
Guide de la secrétaire, M. G. Simpson, **6.00**
Hatha-yoga pour tous, S. Piuze, **4.00**
8/Super 8/16, A. Lafrance, **5.00**
Hypnotisme (L'), J. Manolesco, **3.00**
Information Voyage, R. Viau et J. Daunais, Ed. TM, **6.00**
Interprétez vos rêves, L. Stanké, **4.00**
J'installe mon équipement stéréo, T. I et II, J.M. Doré, **3.00 ch.**
Jardinage (Le), P. Pouliot, **4.00**
Je décore avec des fleurs, M. Bassili, **4.00**
Je développe mes photos, A. Desilets, **6.00**
Je prends des photos, A. Desilets, **6.00**
Jeux de cartes, G. F. Hervey, **10.00**
Jeux de société, L. Stanké, **3.00**
Lignes de la main (Les), L. Stanké, **4.00**
Magie et tours de passe-passe, I. Adair, **4.00**
Massage (Le), B. Scott, **4.00**
Météo (La), A. Ouellet, **3.00**
Nature et l'artisanat (La), P. Roy, **4.00**
Noeuds (Les), G.R. Shaw, **4.00**
Origami I, R. Harbin, **3.00**
Origami II, R. Harbin, **3.00**
Ouverture aux échecs (L'), C. Coudari, **4.00**
Parties courtes aux échecs, H. Tranquille, **5.00**
Petit manuel de la femme au travail, L. Cardinal, **4.00**
Photo-guide, A. Desilets, **3.95**
Plantes d'intérieur (Les), P. Pouliot, **7.00**
Poids et mesures, calcul rapide, L. Stanké, **3.00**
Tapisserie (La), T.-M. Perrier, N.-B. Langlois, **5.00**
Taxidermie (La), J. Labrie, **4.00**
Technique de la photo, A. Desilets, **6.00**
Techniques du jardinage (Les), P. Pouliot, **6.00**
Tenir maison, F.G. Smet, **3.00**
Tricot (Le), F. Vandelac, **4.00**
Vive la compagnie, P. Daigneault, **3.00**
Vivre, c'est vendre, J.M. Chaput, **4.00**
Voir clair aux dames, H. Tranquille, **3.00**
Voir clair aux échecs, H. Tranquille et G. Lefebvre, **4.00**
Votre avenir par les cartes, L. Stanké, **4.00**
Votre discothèque, P. Roussel, **4.00**
Votre pelouse, P. Pouliot, **5.00**

LE MONDE DES AFFAIRES ET LA LOI

ABC du marketing (L'), A. Dahamni, **3.00**
Bourse (La), A. Lambert, **3.00**
Budget (Le), collaboration, **4.00**
Ce qu'en pense le notaire, Me A. Senay, **2.00**
Connaissez-vous la loi? R. Millet, **3.00**
Dactylographie (La), W. Lebel, **2.00**
Dictionnaire de la loi (Le), R. Millet, **2.50**
Dictionnaire des affaires (Le), W. Lebel, **3.00**
Dictionnaire économique et financier, E. Lafond, **4.00**
Divorce (Le), M. Champagne et Léger, **3.00**
Guide de la finance (Le), B. Pharand, **2.50**
Initiation au système métrique, L. Stanké, **5.00**
Loi et vos droits (La), Me P.A. Marchand, **5.00**
Savoir organiser, savoir décider, G. Lefebvre, **4.00**
Secrétaire (Le/La) bilingue, W. Lebel, **2.50**

PATOF

Cuisinons avec Patof, J. Desrosiers, **1.29**
Patof raconte, J. Desrosiers, **0.89**
Patofun, J. Desrosiers, **0.89**

SANTE, PSYCHOLOGIE, EDUCATION

Activité émotionnelle (L'), P. Fletcher, **3.00**
Allergies (Les), Dr P. Delorme, **4.00**
Apprenez à connaître vos médicaments, R. Poitevin, **3.00**
Caractères et tempéraments, C.-G. Sarrazin, **3.00**
Comment animer un groupe, collaboration, **4.00**
Comment nourrir son enfant, L. Lambert-Lagacé, **4.00**
Comment vaincre la gêne et la timidité, R.S. Catta, **3.00**
Communication et épanouissement personnel, L. Auger, **4.00**
Complexes et psychanalyse, P. Valinieff, **4.00**
Contact, L. et N. Zunin, **6.00**
Contraception (La), Dr L. Gendron, **3.00**
Cours de psychologie populaire, F. Cantin, **4.00**
Dépression nerveuse (La), collaboration, **4.00**
Développez votre personnalité, vous réussirez, S. Brind'Amour, **3.00**
Douze premiers mois de mon enfant (Les), F. Caplan, **10.00**
Dynamique des groupes, Aubry-Saint-Arnaud, **3.00**
En attendant mon enfant, Y.P. Marchessault, **4.00**
Femme enceinte (La), Dr R. Bradley, **4.00**
Guérir sans risques, Dr E. Plisnier, **3.00**
Guide des premiers soins, Dr J. Hartley, **4.00**
Guide médical de mon médecin de famille, Dr M. Lauzon, **3.00**
Langage de votre enfant (Le), C. Langevin, **3.00**
Maladies psychosomatiques (Les), Dr R. Foisy, **3.00**
Maman et son nouveau-né (La), T. Sekely, **3.00**
Mathématiques modernes pour tous, G. Bourbonnais, **4.00**
Méditation transcendantale (La), J. Forem, **6.00**
Mieux vivre avec son enfant, D. Calvet, **4.00**
Parents face à l'année scolaire (Les), collaboration, **2.00**
Personne humaine (La), Y. Saint-Arnaud, **4.00**
Pour bébé, le sein ou le biberon, Y. Pratte-Marchessault, **4.00**
Pour vous future maman, T. Sekely, **3.00**
15/20 ans, F. Tournier et P. Vincent, **4.00**
Relaxation sensorielle (La), Dr P. Gravel, **3.00**
S'aider soi-même, L. Auger, **4.00**
Soignez-vous par le vin, Dr E. A. Maury, **4.00**
Volonté (La), l'attention, la mémoire, R. Tocquet, **4.00**
Vos mains, miroir de la personnalité, P. Maby, **3.00**
Votre personnalité, votre caractère, Y. Benoist-Morin, **3.00**
Yoga, corps et pensée, B. Leclerq, **3.00**
Yoga, santé totale pour tous, G. Lescouflar, **3.00**

SEXOLOGIE

Adolescent veut savoir (L'), Dr L. Gendron, **3.00**
Adolescente veut savoir (L'), Dr L. Gendron, **3.00**
Amour après 50 ans (L'), Dr L. Gendron, **3.00**
Couple sensuel (Le), Dr L. Gendron, **3.00**
Déviations sexuelles (Les), Dr Y. Léger, **4.00**
Femme et le sexe (La), Dr L. Gendron, **3.00**
Helga, E. Bender, **6.00**
Homme et l'art érotique (L'), Dr L. Gendron, **3.00**
Madame est servie, Dr L. Gendron, **2.00**
Maladies transmises par relations sexuelles, Dr L. Gendron, **2.00**
Mariée veut savoir (La), Dr L. Gendron, **3.00**
Ménopause (La), Dr L. Gendron, **3.00**
Merveilleuse histoire de la naissance (La), Dr L. Gendron, **4.50**
Qu'est-ce qu'un homme, Dr L. Gendron, **3.00**
Qu'est-ce qu'une femme, Dr L. Gendron, **4.00**
Quel est votre quotient psycho-sexuel? Dr L. Gendron, **3.00**
Sexualité (La), Dr L. Gendron, **3.00**
Teach-in sur la sexualité, Université de Montréal, **2.50**
Yoga sexe, Dr L. Gendron et S. Piuze, **4.00**

SPORTS (collection dirigée par Louis Arpin)

ABC du hockey (L'), H. Meeker, **4.00**
Aikido, au-delà de l'agressivité, M. Di Villadorata, **4.00**
Bicyclette (La), J. Blish, **4.00**
Comment se sortir du trou au golf, Brien et Barrette, **4.00**
Courses de chevaux (Les), Y. Leclerc, **3.00**

Allocutaire (L'), G. Langlois, **2.50**
Bois pourri (Le), A. Maillet, **2.50**
Carnivores (Les), F. Moreau, **2.50**
Carré Saint-Louis, J.J. Richard, **3.00**
Centre-ville, J.-J. Richard, **3.00**
Chez les termites,
M. Ouellette-Michalska, **3.00**
Cul-de-sac, Y. Thériault, **3.00**
D'un mur à l'autre, P.A. Bibeau, **2.50**
Danka, M. Godin, **3.00**
Débarque (La), R. Plante, **3.00**
Demi-civilisés (Les), J.C. Harvey, **3.00**
Dernier havre (Le), Y. Thériault, **3.00**
Domaine de Cassaubon (Le),
G. Langlois, **3.00**
Dompteur d'ours (Le), Y. Thériault, **3.00**
Doux Mal (Le), A. Maillet, **3.00**
En hommage aux araignées, E. Rochon, **3.00**
Et puis tout est silence, C. Jasmin, **3.00**
Faites de beaux rêves, J. Poulin, **3.00**
Fille laide (La), Y. Thériault, **4.00**
Fréquences interdites, P.-A. Bibeau, **3.00**
Fuite immobile (La), G. Archambault, **3.00**
Jeu des saisons (Le),
M. Ouellette-Michalska, **2.50**
Marche des grands cocus (La),
R. Fournier, **3.00**
Monsieur Isaac, N. de Bellefeuille et
G. Racette, **3.00**
Mourir en automne, C. de Cotret, **2.50**
N'Tsuk, Y. Thériault **3.00**
Neuf jours de haine, J.J. Richard, **3.00**
New Medea, M. Bosco, **3.00**
Ossature (L'), R. Morency, **3.00**
Outaragasipi (L'), C. Jasmin, **3.00**
Petite fleur du Vietnam (La),
C. Gaumont, **3.00**
Pièges, J.J. Richard, **3.00**
Porte Silence, P.A. Bibeau, **2.50**
Requiem pour un père, F. Moreau, **2.50**
Scouine (La), A. Laberge, **3.00**
Tayaout, fils d'Agaguk, Y. Thériault, **3.00**
Tours de Babylone (Les), M. Gagnon, **3.00**
Vendeurs du Temple (Les), Y. Thériault, **3.00**
Visages de l'enfance (Les), D. Blondeau, **3.00**
Vogue (La), P. Jeancard, **3.00**

Ouvrages parus aux
PRESSES LIBRES

Amour (L'), collaboration **7.00**
Amour humain (L'), R. Fournier, **2.00**
Anik, Gilan, **3.00**
Ariâme . . .Plage nue, P. Dudan, **3.00**
Assimilation pourquoi pas? (L'),
L. Landry, **2.00**
Aventures sans retour, C.J. Gauvin, **3.00**
Bateau ivre (Le), M. Metthé, **2.50**
Cent Positions de l'amour (Les),
H. Benson, **4.00**
Comment devenir vedette, J. Beaulne, **3.00**
Couple sensuel (Le), Dr L. Gendron, **3.00**
Démesure des Rois (La),
P. Raymond-Pichette, **4.00**
Des Zéroquois aux Québécois,
C. Falardeau, **2.00**
Emmanuelle à Rome, **5.00**
Exploits du Colonel Pipe (Les),
R. Pradel, **3.00**
Femme au Québec (La),
M. Barthe et M. Dolment, **3.00**
Franco-Fun Kébecwa, F. Letendre, **2.50**
Guide des caresses, P. Valinieff, **4.00**
Incommunicants (Les), L. Leblanc, **2.50**
Initiation à Menke Katz, A. Amprimoz, **1.50**
Joyeux Troubadours (Les), A. Rufiange, **2.00**
Ma cage de verre, M. Metthé, **2.50**
Maria de l'hospice, M. Grandbois, **2.00**
Menues, dodues, Gilan, **3.00**
Mes expériences autour du monde,
R. Boisclair, **3.00**
Mine de rien, G. Lefebvre, **3.00**
Monde agricole (Le), J.C. Magnan, **3.50**
Négresse blonde aux yeux bridés (La),
C. Falardeau, **2.00**
Niska, G. Robert, **12.00**
Paradis sexuel des aphrodisiaques (Le),
M. Rouet, **4.00**
Plaidoyer pour la grève et la contestation,
A. Beaudet, **2.00**
Positions +, J. Ray, **4.00**
Pour une éducation de qualité au Québec,
C.H. Rondeau, **2.00**
Québec français ou Québec québécois,
L. Landry, **3.00**
Rêve séparatiste (Le), L. Rochette, **2.00**
Sans soleil, M. D'Allaire, **4.00**
Séparatiste, non, 100 fois non!
Comité Canada, **2.00**
Terre a une taille de guêpe (La),
P. Dudan, **3.00**
Tocap, P. de Chevigny, **2.00**
Virilité et puissance sexuelle, M. Rouet, **4.00**
Voix de mes pensées (La), E. Limet, **2.50**